课堂教学新样态丛书

丛书主编 杨四耕

如溪语文

诗意流淌的语文教育

殷绿叶◎著

华东师范大学出版社
·上海·

图书在版编目（CIP）数据

如溪语文：诗意流淌的语文教育/殷绿叶著.
—上海：华东师范大学出版社，2025. —（课堂教学新样态丛书）.—ISBN 978 - 7 - 5760 - 5894 - 9

Ⅰ. G623. 202

中国国家版本馆 CIP 数据核字第 2025VR6335 号

课堂教学新样态丛书

如溪语文：诗意流淌的语文教育

丛书主编　杨四耕
著　　者　殷绿叶
责任编辑　刘　佳
项目编辑　林青荻
特约审读　古小磊
责任校对　苏庆云　时东明
装帧设计　卢晓红

出版发行　华东师范大学出版社
社　　址　上海市中山北路 3663 号　邮编 200062
网　　址　www. ecnupress. com. cn
电　　话　021 - 60821666　行政传真 021 - 62572105
客服电话　021 - 62865537　门市（邮购）电话 021 - 62869887
地　　址　上海市中山北路 3663 号华东师范大学校内先锋路口
网　　店　http://hdsdcbs. tmall. com/

印 刷 者　上海展强印刷有限公司
开　　本　787 毫米×1092 毫米　1/16
印　　张　16. 5
字　　数　170 千字
版　　次　2025 年 5 月第 1 版
印　　次　2025 年 5 月第 1 次
书　　号　ISBN 978 - 7 - 5760 - 5894 - 9
定　　价　56. 00 元

出 版 人　王　焰

（如发现本版图书有印订质量问题，请寄回本社客服中心调换或电话 021 - 62865537 联系）

丛书总序

被重新定义的课堂

苏联教育家赞科夫在《教学与发展》一书中指出：课堂教学必须"使班上所有的学生都得到一般发展"。也就是说，课堂教学要引导学生在认知、情感、技能等方面发生整体改变，在思维方式、情感体验、思想境界、为人处世等维度发生实质性变化，课堂教学应释放出生命感、意义感、眷注感、智慧感、美妙感、意境感、期待感……

长久以来，我们的课堂特别重视知识传承，以致许多学生能从容应对考试，却在生活中显得无能。有一位德国专家说："你们的教科书比我们的教科书厚，你们的题目比我们的题目难，但是你们得买我们的货。"这句话给我们的教育敲响了警钟，值得每一个人思考：请给知识注入生命，用经验激活知识，用智慧建构知识，用情感丰富知识，用心灵感悟知识，用想象拓展知识，让知识变得鲜活，让孩子们领悟到生命的伟岸！课堂教学是思想与思想的碰撞，是心灵与心灵的相遇，是生命与生命的对话，让我们用热情去拥抱课堂——课堂是眷注生命的地方。

我们必须清醒：如果把揭示人生的意义看作是认识论的任务，我们就永远不可能把这个意义揭示出来，因为，知识的增长并不一定使生活变得完美。当认识、知识成了第一性的东西，情感和意志便成了奴仆。这样，一个人受的教育越多，他的思想就越会被包裹在一层坚实的知识硬壳之中。其实，臻达人性完美需要"另一种"教学，这种教学与理解联姻，教学本身即理解，理解本身即教学。教学是生命意义的澄明，使人不断地自我超越，"不停地'进入生活'，不停地变成一个人"。说白了，课堂里蕴含着"人是什么"的答案。因此，在一般意义上，教学即对理解的自觉追求；在终极意义上，教学即理解。它们共同揭示了一个深刻的道理——课堂是善解人意的地方。

俄国教育学家乌申斯基曾经说过："教育的主要目的在于使学生获得幸福，不能为了任何不相干的利益牺牲这种幸福。"诺丁斯也提过："好教育就应该极大地促进个人和集体的幸福。"课堂教学是师生双边活动，没有教师幸福地教，也就没有学生幸福地学。当老师和学生积极参与到课堂教学之中，让生命释放意义感，他们就能在丰富多彩的教学活动中成长，获得生命意义上的幸福感。幸福是人类的永恒情结，课堂教学不仅应给人高品位的精神生活，而且应给人高品位的幸福体验。从一定意义上说，课堂是守望幸福的地方。人的一生能否过得幸福，很大程度上取决于他今天在课堂生活中能否获得幸福。这或许就是课堂教学的深刻意义所在。

我们的课堂善用纪律规范行为，用训练规约思想，却漠视人的情感与独特感受，课堂因此没有了盎然的生气。课堂理应是春暖花开的地方，宁静，安全，温馨，轻松。在这里，有家的感觉，不用担心"万一说错了怎么办"，孩子们敢于说"我有不同的想法""老师，你讲错了"；在这里，孩子们不怕"露怯"，不怕"幼稚"，能道出困惑，能露出观点，能形成质疑；在这里，有诗情画意，有奇思妙想，有思维碰撞，有情景，有灵气，课堂因此有了一种奇妙的意境感。

课堂也是为放飞梦想而存在的。孩子们充满想象，面对这个世界，他们无拘无束，内心有太多美好的期待。他们渴望走向社会，走进自然。课堂是广袤的天地，上下五千年，纵横数万里，任你穿越。课堂中心、书本中心、教师中心，多么不堪一击！课堂教学要回归曾经远离了的生活世界，穿越时间隧道，把过去、现在、未来浓缩在一起，跨越空间的界碑，让孩子们享受人类文明的成果。由此，课堂是凝视梦想的地方，这里有未来，有远方，有充满张力的诗……

怀特海说："教育的目的只有一个主题，那就是五彩缤纷的生活。但我们没有向学生展现生活这个独特的统一体，而是教他们代数、几何、科学、历史，却毫无结果……以上这些能说代表了生活吗？充其量只能说那不过是一个神在考虑创造世界时他脑海中飞快浏览的一个目录表，那时他还没有决定如何将它们合为一体。"怀特海的观点是令人深思的：知识并不代表生活，生活需要智慧。很多时候，课堂与知识无关；课堂是一种态度、一种生活。有什么样的态度，就有什么样的生活。课堂教学的核心意义在于传递生活态度，让孩子们彻底明白：生命的厚度在于拥有静谧的时光，让心灵溢满宁静与幸福。这样，提高课堂教学有效性，就不再是让课堂的每一分钟都压得学生"喘不过气来"。无论如何，我们应该懂得，课堂是一个酝酿牵挂的地方。

派纳在《健全、疯狂与学校》一文的结语中说："我们毕业了，拿到了证书却没有清醒的头脑，知识渊博却只拥有人类可能性的碎片。"这多么令人深思啊！当人的需要、价值、情感被淹没在单纯的知识目标之中，生命感在这里便荡然无存。将课堂教学视为纯粹的认识活动，片面发展人的认识能力，看不到人的整体"形象"，特别是作为"在场的人"的"整体形象"被抽象；放眼世界，人之精神远遁，迷失于庞大的"静止结构"，这便是"教学认识论"的"悲剧范畴"。其实，课堂是一个意义时空，教学即谈心，学习即交心。当我们真正把学生看作活生生的人，就会发现：原来，课堂是点亮心灵的地方。

课堂教学是富含智慧和艺术的活动。只有把教师的主导性和学生的主动性都激发出来，才能算作真正的课堂教学。说白了，课堂是智慧碰撞的地方。课堂教学要善于抓住转瞬即逝的思维亮点，促成智性的提升和灵性的妙悟。如何围绕教学目标，理清教学思路，选用教学方法，驾驭教学机制，促进孩子们智性跃迁与灵性发展？如果我们只是单纯地传授知识，教师拼命讲，学生认真听，被动地接受，长此以往，学生的大脑便会"格式化"，发展便得不到真正的保障，他们只能在大脑中形成直线型知识反馈通路，无法呈现富有生命情愫的、饱满的人的形象！

对于课堂，我们可以有无穷的定义。一位哲人曾经说过"一种文化首先意味着一种眼光"，"眼光不同，对所有事情的理解就不同"。当课堂被重新定义的时候，当我们真切地回归课堂教学人文立场的时候，检视课堂教学的"眼光"便有了新的角度，课堂教学便有了新的样态。

杨四耕

2022 年 9 月 20 日于上海市教育科学研究院

目录

第一辑　生机　/ 1

"如溪语文"倡导教师应教育学生观察与理解生活，真正做到身入生活、心入生活，激发学生对语文的兴趣与热爱，使语文学习过程生动活泼。文章不应当是硬做出来的，而应该像汩汩的清泉从心坎里流出来。这股清泉来自何方？来自无拘无束的阅读，来自从生活中汲取材料的本领。生活中源头活水流淌，笔下的文章就会生意盎然。

第二辑　回响

　　"如溪语文"倡导在作文教学的淙淙流泉中，师生同游，享受嬉水之乐，收获驾驭文字的美妙感受。教师坚持一次次"下水"，寻觅跨越的良策，探求写作的奥秘，倍尝其间甘苦，最后引领学生进入佳境。坚持撰写"下水文"不仅能够提高作文指导能力，还可以产生"青出于蓝而胜于蓝"的"桃李效应"。

第三辑　隽永

　　"如溪语文"倡导教师应努力深化学生情感体验，拓宽学生视野，使学生能运用所学紧密联系生活实际，实现语文学习的深远意义。教师应该引导孩子在语言文字中看到生活的多彩、艺术的美感、大海的宽广、宇宙的浩瀚，激发儿童学习语言文字的热情和探索语言文字的好奇心，使儿童能够通过语文实践走向生活。

第四辑　激思　

"如溪语文"倡导教师需具备坚定的教育信念和个人魅力，通过专业的语文知识和积极的人格激发学生，如溪水般坚强又灵活。语文应让思维更清晰，让精神更澄澈。它必须是清晰的、透彻的、简约的、富有活力的。教师应充分利用语言文字进一步提升学生的语文素养，使其学习生活道路畅通，人生态度达观。

第五辑　溯源　

"如溪语文"的这份坚守也许正源于生命迷惘之时，有幸遇到优秀的老师，加入优秀的团队，给我力量，促我奋进，让我能正视自己，重新扬帆启航。从教三十载，从锦瑟少年到两鬓斑白，我们那代中师生都已来到中年深处，却依然坚守着家乡基础教育这方土地，不断充盈着人生这本大书。

第六辑 潋滟 / 199

"如溪语文"，折射生命之光。欲使学生爱语文，教师自己必先钟情语文，引导学生静心阅读、思考和写作。当我们保持内心的平和与清澈，在阅读中尽情撷取、在生活中尽情体验、在写作中尽情记录时，汉字之美以及中华文化之韵味，便如曲折蜿蜒的溪水、斜阳照射下的潋滟之光，永远闪烁在心间。

序一 永不停歇的溪流之歌

蒋蔚芳

　　著书立说，对于坚守讲台的小学教师而言，似乎可望不可及。正如作者坦言：对于一线老师来说，写书和教书之间无疑存在天堑。用"难啊难！难于上青天"来形容好像也不为过。面对日复一日的备课授课、去了又来的作业批改、揪人心弦的教学质量，以及教育以外的诸多事务，教师们早已应接不暇、身心疲惫，尤其是像作者这样承担着"既教又导"双重任务的学校中层，更是分身乏术，又从何而谈著书立说？然而，本书作者殷绿叶老师硬是冲破重围，变天堑为通途，使梦想成现实，个中的心力交瘁和艰辛不言而喻。透过纸面，我分明看到这样几句话：心中有梦想，勇敢去追寻，我手著我心，可望也可及。为此，我情不自禁地为她的勇气和功力拍案叫绝。

　　著书不易，立说更难。

　　"如溪语文"，给语文冠以"如溪"的称谓，巧妙地把语文比作溪流。生活如水，语文如溪。如果说生活是源源不断且滔滔不绝的泉涌，语文就是从泉涌中涌出的那碧波盈盈的溪流。溪水自然活泼且流淌不歇，语文如溪水般丰富且永不枯竭。溪水悄无声息地滋润着大地，却始终没有停下自己勇往直前的脚步。用溪水一般流淌的语言文字滋润童心，用溪水一般的真情感动儿童，用溪水一般灵动的教学方式启发儿童，使其欢畅自如地学习语文，这就是作者关于"如溪语文"的教学主张。"如溪语文"，赋语文于美感，使教学回归本源，这是作者三十年来追求的目标和动力。

　　作者是"如溪语文"忠实的实践和探索者。三十年的语文教学生涯中，她用"如溪语文"打开语文教学的一扇窗，让儿童在语文天地中活泼自然地成长。其灵感虽来自于语文教学前辈智慧的结晶，但对它的理解和阐述却是她内心的真实表露，对这一教学主张的实践更是她孜孜以求的探索。作者归纳了

"如溪语文"的五大特点：盎然、柔韧、斑斓、澄澈、隽永，把"如溪语文"阐述得生动活泼，由此激发了读者无限的想象力。教师在这条静静流淌的溪流中如鱼得水，学生在这条潺潺流动的溪流中自由发展……

经过漫长执着的求索以及无尽无休的磨砺，本书作者的随笔、反思和论文等串起了一名一线教师对"如溪语文"三十年如一日的探寻足迹，给我们留下了宝贵的精神财富和不可多得的经验教训。

写到这里，我的脑中突然蹦出"如溪才女"这四个字。作者殷绿叶，请允许我用"如溪才女"来评价她。与她的相遇、相知、相投缘要回溯到十八年前。当时，退休之前的我遴选了三十六名小学语文骨干教师，组建了为期两年的"希望之星"研修班，旨在通过导师引领、同伴共研，使他们成为语文教学改革的"希望之星"。我有幸在"希望之星"研修班中结识了绿叶，她说她平凡，平凡得如同山涧的溪水；然而她并不平凡，她穿过山石，冲破阻力，坚持做着看似艰难却离实现目标越来越近的事业。

她如溪水般盎然，不论何时何地永葆勃勃生机。她酷爱语文，谈到语文眼中就会放光。组建读书会、创办文学社——持之以恒，源于她对语文教学的一片钟情；在习作涓流中"同游"、在习作指导中"乾坤大挪移"——乐此不疲，是她对作文教学改革的执着追求。因此一弯小小的幽壑清泉，也可以潋滟逐波千万缕，映照山涧的绿树红花；一枚小小的绿色叶片，也可以散发属于自己的清香，折射出盎然的生机，去换取自己苦尽甘来的"拈花一笑"（作者的微信名）。

她如溪水般柔韧。说她柔，对师长，对同事，对学生，她柔情似水。让我至今感动的是去年冬天在"希望之星"二十周年学友聚首时，她竟带了个尤克里里自弹自唱，一首《野百合也有春天》听得我泪水盈眶，满屋的学友亦无不为之感动。说她韧，认准了的事她会克服重重困难、坚韧不拔地去实现。她创设"叶韵"文学社，创办《叶韵》社刊，集指导、选文、编排、付印、发行于一身，让1700多篇学生的作品在《叶韵》上发表，有些习作还相继被市级、区级报刊与杂志选登，满足了不少学生将文字变为铅字的渴望。《叶韵》社刊连续十多年获得区校园社刊特等奖，刊中的不少学生也在国家级、市级作文比赛中崭露头角。由此她获得了语文名师于漪的高度评价：殷老师，能够利用文学社为农村孩子长期地执着地做一件事，多么难能可贵，这就是"坚守"。

她如溪水般斑斓。她勤于撰写各类文章，努力将写教学随笔、反思变成一种习惯；她和孩子们一起写"同题作文"，激发彼此的写作热情，不让一支属于语文老师的笔生锈……

她如溪水般澄澈，让人一眼就能看到溪底。骨干班中不乏出类拔萃的小学语文教学界优秀人才，她虽不耀眼，但却聪颖有加，练得一手好字，写得一手好文，习得多种乐器，被同窗好友公认为"才女"。但她从不显山露水，而是刻苦为学，踏实任教。她与班长须强同在一校，他俩彼此欣赏，相互尊重，沉醉于语文教学改革。

她如溪水般隽永。三十年来，她甘当"绿叶"，映衬"红花"的灿烂。她一如既往地酷爱语文和语文教学，一如既往地指导学生阅读写作，为学生搭建读写链接的桥梁，一如既往地在"如溪语文"的溪水中实践探索，把她的教学主张化为行动。她收获的是语文教学的真谛以及学生语用能力的提升。她似溪水一刻不停地流淌，使生命之水永不停息，源远流长。

作者谦卑地说自己是个凡人，是在一线教学的普通语文教师，她说那一股潺潺流动的清泉几乎是可以被忽略不计的。然而，没有那数以万计的涓涓细流，哪来江河湖海的宽广无垠？与专家学者的专著相比，本书或许略显稚嫩，但一线教师的经验教训也许更接地气，更受同行欢迎，只因他们每天都在创造着鲜活的经验。

诚然，因为是初次"著书立说"，加上时间精力有限，难免百密一疏，千虑一失。但正如作者借西方谚语所云："分享苹果，各得其半，分享智慧，双倍智慧。"也正如作者所言："如果能够激起一点点共鸣和思考，便甚觉欣慰。我依然坚信，即便是红尘滚滚，浊浪滔天，总有这样一群在寂寞中坚守的人，于我，则是寂寥中的慰藉和鼓舞。"

读到这里，我的眼前似乎呈现出一幅波澜壮阔的愿景图：越来越多的教学同仁加入了"如溪语文"的教学研究行列，义无反顾地投身于语文教改的浪潮之中……他们犹如网布在家乡教育热土上的小小溪流，从四面八方汇合在一起，共同向着波涛澎湃的大海奔流！奔流！

（作者系上海市语文特级教师）

序二　一泓清泉，一片绿叶

须　强

　　近日，接到殷绿叶老师的电话，说她最近要出版一本新书，想请我写一篇序言，并把相关内容发给我看。我犹豫了一下，还是答应了。犹豫，是因为我不曾写过此类文章；答应，是因为殷老师要出新书，我从心底里感到高兴，作为同事兼好友，不可推却。

　　殷老师进校时，我已从教十来年，至今与她相识二三十年了。她叫我须老师，我则叫她绿叶。记得绿叶刚来时，还是一位小姑娘，清纯可爱，冰雪聪明。她思维敏捷，说话幽默而又风趣，老师们都很佩服她，称她"小才女"。"小才女"名副其实：一手漂亮的好字，笔力遒劲，又透着几分清秀、飘逸；一口普通话字正腔圆，抑扬顿挫，听来如沐春风；口才十分了得，文言雅词，妙语连珠，常常口吐莲花，出口成章；至于唐诗宋词，更是信手拈来。一句话，她是一位才华横溢、灵动潇洒、基本功扎实、记忆力超群的语文老师，在我认识的优秀教师中，有如此能力的屈指可数。

　　我不光佩服绿叶的才气，更敬佩她对小学语文教学孜孜不倦的钻研精神。我们有很长一段时间在同一个年级授课，常在一起探讨语文教学。她善于阅读，解读教材一丝不苟，对教学设计总有独到的新见解。她喜欢思考，直面课堂教学中存在的问题，发问求索。她喜欢学生，学生也喜欢她，师生亲密互动的感人画面，展现了她的母爱与童心。她喜欢写作，常常把生活中，特别是校园生活、课堂教学中的点点滴滴，落笔成文。绿叶现在奉献的这本新作《如溪语文：诗意流淌的语文教育》，就是她三十年教育生涯的日常记录、深情回忆、追求之路。

　　翻阅《如溪语文：诗意流淌的语文教育》，真要为绿叶竖起大拇指点赞！她提出了独树一帜的"如溪语文"教学主张，角度独特，内容翔实，不乏创新的观点。活泼的锦绣文字，描绘了绿叶的语文教育实践史、教育生涯成长史。"如溪语文"有理论基础，有教学追求，有实践维度，有课堂探索。绿叶平日里春风化雨般的教育教学实践，犹如涓涓溪流，流入学生的心田，滋润学生的纯洁童心，滋养学生的心灵世界。全书共分六个专辑，分别是生机、回响、隽永、激思、溯源、潋滟，一如她散文诗般的表达风格，读来清新流畅，绝无一般教学论著的刻板单调、枯燥乏味。看似诗化的语言，实有内在的逻辑。我先睹为快，下面稍谈几点阅读感想。

"生机"叙述了绿叶主持"叶韵"文学社的一个个小故事。"叶韵"文学社是绿叶自己的"一亩三分地"。绿叶在学生时代就以文笔优美而出名，做语文教师后，对作文教学的研究用力尤勤，进而开设了这一文学社团。它是绿叶教学生涯中的诗意田园，在很多孩子的心中种下了文学的种子。文学社每学期都会出版两期《叶韵》社刊，刊登社员的习作，读来饶有趣味，颇有绿叶的文字风格，它是绿叶"如溪语文"教学实践的成果集。可以这样说，在这个成果集里，不但有一篇篇好文章，更有一张张孩子健康成长的笑脸。

"回响"整理了绿叶作文教学备课时写下的下水文。语文老师常常吐槽作文难教，但又有多少老师自己去试试水的深浅，写写下水文呢？恐怕不多。但绿叶做到了，她是几十年坚持写下水文的老师。书中展示的十余篇下水文，只是"冰山一角"。自己有了切身的写作体验，自然知道何处痛、何处痒，教学时才能有的放矢、游刃有余。这是绿叶作文教学能取得丰硕成果的法宝之一，也是"如溪语文"教学实践中一朵可爱的小浪花。

"隽永"是绿叶对语文教学和班主任工作的点滴回忆。学习兴趣的星星之火、古诗教学的返璞归真、作文指导的破冰之旅、信息技术的巧妙运用、家校桥梁的构建策略、师生心灵的真情呼唤、特色班级的打造之路、班主任日记的朝朝暮暮，方方面面娓娓道来，构成了绿叶"如溪语文"一道道亮丽的风景线。看到这些文字，也勾起了我的一些回忆。绿叶的课堂教学，我观摩过很多次。她与学生问答交流、师生互动的画面，至今历历在目；她的教学设计合规矩又脱规矩，时有创新；她的板书设计常有新意，字很漂亮，令人啧啧称赞；她的教学语言犹如诗歌，倾泻而出，行云流水……凡此种种，我个人是难以企及、学不来的。绿叶有她自己独特的教学风格！

"激思"是绿叶对课堂教学的深刻反思。内容涉及观课读书、底蕴积累、教学相长、习惯养成、阅读思考、作文教学等方面，这是优秀教师一步一个脚印的成长足迹，是绿叶"如溪语文"不断进取的生长点，更是对语文教学的敬畏。回想起来，无论是日常的课后交流，还是偶尔的教师小聚，我们的话题总离不开教学。绿叶常常会毫无保留地讲出她的观点和做法，当然也有她感到棘手的问题。有一次，她问我，须老师，作文是能教的吗？我想，她是作文高手，又专心于作文教学研究，怎么会问这个问题呢？一定是在为班中的后段学生犯愁。于是我作答：教学生遣词造句、构思段落、表情达意、写出文通字顺的习作，老师应该是可以做到的。但要写出构思精妙、文字精美、立意高深的文章，则需要像你一样有点灵气才行。不知听了我的回答，绿叶是否释然一二。

"溯源"抒写绿叶的教学情怀，有"希望之星"研修班闪亮而又难忘的日子，有教育征文、现场写作比拼时的蝶化过程，也有探索教学新生涯的酸甜苦辣，更有成长过程中遇到的恩师对她的巨大影响。满腔的教育情怀，是绿叶三十年如一日追求"如溪语文"教学理想的源动力。

"激滟"则收录了绿叶的几篇随笔、游记。教语文，起点很低，但真要教得好，又是极难之事。因为语文教师不能专限于读点古今文章，了解点专业知识。优秀的语文教师必须博览群书，上知天文，下知地理；古今中外、现代科技，都要知晓一点。作为一名优秀教师，绿叶自然知道广读博览的重要性，更知道艺不压身的道理。她爱音乐，她会乐器，她也喜欢旅行，喜欢饲养小动物。广泛的兴趣爱好，丰厚了她的生命体验。本辑是绿叶"读万卷书，行万里路"的具体呈现，也是她践行"如溪语文"教学主张的不竭源泉。

"如溪语文"六个专辑，像一面六棱镜，从不同视角、不同侧面，展示了绿叶语文教育丰富多彩的时光岁月。组合在一起，又是绿叶对语文教育求真、向善、寻美的追求历程。正如她自己所言：阅读，如溪；作文，如溪；成长，如溪。如今，小溪已汇聚成一泓清亮发光的清泉。愿小学语文教育的同仁们，都来掬一捧清泉，滋润自己的身心；也愿"如溪语文"溪水长流，汇聚出更多清亮发光的清泉，浇灌出更多与众不同的绿叶。

（作者系正高级语文教师，上海市嘉定区"名师工作室"领衔人）

序三　叶茂，花红

赵丽芳

　　绿叶的书《如溪语文：诗意流淌的语文教育》即将付梓，作为她曾经的语文老师，我甚是欣慰。

　　绿叶是我三十多年前的学生，班语文科代表；毕业后又五年，她是我的中学同事；后来她回了小学授课，我们就这样成了同行。现在她是安亭师范附属小学的语文教师，并担任了学校的语文分管领导。几十年的讲台生涯，我不敢说自己"桃李满天下"，但许多领域都有我的学生，可成为我同行的却不多，当语文教师并且能出书的更是凤毛麟角。

　　本人虽已退休多年，但出于内心对教师工作的热忱，一直持续关注语文教学，并发现目前存在着以下一些问题：有的语文老师自己不读书不读报，上课就是照本宣科；有的从不提倡学生多读课外书，反而声称"这篇文章不考所以不教"；有的则让学生死背答案和译文……作文教学方面，让学生抄作文、背作文的老师有之，对学生说"写作文就是'编'"的教师有之；最让人担忧的是，有老师一学期只让学生写一两篇作文，出了作文题后既不辅导，收上来只批个"阅"字，事后也不作讲评……孩子们上了几百节语文课却读不懂文章，想写文章更是头脑发胀，一头雾水——现状让人痛心。

　　但绿叶不一样，她是一股潺潺流淌的清流。她一直坚守语文教学"读万卷书，行万里路"的古训，秉持学语文首先是学做人的理念。为此，她殚精竭虑，一直走在探索语文教学好办法的路上。她成立了学校的"叶韵"文学社，引导孩子们在经典的古诗词和美文中遨游；带着孩子们亲近大自然，享受大自然给予人类的馈赠；还自学了尤克里里和口琴，和学生一起歌唱弹奏，欣赏音乐之美……就这样，她在孩子们心中播下了一颗颗美的种子，然后精心滋养，使之开出美丽的花朵。

绿叶在中学教学时，我听过她的课，生动活泼，循循善诱；她回小学授课后，我读过她学生的文章，小学四、五年级的学生已经学会观察生活，积累素材，写的文章虽尚显稚嫩，却真实地抒发了自己的情感，读来生动感人，可圈可点，并非那种千篇一律的无病呻吟之空洞文字可比。正如朱熹所说的那样，"问渠那得清如许，为有源头活水来。"让我为她骄傲的是，有些孩子小学毕业后成了我的学生，说起他们的殷老师时，往往是欣欣然，喜爱、尊敬之情溢于言表。

最难能可贵的是，在繁忙的教学之余，她读书，广泛涉略各种书籍以提高自己的文学素养，并向语文教育的老前辈学习；她写作，不仅把自己教学实践中的感悟和经验写成教学论文，还写"下水"作文，与学生共同感悟生活，真正做到了教学相长。

凭着对语文教师这份工作的热爱，以及对专业的执着探索，她培养了一批批热爱语文随后热爱生活的学生，可谓"叶茂而花红"；而她的不懈写作，现在也结出了硕果。这么多年来，她的教学、教育是"一路溪水一路歌"，祝愿她这条清清的小溪唱着爱和美的歌一路流淌！

她名绿叶，我觉得，冥冥之中她似乎是上天派来肩负培植、扶持红花的使命的。一直以来，孩子们有她的教导，幸甚；现在，她的同行有她的书可读，幸甚！

（作者系震川中学资深语文老师）

序四　一条明亮的小溪

朱　英

　　认识殷老师有二十五个年头了，就在她从初中回到小学任教的日子里。初见她时被她清澈明亮的双眸所吸引，那目光就如一条被午后明媚阳光照射的小溪，泛起粼粼波光。接触一段时间后，我对她越来越好奇，因为她看人看事的眼光有时超出她的年龄，有时又像孩童一样天真；因为她写得一手漂亮的钢笔字，俊秀舒展，同事们经常拿来做字帖；因为她独特的声线，过目不忘的记谱能力，还有动听的吉他声……更因为她对文学的热爱，当她发现孩子们没有好书读，又读不懂好书的时候，竟然在家里办起了双休日读书沙龙，把班里喜欢读书的孩子带回自己家，把自己的藏书与孩子们分享。我的孩子，也受到她的影响渐渐爱上了阅读。不知道她有怎样的神奇魔法，总能悄悄打开孩子们的心扉，成为学生们最喜爱的"绿叶"老师——在她小小的身躯里蕴藏着无限的能量。

　　后来，随着工作上的频繁接触，我发现她不只是爱文学，她内心里藏着爱、藏着孩子们、藏着她一直坚守的儿童立场。因为有爱，她看孩子的眼神是温暖的，话语是柔和的，总是蹲着身子跟孩子们交流，纵是"百炼钢"也总能被她化为"绕指柔"。她有属于她的"教育浪漫"：经常会为孩子们准备特殊的小礼物，比如一份写着"殷式语录"的小书签，一首生日快乐歌，甚至自弹自唱，带着孩子登上学校艺术节的舞台。孩子们进步时，奖励他们去校园的草地上开一场音乐派对，当然还有她精心挑选的书籍……她的爱就如潺潺流淌的小溪，汩汩不息地滋润孩子们的心田。那些调皮捣蛋的孩子，不出半年定会成为殷老师的小"跟屁虫"，引得隔壁班的孩子羡慕不已，很多时候我都想偷偷溜进她的课堂。

　　当学校得知她利用休息日在家里办起了免费的读书沙龙，吸引了不少的孩子前去后，就专门开辟了学校图书角的一个空间。殷老师便利用此空间正式办起了"叶韵"文学社。她利用孩子们的闲暇时间组织他们开展阅读和习作指导，从交流读书心得开始，慢慢尝试写诗歌、写散文、写小说，还会为诗配画。当时，能进"叶韵"文学社可是孩子们可以拿来炫耀的一件事，因为文学社每学期还会出版两册社刊，当手捧散发油墨香味的文字时，孩子们的眼里便会充满自豪与骄傲。

记得我班曾有一个非常调皮的男孩子，课堂上总有"十万个为什么"，课后作业却总是拖拉，尤其是习作和阅读理解。九月，正是"叶韵"文学社的招生季，他有点心动，我便鼓励他去尝试。没想到，他真的通过了殷老师的"面试"。一年后，他拿着《叶韵》社刊来找我，让我一定要认真仔细地读读这一期，我一看目录，果然有他的好几篇习作，便表扬了他。没想到他说我不够真诚，有点敷衍。后来再认真读完那一期的社刊，我才发现他每一篇文章都有独特的视角，行文流畅，语言丰富，而且他居然还当上了"叶韵"文学社社长。

殷老师的"叶韵"文学社一办就是十九年，文学社的成员换了一茬又一茬，文学社的社刊垒起了厚厚一叠，很多孩子因此爱上了阅读、爱上了习作。殷老师也因此荣膺上海市农村教师"君远奖"，有幸与她崇敬的于漪老师有了一次深入的对话，得到了于老师的充分肯定。如今，殷老师又在安亭师范附属小学带着一群年轻教师，开启"阅读攀登者"计划，创办校刊《初禾锦年》，用阅读丰富心灵，用阅读开阔视野，用阅读链接写作。二十多年前的那个她，那个热爱孩子、热爱文学、也热爱语文教学的她，从来不曾改变。

从教三十年，殷老师坚守三尺讲台，用智慧的双眼发现丰富多彩的教育现场，发现孩子的需求，发现写作教学的快乐，不断鼓励和引导孩子们从书籍中汲取力量，用笔书写生命中的一个个精彩故事。她的"如溪语文"教育主张，表达了对儿童立场的关注，用儿童的视角观察生活、理解生活、美化生活，引领学生感受用笔记录生活、抒发真情的幸福。她一边和孩子们一起阅读，从儿童诗到经典名著，感受中华文化的博大精深和无限魅力；一边和孩子们一起吟诵诗词歌赋，享受韵律与文字结合的美妙；还一边指导孩子们如何以手写我口，以手书我心。她经常跟孩子们说，会阅读会吟诵是吸纳，会交流会表达是吐露，就如呼吸一般日常，腹有诗书，吐纳自如，生命隽永。

愿殷老师热爱的孩子、热爱的文学、热爱的语文教学如奔腾的溪流，汩汩不息，永远澄澈明亮。期待殷老师的《如溪语文：诗意流淌的语文教育》早日付梓。

　　　　　　　　　　　　　　　　　（作者系上海市安亭师范附属小学校长）

前言　生活如泉源，语文似溪水

一、问题的提出

1999 年，我从中学回到小学授课，开始了崭新的语文教学生涯。在此之前，因为一些机缘巧合，我一直在安亭中学任教语文并兼职班主任。从小便热爱文学的我，对于自己所任教的学科有种天然的亲近感和归属感。但是，在中学从教几年后，我发现我们的语文教学，似乎进入了一个误区：机械性的抄抄写写、套路式的答题技巧、所谓的好句好段背诵招式……似乎这些就是语文的重头戏。我们的学生，并不热衷语文，谈及语文，双眸无光，见到作文题，教室里便"哀鸿遍野"。在大部分作文中，很难看到孩子真实的内心世界，看到的是"假大空"，是千篇一律的"套作"，教师也因此陷入苦海。

在中学从教五年后，当我回到小学时，每当对学生提起作文，他们的痛苦程度更是有过之而无不及。当我问孩子们平时读些什么书，全班只有寥寥数人举起手来，告诉我偶尔会"翻翻"作文选和《爆笑校园》。什么是作文？孩子会告诉你，作文不就是编一编，背一背，套一套，骗骗老师的吗？可见作文被孩子们误解歪曲成了何等样貌。

这不正应了四十多年前吕叔湘老先生的话：语文教学少、慢、差、费？

二、"如溪语文"的探索过程与方法

在我心里，语文课是雕琢学生灵魂、为学生心灵的成长提供阳光和雨露的最佳学科。我作为一名平凡的小学语文教师，平凡得如同山间的溪水，那一股潺潺流动的清泉几乎是可以被忽略不计的。但，虽然人微言轻，我却隐隐觉得自己重任在肩——我想要在班级尝试自己的语文教学"改革"，我想让阅读的土壤滋养孩子的作文之根，我想让孩子想起语文的时候，心中不再那么痛苦无助，我甚至想让语文成为孩子真正的心灵家园……于是，我开始勇敢地向前奔流，带着一股子不服输的劲头，在春天的山涧中，我带着自己"如溪"般的语文教学方式，开始了探索和实践。

我究竟是怎么跨出第一步的呢？

（一）第一阶段：一腔热血，创建"叶韵"读书会

当年，正在我"山重水复疑无路"时，我在于漪老师的著作中与她相遇，遇见了她的"写作教学"：学生见到作文题后的种种心态，正是他们写作心理的一种反应，教师应该洞悉他们的情况，有针对性地采取种种措施，破"怕"，攻"难"，克服急于求成的情绪。于漪老师的话为一个迷惘的青年语文教师照亮了前行的路，那么，如何才能消除学生写作的恐惧心理呢？于老师认为：首先要查明恐惧的原因，再从鼓励入手，因材施教；最后指点途径，让学生自己从"怕"中走出来。有两件事于老师特别强调：第一抓积累，广泛阅读，用古典诗词或者名作佳篇打底。第二抓思路，写文章须做到言之有序。

受于漪老师的语文教学理念影响，我认为阅读是写作的土壤，当务之急，是要培育一片这样的土壤。于是回小学第二年，我在班中成立"叶韵"读书会，创建班级图书馆，为学生购买书籍，扩大其阅读面，尝试"海量阅读"教学。一开始，只是尽情地鼓励他们沉浸于书海中，囫囵吞枣也罢，不求甚解也好，只要打开书本，我就狠狠表扬，在班级中营造一种"乐读"气氛，让书籍渐渐走进孩子的生活。我十分崇尚李白坚老师的"快乐作文"教学，在他的启发下，先游戏再作文成了我这个阶段作文教学的重要模式，解决了燃眉之急，很多孩子渐渐愿意动笔了。但时间一长，作文教学又陷入迷惘，当作文题目超越游戏范围时，学生的写作能力似乎又被打回原形。这说明，光靠教师营造"作文情境"是远远不够的，对于孩子而言，更需要学会在生活中主动观察、体验，捕捉生活中的点点滴滴。这是我的点上尝试，属于初步感知阶段。

（二）第二阶段：受到关注，"叶韵"文学社诞生

阅读的土壤渐渐变得丰厚肥沃，班级学生积累了大量的语言经验。课堂上，一部分学生侃侃而谈、妙语如珠；写作时，他们文笔灵动，文思泉涌。没过多久，"叶韵"读书会便在校园中崭露头角。当然，怎样读书很重要，读什么书也不容小觑。阅读指导不但应该做到细水长流，潜移默化地影响学生的心灵世界，更应该引领学生关注古往今来那些优秀的书籍，提升他们的审美情趣，陶冶情操。总之，为了帮助学生养成良好的读书习惯和写作习惯，我"抓"了

两件实事。

第一，大量阅读，读有所乐。具体做法：拓展升华，分层选择。

第二，授之以法，读有所获。具体做法：勤写批注，深度阅读。

我要求学生每周完成"三个一"：一篇周记、一篇读后感、一篇批注式摘抄。其中，批注式摘抄是保证学生能够进行"深度阅读"的重要前提。因为只有当学生身入书籍、心入书籍的时候，书本上的字字句句才能真正入眼、入心，变成学生脑海中真正的财富。

在领导的关怀和建议下，"叶韵"读书会升级为"叶韵"文学社。文学社中，我千方百计运用或创设各种情境：春游踏青、夏日赏荷、秋天登高、冬日观雪，还有学校的运动会、班级的游艺会，孩子们的朗诵会……平时举办的各种游戏竞赛、日常生活的"素年锦时"都是源源不断的写作素材。我启发孩子们从各种角度出发，选取材料，拟定题目，聚焦生活，写下自己的真实感受。"五官动用法"是孩子们喜闻乐见的习作教学方式，通过看一看、摸一摸、尝一尝、听一听、说一说，为学生提供写作的素材，激发其多元化的观察体验，为实现学生"怕写——要写——乐写"的过渡而做铺垫，这便是我对于语文教学的多维探究，尝试迈入整体建构阶段。

（三）第三阶段：实践反思，"发现"作文教学落地生根

写作要有真情实感，表达自己对自然、社会、人生的感受、体验和思考，力求有创意。因此，我大刀阔斧，在文学社中做了五件事：第一，勾连生活，创设情境；第二，融入文本，读写链接；第三，敞开心灵，激活写作；第四，勇于下水，以情激情；第五，互相评价，教学相长。

"发现"作文的教学主张在文学社落地生根。即，让学生通过入心阅读，发现读写之道；通过认真体验，发现写作材料；通过师生分享，发现写作乐趣；通过互相评价，发现写作价值。总之，引导学生借助阅读和写作，发现世间万物的美好，发现人世间的真情，发现内心深处的感动，尽情享受语文学习的无穷乐趣。至此，我的教学研究也逐步进入专题探究、系统深化的阶段。

文章千古事，得失寸心知。要教会学生写作文，教师自己必须有真切的体会，有写文章的实践经验。在写作海洋中，教师既要导游，又要做到师生同游，享受搏水之乐。我又开始勇敢尝试下水文，并且乐此不疲。师生共读，师

生同写，以读促写，以写更促读。在作文教学的淙淙流泉中，师生同游，或浅浮，或深潜，享受嬉水之乐，收获驾驭文字的美妙感受。我更充分地体验到作文教学中的甘苦，取得了鲜活的经验，大大提高了写作教学的生动性、趣味性和实效性。

社刊《叶韵》也因此诞生，并连续十多年获得嘉定区文学社刊特等奖。我向学生敞开心灵，引导学生在大量的阅读和写作中进行语言文字实践，在情境中尝试读写链接，激发学生对祖国语言文字的热爱。我苦苦找寻阅读与写作之间潜在的暗合，从写作视角来观照阅读，努力让两者水乳交融。因此，学生的写作热情，犹如活泼的溪流勇往直前，大部分学生从"怕写"转变为"会写"，相当一部分学生还达到了"乐写"。

（四）第四阶段："如溪语文"，追求立体的语文教学

2019年，我加入"百年老校"——上海市安亭师范附属小学，带着语文组老师们一起追逐新的教学之梦。重任在肩，不敢懈怠，开启了新的学习之路。我养成了观摩名家教学视频、阅读教育专著的习惯。十二卷《于漪全集》更是我案头的精神食粮，常读常新：

"语言是民族的生命、民族的血液。汉语言文字负载着中华民族数千年的文化，语言这一工具和它负载的文化、思想不可分割。"

"生活是学习语言的海洋，时时关心，处处用心，对语言感悟的能力必会大大加强，兴趣也必然倍增，对语言文字的求知欲也必然日益旺盛。"

我被老一辈教育家孜孜不倦的求索精神打动，教育大师们关于语文教学的真知灼见一次次令我感到拨云见日。2022年，在语文新课标诞生的背景下，我更加深刻地领会到了新时代赋予阅读和写作的意义：关注个体差异和不同的学习需求，鼓励自足阅读、自由表达；倡导少做题、多读书、好读书、读好书、读整本书，注重阅读引导，培养读书兴趣，提高读书品位；懂得写作，是为了自我表达和与人交流。

在这些教学理念的滋润下，我开始全面梳理自己的教学主张，进入丰富完善阶段，并正式将之命名为"如溪语文"。其中，"兴趣"是必要的转化，"实践"是必然的通道，"训练"是必经的历程。

三、"如溪语文"的主要观点

叶圣陶曾说过:"生活就如泉源,文章犹如溪水,泉源丰盈,溪流自然活泼泼地昼夜不息。"烟波浩瀚的生活世界为作文提供了无数的素材,教师要让鲜活的社会生活、优美的自然景物、温馨的家庭环境、多彩的校园生活等,成为学生写作永不枯竭的泉水。"如溪语文",就是用溪水一般流淌的语言文字滋润儿童,用溪水一般的真情感动儿童,用溪水一般灵动的教学方式启发儿童,让其欢畅自如地学习语文、运用语文。"如溪语文"有以下五大特点。

(一)语文像溪水一样柔韧

溪水是一种非常柔和的水流,同样,教师也应该抱有柔和的心态,不仅关心学生的需求和问题,而且要尽力让学生在成长过程中获得力量和激励。教师不仅仅是知识的传授者,更是学生的朋友和倾听者。当学生在语文学习时遇到挫折和困难时,会得到教师温暖的关怀和鼓励,永远不会感到孤独和无助。溪水虽然柔和,但它具有强大的力量。在流经山谷和峡谷时,它能够削减岩石和塑造地形。它百折不挠,勇往直前,穿越山石,流向远方。同样,教师也应该有坚定的信仰和执着的精神,在学生面前展现自己的语文专业知识和人格魅力,让学生们受益终身。教师应当成为学生成长过程中的重要引路人,成为学生心灵的港湾和精神的支柱。

(二)语文像溪水一样澄澈

语言所及,心灵所抵,语文应让思维更清晰,让精神更澄澈。它必须是清晰的、透彻的、简约的、富有活力的。被信息时代下的快餐文化、碎片化阅读裹挟着长大的孩子,需要气定神闲、宁静澄澈的语文教师,能够带领他们静静地读书,静静地思考,静静地写作。教师应充分利用语言文字的工具性,进一步提升学生的语文素养,使其学习生活道路畅通,人生价值哲思达观。"如溪语文"是人的精神世界和人性涵养的表达,具有鲜明的人文性。

(三)语文像溪水一样斑斓

语文教学,应该是立体的,应该把思想的启迪、志向的砥砺、情感的熏陶、知识的传授融为一体,把与教学内容有关的文理知识熔于一炉,教学要有详略、疏密、缓急、轻重、起伏、主次。生活中的写作材料比比皆是,无论是自然景物,还是街头小事;无论是书中看来的点点滴滴,还是与伙伴们分享的各种趣事，当你能够勇敢地用一支笔记录自己五彩斑斓的发现，中国语言文字的神奇与美丽就会像一坛启封的美酒，芬芳四溢，沁人心脾。在这个节奏迅疾、人心浮躁的尘世间，语文学习是一条涓涓不停的清溪，映射着五彩斑斓的生活，让我们的心灵充满阳光。

（四）语文像溪水一样隽永

语文如溪水静静流淌，悄然无声地引导着孩子在语言文字中看到生活的多彩、艺术的美感、大海的宽广、宇宙的浩瀚，潜移默化地激发儿童学习语言文字的热情和探索语言文字的好奇心。教师应该树立"大语文"观念，把儿童喜闻乐见的事物引入课堂，把自然、科技、社会、艺术引入课堂，提升儿童对语文学习的兴趣，增强儿童的情感体验，开阔儿童的视野，使儿童能够运用各种知识，通过语文实践走向生活。语文学习是一条涓涓不停的清溪，让生活变得隽永美妙。

（五）语文像溪水一样盎然

文章不应当是硬做出来的，而应该像汩汩的清泉从心坎里流出来。这股清泉来自何方？来自无拘无束的阅读。教师引导学生浸润在美好的语言文字中，立足教材但不限于教材。教师运用多种手段激发学生博览的兴趣，强调读书不能蜻蜓点水，要精读深思，目注神入，理解作者炼字炼句、构思组材的匠心，增厚文学底蕴。这股清泉还来自五光十色的生活，来自从生活中汲取材料的本领。生活中源头活水流淌，笔下的文章就会生意盎然。教师引导学生在生活中做一个有心人，细细观察，处处留意，汲取丰富的作文材料。教师有意识地组织各种精彩的活动，给学生提供实践的机会，并引导其充分感受体验，使学生逐步学会观察生活、理解生活，不但身入生活，而且心入生活。

"如溪语文"是工具性和人文性统一的语文，它让学生在"流动"的过程中自然地领悟语文学习的精髓，提高语文素养和生活品质。"如溪语文"是求真、向善、寻美的语文，努力实现语文教育基础性、人文性、审美性的水乳交融。"如溪语文"，启智润心，讲求将听、说、读、写、思五方面的训练有机结合，让学生于潜移默化中锤炼比较全面的语文素养。

四、"如溪语文"的实践维度

一个学生，不会写作、不愿写作甚至痛恨写作的原因，往往在于他的心灵荒芜一片，他的大脑缺乏源头活水，简言之，是他的阅读出了问题。"问渠那得清如许，为有源头活水来。"这里的阅读指的不仅是包括教材书在内的"有字"阅读，也包括"无字书"——独特的经历、精彩的活动以及深刻的体验。当学生能在课外书中尽情地撷取营养、在生活中尽情体验时，心中的文化之根会因获得滋养而变得粗壮发达。当学生拥有了源头活水、知道是非、明晰美丑时，精神世界才会生机勃勃，写作表达才会枝繁叶茂。

怎样才能让孩子在学习语文的时候，不再那么痛苦？甚至有一天，当他们了解语文的真正含义的时候，还能让他们体会到学习的幸福？在当时看来，对这些问题的解答遥不可及得近乎奢望。

生活中处处有语文，语文老师的使命就是要把语文学习与其他学科、与社会生活等联系起来，给予学生心灵多元的滋养。于是，我成立了"叶韵"文学社。我总觉得语文应该如同溪水，源远流长却默默无声，看似力量微小却持之以恒。它悄无声息地滋润着岸边的野花幽草，却始终没有停下自己勇往直前的脚步，因为它的心怀如大海一般宽广和无垠……语文，不就应该像这涓涓细流般地流进孩子的四肢百骸，流进孩子幼小的心田，带着中国语言文字独特的温度和魅力吗？要想让孩子不怕写作文，首先必须引导孩子走近"阅读"。

（一）阅读，如溪

我新接任的五年级班中，学生厌倦写作文，几乎没有固定的课外阅读时间，写起作文来不是言之无物，就是词不达意，更有甚者，憋了一节课只能写两三行字。面对作文，学生似乎成了一块块拒绝融化的冰。

我多么想告诉学生：读书破万卷，下笔如有神。我多么希望有一天，我们的学生能够觉得阅读是一种乐趣。爱上阅读，世界就仿佛向你打开了一扇扇窗。于是，在"叶韵"文学社中，我带领大家做了两件事。

第一件事，大量阅读，学会诵读，学会分享。

我给学生开出了一张课外阅读书单，从《红楼梦》《水浒传》《三国演义》到《悲惨世界》《围城》《秋雨散文》……还有当时同学们从没有读过的《读者》和《格言》。我在讲台前慷慨激昂地说："同学们，语文的能力，从来不是通过读一本教材就可以让你轻易掌握的。你得用老师教你的方法到课外书的海洋中去遨游，去搏击，去收获……你才能真正享受到学习语文的快乐！"

孩子们的眼睛渐渐明亮起来。后来的语文课，我给学生朗诵"蒹葭苍苍，白露为霜"，朗诵"大江东去，浪淘尽，千古风流人物"，那优美的意境和雄浑的气魄震撼着孩子们的心。我告诉孩子们自己曾怎样如痴如醉地徜徉在《西游记》等名著的字里行间，感受作者笔下生动曲折的情节……我们经常分享自己读书的美好体验，感受中国语言文字的神奇与美丽。《围炉夜话》《安徒生童话》《爱的教育》《鲁宾逊漂流记》……推荐给孩子的书籍，每一本都是我亲自挑选和阅读过的书籍。我就像一个愉快的导游，一次次地引领着孩子们穿梭于那些熟悉的风景中，乐此不疲。

第二件事，授之以渔，读有所法，读有所获。

学生渐渐爱上了阅读，但是很快又发现了新问题，他们往往总是匆匆浏览一下便将书籍束之高阁，个别家长也向我"诉苦"：他的孩子挺喜欢看书的，也看了不少书，怎么对写作文没有太多帮助呢？

原来推荐书籍还只是第一步，为了进一步提高学生读书的效率，我鼓励他们"不动笔墨不读书"，尝试做点评式摘抄：每一句被摘抄的话后面，必须有自己对这句话的理解和品味。读书时不能拘泥于字面上的意思，而要深入到作者的内心，才能收获更多。我常利用周末和学生分享自己阅读的乐趣，带领他们共同探索中国语言文字的神奇。在我的"逼迫"下，不少才五年级的学生，就已经捧着钱钟书的《围城》读得津津有味，记下了很多读书的感悟。

如今想来，那段"学法于课内，得法于课外"的读书时光才是真正促使孩子们积累语言文字的重要历程。阅读是写作的土壤，真正学会阅读的孩子，已经为写作打下了扎实的基础。

（二）写作，如溪

很多孩子并不清楚，作文就是用一支笔说出自己的心里话，把自己的感受与别人分享的过程。写作也许需要一点技巧，但更需要的是真情！那么，怎么去引导孩子不怕写作甚至爱上写作呢？在"叶韵"文学社中，我尝试解决"写什么"和"怎么写"的问题。

关于"写什么"，其实是"问渠那得清如许，为有源头活水来"的鲜活印证。

要消除学生对作文的恐惧，首先要让他们明白，我们把在生活中所品尝到的酸甜苦辣、感受到的喜怒哀乐，用文字记录下来和大家分享，这就是作文。教师应该蹲下身去，唤醒儿童的作文意识。比如，有的学生因为胆怯错过了一次回答问题的好机会，他觉得很遗憾，便可以启发他把这种遗憾之情写下来。有的学生和朋友约好去公园，但是那天突然下起大雨，朋友食言了，她在雨中等了一个多小时，最终失望地离开，教师也可以启发她将这种失望之情写出来。老师还可以把生活中感动自己的东西和孩子们分享，内容可以包罗万象，例如中外名著、影视歌曲、时事热点……生活中，只要能够激起学生的情感波澜，哪怕是一幅画、一幕电视镜头，何尝不是一股股活泼泼的写作源泉？同时，为了丰富孩子们的写作材料，文学社也举行了各种各样的活动：游戏、谈话、辩论、情景剧、小魔术、想象说话……这些活动不仅调动了孩子们的学习热情，也丰富了孩子们的生活体验，更使他们的能力得到综合性的培养与锻炼。生活中处处有语文，想要写好作文，一定需要强大的情感背景和知识背景，如此一来，写作时才能左右逢源，妙笔生花。

关于"怎么写"，我的做法首先是鼓励体验式读写链接，走入主人公心灵。

读和写的关系是输入和输出的关系，读是一个多方面吸收的过程，是写的基础，它能为写提供良好的方式和借鉴，告诉读者写作的规律和途径。学生要把这些巨人的"肩臂"作为向更高目标攀登的阶梯，认识到学习语言、积累语言的最终目的是为了运用。在进行阅读指导时，教师的方法可以新一点，形式可以巧一点，努力引导学生在阅读时敞开心灵，将自己和作者的视角合二为一。比如，读完统编版语文教材六年级下册的《老师领进门》一文后，可以大胆地让学生转换角色，变成二十年后的作者，给昔日的恩师写一封信，启发学生尽情想象二十年后作者的身份和境遇。例如，可以想象作者忆及田老师用循循善诱的教学方式，将知识点化作一个个故事，犹如点点春雨一般滋润孩子的心田之事，依然那么清晰如昨，并表达对田老师的感激之情：

"敬爱的田老师，现在我也成了一名语文老师，我常常会像您一样，将一个个生动有趣的故事讲给学生听。看到底下那一双双闪亮的眼睛，对知识充满渴求，我竟然觉得我从来没有离您远去……"

"田老师，多年不见，您还好吗？我永远忘不了您，忘不了您的语文课所赋予我们的神奇魅力。课堂上，您的话语像磁铁一般牢牢地吸引着每一个孩子，又像一道道阳光射进我们的心田……我似乎从来不曾意识到，学习语文是如此快乐的一件事情……"

孩子模拟作者写给田老师的书信当然是虚拟的，表达的感情却那么真挚炽热，因为他们完全和作者的心融为一体，对田老师充满了深深的感恩。这样的尝试，还有很多，比如半命题作文《_____来到我身边》，因为平时阅读面广，思维活跃，很多孩子都选取了自己喜欢的书中的人物，例如《诸葛亮来到我身边》《孙悟空来到我身边》《林黛玉来到我身边》……在读写教学中，教师就应该如此引领学生走进文本、融入角色，为孩子打开一扇扇窗，让他们尽情享受故事的美好、人性的善良。一颗颗宝贵的向上向美的种子，将在这样的阳光雨露下，潜滋暗长。

关于"怎么写"，我最重要的做法是勇于向学生敞开心灵，激活写作之心。

古人说："知之者不如好之者，好之者不如乐之者。"学生学习写作也必须以兴趣为基础，有了兴趣，才能使学生积极投入写作的思维状态中去。如何激发这颗写作之心呢？

第一，分享爱好，体验真情。因为从小对音乐有着浓厚的兴趣，靠着自学，我学会了口琴、陶笛、尤克里里等乐器，虽然只会些皮毛，却极受孩子们欢迎。我还在班级开设了"口琴启蒙课"，循序渐进地教孩子学吹口琴。孩子们认真地练习着，克服了很多困难，短短一个月，不少孩子便能吹奏完整的《欢乐颂》和《小星星》。在作文课上，为了克服学生畏惧写作的心理障碍，写作前我尤其注重学生的情感酝酿，恰如其分地进行导情激趣：

"同学们，这个月大家都开始学习一种有趣的乐器——口琴，在练习的过程中，你一定遇到了很多困难，心情会有哪些变化？我们今天就在课堂上一起来分享自己学琴的感受吧！请大家把练口琴时见到的、听到的和想到的记下来，和他人一起分享你的成长好吗？"

为了重温学琴的"坎坷经历"，笔者还让学生一一到讲台前进行"表演"，同学们个个情绪高涨。通过"体验——回忆——分享"，感由心发，思如泉涌，很快就写好了体验作文——《我真了不起》，文笔虽然稚嫩，情感却非常真挚，读来令人颇为欣慰。

第二，勇于"下水"，以情激"情"。文章不是无情物，胸间有情感岩浆的积聚，笔端才会有情感火焰的喷发。情从何来？"以情生情"是心理学家公认的一条重要途径，即一个人在他人情感的影响下产生相应的情感。在多年来的作文教学实践中，笔者最"勇敢"的举动就是经常和孩子们同题写作。记得当年看了电影《暖春》后，大家都很感动，我就和孩子们"约定"第二天一起来写观后感。古话说"青出于蓝胜于蓝"，多次"下水"以后，师生们的思维得到锻炼，感悟生活的能力和驾驭语言文字的能力也得到了提高。还有一次，在指导学生写作《礼物》时，我将自己事先写好的下水文深情地朗读了一遍，学生听后问我是怎样"编"出这么感人的材料的，于是我用自己的亲身经历启发学生：好的作文也许会有些虚构的成分，但更多的是作者曾经有过的一种真实体验，是从心底流出来的。学生恍然大悟，于是我趁热打铁，要求学生以这节特殊的作文课为内容写一篇作文，结果，大部分学生的习作内容真实，文笔流畅，读来非常感人。叶圣陶老先生说："凡是有关作文的事，老师实践越多，经验越丰富，给学生的帮助越大。"当教师亲身体验过写文章时的酸甜苦辣之后，感觉自己再也不是昔日那个高高在上的指挥者，俨然是一名与学生同甘共苦的"战友"。教师的思维和学生的思维、教师的情感和学生的情感，必将发生碰撞，每碰撞一次，对师生双方来说都是一次提高。

有心用功，无心成功，功到自然成。时间悄悄地过去了，我惊喜地发现我们的学生渐渐变了。从刚开始谈"作文"色变，变得愿意动笔了。在文学社这个快乐和谐的大家庭中，孩子们如饥似渴地阅读各种有益的书籍，好奇地观察周围的世界，用心感受着生活中的真善美，并将自己的喜怒哀乐，用稚嫩的文字勇敢地记录下来。对于我和孩子们而言，"叶韵"文学社就是一片广袤无垠的蓝天，天高任鸟飞；它也是一片大海，海阔凭鱼跃。很多孩子因为"叶韵"而终于明白，能用一支笔记录自己的心里话，通过写作发现世界万物的美好，发现人与人之间的真情，感动自己，也感动别人，是一件多么幸福的事！

（三）成长，如溪

回首来时路，从一个满腔热血、懵懵懂懂的青年，到渐渐理性，渐渐尝到语文教学真滋味的老教师，总有点感慨万千。自 2000 年开始，我在校内组织开展学生文学社团活动，创办学生社刊《叶韵》，得到了学生的积极响应。二十多年如一日的耕耘，指导了 1700 余篇学生原创作文，并刊印发表，这些作品还被市级、区级报刊与杂志选登，为很多孩子破解了"阅读和写作"的难题，打开了学习成功之门。2012年我获得上海市农村教师"君远奖"之际，曾和于漪老师面对面交流分享作文教学的收获，于老师对我在基础教育阶段语文教学中有如此的坚守表示充分赞扬，也鼓励我继续潜心研究。这位德高望重又平易近人的教育家让我的心乘风破浪，更坚定了耕耘文学社的信念。

创办文学社初期，我最大的心愿莫过于培养一批优秀的文学爱好者、一批能说会道的"尖子生"。但随着对教育理解的不断深入，我渐渐领悟到热爱和运用中国语言文字，其实是每个孩子的权力，每位孩子都应该有机会成为发光体。这几年，我常常借大大小小教研活动的契机，将自己的写作教学感悟分享给学校的老师。语文，上下五千年，纵横几万里，应该是一门包罗万象、风情万种的学科。但当我们用过于理性的眼神研究着如何把文本变成各种可能会出现的刁钻古怪的试题时，再优美的文本也会被肢解为大量的"知识点"和"答题点"。不能让一年年的重复训练、一次次的"标准化"检测，像一把把无情的剪刀，将孩子那新奇的天性、善感的心灵裁剪殆尽啊！只要能够多影响一位老师，就能够多影响一个班级的学生。这是多么有意义的一件事！

如今，"如溪语文"的理念已慢慢在学校蔓延、辐射，从班级走向年级，从年级走向学校。比如，随着时代的发展，"融合阅读"进入校园，这是一种广义的阅读，指的是线上线下、师生互融的阅读模式。学校为孩子们量身定做了"摩天轮阅读"，让过程性评价陪伴孩子养成良好的阅读习惯。同时，经华东师范大学博士生导师董蓓菲教授指导，我们开始触摸"清单习作教学"，并努力倡导"作后指导"，合理运用"小组合作"，借助"学习任务单"有效提高课堂合作实效。我们鼓励学生独立审题、独立完成习作，教师在迅速浏览草稿后根据学情，通过激赏、修改、训练、互评等手段组织学生进行及时的自我诊断、自我修复、自我提升，清晰地看到了学生从不会到会、从蹒跚学步到稳健行走、从历经一次次失败到最后成功的过程。

建校五年来，我们创办了学生校刊，很多班级也开始尝试创办班刊，为更多的孩子搭建展示自己的舞台。"如溪语文"包裹着周围的教师同仁，让他们勇敢地在自己班内进行阅读和写作教学的有效实践。一位位教师就像网布在家乡教育热土上的溪流，带着学生们勇敢探索写作的奥秘，享受学习语文的乐趣。

而我，正是坚守着这样一个语文与生活相融相生的约定，才会如此义无反顾、乐此不疲地探索语文学习的秘密。

高山仰止，景行行止。长路漫漫，吾辈永远是行路人。愿与君共勉！

殷绿叶

2024 年春于安亭师范附属小学博观楼

第一辑

生　机

　　"如溪语文"倡导教师应教育学生观察与理解生活，真正做到身入生活、心入生活，激发学生对语文的兴趣与热爱，使语文学习过程生动活泼。文章不应当是硬做出来的，而应该像汩汩的清泉从心坎里流出来。这股清泉来自何方？来自无拘无束的阅读，来自从生活中汲取材料的本领。生活中源头活水流淌，笔下的文章就会生意盎然。

二十多年前的一个秋天，一个满怀憧憬的老师，一群天真烂漫的少年，因为对文学的热爱走到了一起。他们共同建造了一个追求文学之梦的美丽家园，取名为"叶韵"文学社。为让孩子思风发于胸臆，言泉流于笔端，能写出文从字顺、情真意切的文章，一开始，文学社从以下三方面入手。

第一，读有字书，精读博览，广为采撷。"问渠那得清如许，为有源头活水来。"读书立足教材但不限于教材，从课内延伸到课外。教师推荐中外文艺作品、报纸杂志、时文热点等，指导书刊的购买与阅读，提醒阅读要慎加选择，有主有次，有的需要细嚼慢咽，有的可以随意浏览。运用多种手段激发学生博览的兴趣，强调读书不能蜻蜓点水，要精读深思，目注神入。利用"点评式摘抄"指导学生进行"沉浸式"读书，抓住拨动自己心弦的关键词句，深入理解作者炼字炼句、构思组材的匠心，增厚学生的文学底蕴。

第二，读无字书，汲生活之水，开阔视野。于漪老师曾说：生活中的材料像空气中的水珠一样，似乎看不见，但经过雨后斜阳的照射就会显出美丽的彩虹。生活中的写作材料比比皆是，无论是自然景物，还是街头小事，只要做有心人，细细观察，处处留意，就可以汲取到丰富的材料。教师有意识地组织各种精彩的活动，给学生提供实践的机会，并引导其充分感受体验，便可让学生逐步学会观察生活、理解生活，不但身入生活，而且心入生活。

第三，重作文讲评，评文育人，持之以恒。讲评是作文指导的继续，是作前指导的升级，教师要基于学情，以学定教，实现实践到理论的归纳。教师的点评当如涓涓细流，依岸而行，曲折有致，流进孩子的心田。不能只就词句篇章作技术性的讲评，而要实现评文育人。要善于透过习作走进学生心灵，引导他们明辨是非，褒善贬恶，奋发向上。重在正面激励，评得作者心里热乎乎，听者心里很羡慕，师生感情和谐融洽。

二十年如一日，在"叶韵"文学社中，孩子们体验着丰富的活动，感受着心灵的颤动。他们开始学会观察周围的事物，思索人生的意义，寻找自己的心灵驿站……他们将阅读书本、阅读生活中感受到的点点滴滴、丝丝缕缕，用追寻真善美的心灵、用还带着些许稚嫩的文字记录了下来。"向来枉费推移力，此日中流自在行。"终于有一天，孩子们感受到写作已经不再是一件痛苦的事，能够让文字在笔下缓缓流淌，甚至感受到了用笔抒发真情的幸福。

原来，一弯小小的幽壑清泉，也可以潋滟随波千万缕，映照山间的绿树红花；一枚小小的叶片，也可以散发属于自己的清香，折射出盎然的生机。

"叶韵"是怎样炼成的

二十多年前，我刚成为一名小学语文教师，执教一个五年级的班级，最痛苦的事莫过于批作文。几十篇作文，表现的内容基本上大同小异。一写《同学之间》，要么不小心受伤，被送医务室；要么考场上缺少文具，同学帮忙……一写《我的爸爸》，作文中就会出现很多为了给孩子凑学费而去卖血的父亲；一写《我的妈妈》，除了雨中送伞和陪我挂盐水，不少同学还在作文中编造，自己很小的时候，妈妈就告别人世了……一个个"虚假伪劣"的故事源源不断地出现在格子纸上，那些小作者还颇有点沾沾自喜，这下老师被"感动"了吧！

二十多年前，当我问及学生平时都读些什么书的时候，他们告诉我偶尔会"翻翻"作文选和《爆笑校园》。家长也不太支持孩子读课外书，认为闲书会影响孩子的学习。二十年前，当我看到那么多孩子忽视了阅读，也误解了作文的真正意义时，我越来越觉得应该为孩子们做点什么。于是，在2000年秋天，"叶韵"文学社诞生了。

最初的文学社很有"读书会"的味道。是的，文学社首先要让孩子们明白：读书是一件美好的事。当孩子乐于读书并且善于读书时，写作便有了基础。当时，通过和家长的沟通交流，我在班级成立了"漂流瓶图书馆"。为了让孩子喜欢读书，我模仿说书人的口吻读故事给大家听，等学生们迫不及待地想知道后事如何时我再推荐书籍。我经常邀请孩子到家中参加读书小沙龙，让他们分享最近的读书体会和读书计划。这些读书活动，不仅让孩子们学到了课堂上没有的知识，更让他们明白遨游于广阔无垠的书海是多么幸福快乐。另外，我鼓励学生做点评式摘抄，去积极思考：这句话为什么令人难忘？它的特别之处是什么？它到底给我怎样的启发？不知不觉，学生点评的话语越来越细腻深刻，他们渐渐懂得读书不能浮光掠影，而要学会读重点。有积累，才是真正的读书。

有了书籍赋予的底气，文学社还让孩子感受到：写作是一件有趣的事。我们经常举行语文游艺会，其中既包括孩子们的才艺表演，又有一些他们喜欢的游戏竞赛。活动结束后，我引导孩子们从各种角度出发，选取材料，拟定题目，写下自己的真实感受。比如以下的一些作文题目：《我当主持人》《这个魔术失败了》《魔方小旋风》《我们永远支持你》《狡猾的"卧底"》《精彩的"飞花令"》……

"动用五官法"也是受孩子们欢迎的写作法宝，比如，我们让学生在课堂上分享自己带来的美味小点心，通过看一看、闻一闻、尝一尝、说一说等方式激发他们多元化的感官体验，提供了写作的素材，增加了写作的趣味。

学生作文的表达形式单一、语言苍白无力怎么办？我们立足教材，让孩子们转换角度，活化语言。比如，学了《五彩池》，便让孩子们以"小导游"的身份介绍美丽的风景；学了《莫泊桑拜师》，便鼓励他们续写课文，取名为《我向福楼拜请教写作》；学了《大仓老师》，便让他们以作者口吻完成书信《20年后写给大仓老师》……角度的变化既让学生耳目一新，又激励他们不断地内化课文语言，将其变为自己的语言财富。孩子们从怕写到敢写，再到乐意写，这是一个多么大的飞跃！

随着岁月的流逝，文学社还渐渐让孩子了解：写作不是一个人的事。比如，我们经常进行"小小电视台"的即兴表演赛，二十几个孩子分成几个六人小组，六人中有导演、有场务，其中，两人负责撰写新闻稿件，两人负责广告彩排，还有两人负责新闻播报……他们为了同一个目标奋斗，忙得不亦乐乎，半小时后依次上台表演。你会看到主持人煞有其事地播报着新鲜出炉的本班新闻；你会看到妙趣横生却也险象环生的广告小品；你会感受到台上台下其乐融融，孩子们看着彼此的表演，乐不可支，而团体合作的精神也正在悄悄萌芽。体验结束后，孩子们在白板上涂满了自己为本次活动取的题目："惊险一刻""台上一分钟""导演真了不起""卡壳了""我们的电视台"……

但有些孩子只要一提起笔，脑中就一片空白，当他们实在"无从下手"时，团队便会为其提供必要的作文支架。比如，有的孩子不会写开头，我们就让孩子们互相分享自己最喜欢的开头：声音引入、心情引入、景物引入、人物引入、环境引入……有的孩子不擅长写结尾，同学们便会建议他从以下几种角度考虑：意犹未尽式、依依不舍式、夸奖赞美式、期待未来式、深受启发式……有的孩子难以把握叙事过程，那么就会让学有余力的几位学生在白板上画下关于本次作文的简易思维导图，同时还"奉送"几个好词语、好句子……

由于写作内容比较丰富，也可以采取"分工合作"。俗话说，好的文章要有凤头、猪肚、豹尾，可以将文章各部分分成一个个小任务——比赛前大家紧急彩排的热闹场面、主持人的表情动作语言、广告演员的精彩表现、场下观众的心理、本次活动给同学们带来的启发……每个环节都有人"承包"，在规定时间内同时写作后，再进行集体"组装"，组长负责安排任务以及确保各部分之间过渡衔接的顺畅。完工后小组中先自我修改，然后陆续上台展示，自己朗读自己的部分，就像接龙讲故事一样。

孩子们都说文学社的写作过程有点像头脑风暴、有点热闹喧嚣，但这样与众不同的写作过程丰富了学生的体验，调动了学生的写作热情，让孩子在举步维艰时看到希望的曙光。是的，我们教孩子观察、体验、思索，也教孩子积累、合作、创新，孩子走近了彼此，也走近了作文。

作品完成后，学生们津津有味地传阅彼此的作品，兴致勃勃地写上回复。教师则用热情的话语、趣味的符号去激活一颗颗幼小的心灵。我也会认真阅读每一篇习作，从中摘选闪光的句子，编辑成"佳句精品屋"，打印出来在班级中分享、和家长分享。学校也为我搭建了"叶老师聊作文"的广播站平台，每周一次的平台分享成了全校孩子学习作文的乐园。这些举动让孩子明白，作文的读者并非只有老师一人，作文充满幸福感、仪式感。一张表扬卡，一颗小糖果，一句暖心的回复，都在一次次告诉孩子，作文是甜蜜的、美好的，每个孩子都值得拥有这一份美好。

后来，文学社的队伍越来越壮大，它得到了校内外领导的关心和支持，社刊《叶韵》也连续十多年获得嘉定区文学社刊特等奖，孩子们的作文获奖无数，从校级到区级再到市级，我也连续多年获得各种学生征文比赛的指导奖，因为探索作文教学而撰写的一些文章总是能让我有惊喜和收获。

我喜欢钻研关于作文教学的书籍文章，比如《快乐作文》《趣味作文》《阿爸教作文》《作文教学论》《作文七巧》《张成新教你写作文》……读得津津有味，乐此不疲；我喜欢向优秀习作汲取营养，比如《冰心作文奖获奖作品集》《语文报杯获奖作文精选》《叶圣陶杯获奖作文集》《中国孩子情感日记》《中国少年作家杯全国大赛获奖作品集》《港澳台作文精品》……撷取其中美妙的文字、高超的技法分享给文学社的孩子；我更喜欢和孩子们进行同题写作，比如《我的偶像》《我最喜欢的玩具》《忘不了》……多次"下水"以后，师生们的思维得到了锻炼和碰撞，感悟生活的能力和驾驭语言文字的能力也得到了提高。每碰撞一次，对师生双方来说都是一次提高。"青出于蓝胜于蓝"，这是名副其实的抛砖引玉。但是比这些更珍贵的是，文学社已变成一块强大的磁石，吸引着越来越多的孩子，变成一片让孩子爱上写作的乐土。

耕耘在文学社的岁月里，孩子们也让我明白了：一位教师，只要永葆一颗童心，敏锐地捕捉帮助学生写作的契机，用热情去点燃热情，用爱好去唤醒爱好，用思维去激发思维，你的学生便能拥有一支能写好作文的"神笔"。阅读是写作的土壤，写作是阅读的升华。教会孩子如何正确输入语言，有朝一日他们便会出色地输出语言。那些打动你的文字，如同山间奔流的溪水，充满生机和活力，它们言之有序、言之有情、言之有趣、言之有理……

底气　勇气　灵气

　　假如您是一位语文老师，有人问起哪件事会让您比较头疼？我想这个答案八成和"作文"有关。就好比我，经常会想起二十多年前的情景，那时，我刚从中学转入小学，执教五年级的语文。每次批改孩子们的作文，我便如坐针毡。错别字连篇、标点符号不会使用、通篇流水账、细节之处不会描写……至于选材，常常惊人地雷同，结尾喜欢高喊口号。更有甚者，为了骗取高分，情节胡编乱造，博取同情。

　　学生写不好作文，无非是遇到了两个问题：不知道写什么、不知道怎么写。前者，涉及到感受生活的能力；后者，正是不会运用语言文字的表现。是的，作文教学的主心骨，便是引导学生正确运用中国的语言文字，离开了这个根本，便纵有千种风情，也是虚设。

　　正确运用语言就要以积累语言材料为前提，而如何鼓励学生积累语言呢？如何让学生的作文能够朝着"真善美"的方向迈进呢？带着这种种疑问，2000年，"叶韵"文学社诞生了。

　　写作需要底气，这份底气来自阅读。经典名著、散文诗词、儿童文学、神话故事……相关阅读书目就这样陆陆续续走进孩子们的生活，取代了他们原有的碎片化阅读和浅阅读的习惯。记得那时我还曾经将四大古典名著之一的《西游记》作为整本书阅读指导的突破口。名著的阅读会令大部分学生望而生畏，所以激发兴趣尤为重要。我利用主题班会课和孩子们一起重温这部名著，利用精彩的画面、熟悉的音乐勾起他们童年难忘的回忆，点燃孩子们阅读《西游记》的热情。要求他们制订阅读计划，一周至少读四个章回，每周做一次阅读汇报，孩子之间互相督促。阅读整本书是一场阅读盛宴，不能走马观花。我让孩子根据阅读内容选择朗读、默读等方式，在脑海中想象，直到身临其境。遇到自己喜欢的词语、句子就摘抄下来，充实语言仓库。一边摘抄，一边思考这些句子妙在哪里，久而久之就积累了大量的写作素材。每月进行一次阅读展示，可以让孩子在课堂上分享自己的读书心得，也可以为大家朗读一段自己最喜欢的内容，还可以和伙伴一起表演其中的一段对话，这些"阅读小达人"会引领着其他学生更好地投入到阅读《西游记》的世界中。"授人以鱼，不如授人以渔。"有了这样的经验，后来我又带领学生将目光投射到其他的名篇巨著之上，通过大量的阅读，孩子们能渐渐领略书面语言的规范以及其含蓄典雅的特点。

写作需要勇气。在文学社中，为了激发学生的这份勇气，我也会"逼迫"自己和孩子们进行同题写作。记得当年看了电影《暖春》后，大家都很感动。我就向孩子们"挑战"，说："我们今天回去准备，明天老师和你们当堂来比赛写观后感，好吗？"他们都说："好！"我也非常认真地去准备。第二天就和孩子进行比赛了，我竟然觉得紧张，心中千头万绪，到下课铃响了以后，我大概写了1400多个字。很多孩子表示敬佩，不少孩子也表示不服气。不是说"青出于蓝胜于蓝"嘛？我就是要勾起他们这种不服输的劲头，敢于向老师挑战的劲头！当亲身体验过写文章时的酸甜苦辣之后，老师就不再是一个高高在上的指挥者，而是与学生同甘共苦的战友。孩子们会觉得，老师正陪着我们一起写，我们难道不该勇敢一点吗？

写作需要灵气。这份灵气来自内心对生活中的点点滴滴所产生的喜怒哀乐的真实感受。比如，有的孩子在语文课上错过了一次回答问题的好机会，他觉得很遗憾，我说："好！你把这种遗憾之情写下来，这就是作文。"有的孩子和朋友约好去公园，但是那天突然下起大雨，朋友食言了，她在雨中等了一个多小时，最终失望地离开。我说："你把这种失望之情写出来，这也是作文。"后来他们渐渐明白了，原来作文就是选择自己喜欢的材料，诉说自己内心的感受，只有真情的流露才能引发读者的共鸣。

这份灵气还来自教师所运用或创设的种种情境。春游踏青、夏日赏荷、秋天登高、冬日观雪，还有学校的游艺会、孩子们的才艺表演、平时举办的各种游戏竞赛，以及大自然赋予的"美景良辰"、日常生活的"素年锦时"，都是笔下源源不断的优秀写作素材。活动结束后，我总会启发孩子们从各种角度出发，选取材料，拟定题目，聚焦生活，写下自己的真实感受。"动用五官法"也很受孩子们欢迎，比如，我曾经把自己喜欢的乐器——陶笛带到班级，通过让学生看一看、摸一摸、吹一吹、听一听、说一说的方式提供写作的素材，激发学生多元化的观察体验，学生笔下的作文便言之有物、言之有趣。我还立足教材，让孩子们转换角度，活化语言。角度的变化既让学生耳目一新，又激励他们不断地内化课文语言，变为自己的语言财富。

后来，有孩子告诉我："作文，这也许是个让同学们头痛的名词，但对我来说，却是一种享受。笔和纸，是你忠实的听众，聆听你的心里话，让你一吐为快。"另一个孩子这样说："当我写作文时，我很投入，我总想写出自己的真情实感，这使我觉得幸福，觉得满足，因为它是我的心声。"从"放胆文"到"小心文"，孩子学会了选取素材，学会了表达自己，学会了锤炼语言，这不由得让我越来越坚信：文学社已变成一块强大的磁石，吸引着越来越多的孩子，成为一片让孩子不怕写作甚至爱上写作的乐土。

如今，"叶韵"二十多岁了，当年的孩子早已长大成才，当年的老师也早已过了不惑之年。一届又一届的文学社成员，在这里思索着，耕耘着，收获着……二十年来如一梦，梦中"叶韵"常相伴。

为你打开一扇窗

菜肴的优劣，常以色、香、味判定，作文的好坏，其实也可以从这三者出发，进行品析。色即外观，考查文字的表达是否有个性、有文采，是否吸引人；香是内涵，即文章的中心，考查作者是否敏锐地捕捉到了人世间的真善美，并让读者感受到一种向上的力量，或体验到人间的真情。味就是"回味"，考查文章读完后是否给人留下了什么，哪怕是一个小小的标点，是否令人觉得仿佛饮了美酒，甘香醇厚。

为什么有人纵然读书千万卷，依然畏惧写作？或是文字功夫并没有明显飞跃？只因其割断了读与写之间的有机联系，读是为了读，写是为了写，读写"各敲各的鼓，各吹各的号"，两者被完全割裂。读时缺乏动力和目标，也许只为了打发时间；写时依然绞尽脑汁，毫无头绪，语言平淡，缺乏神采。须知读是写的基础，思是读与写的纽带。

因此，教会学生勤于思考、学会借鉴是作文教学的重要任务与有效手段，可以使学生的文章在较短的时间内有一个比较明显的飞跃。那么，学生可以在哪些阅读材料中进行借鉴呢？

教材中的经典段落、同龄人的佳作是首选。当然学有余力的孩子不该受此束缚，大可以根据自己的喜好进行广泛采撷，尽情体验阅读的乐趣。

对于精彩语段要多多诵读，默记于心，能用则用，使其言皆若出自吾口。对好词佳句的运用有时常能起到画龙点睛、升华主题的作用，自己的作文站在了巨人的肩膀上，自然一览众山小了。

阅读时，不动笔墨不读书应成为座右铭。拿一支笔，遇到令自己心动的语句，及时划出来，细细赏读，观全局后再品细节，远好于"断章取义"。红花还要绿叶扶，赏心悦目的美景往往来自景物之间的各自映衬与和谐布局，目前众多所谓的"好词好句好段"相关的辅导书愣是将花卉的所有叶子统统剃光，只留一堆鲜花毫无生机地寂寞绽放，何等怪异！不见森林，只见几棵人造的假树，写作时势必缺乏丰厚的阅读与情感背景。

平时的作文教学中十分钟左右的辅导，只能提醒学生作文的大体写作思路，或让他们互相分享各自的写作内容，同时鼓励学有余力者选择新的材料、新的角度。教师既不能放任自流，使学生茫然不知所措；也不能面面俱到，束缚了学生的手脚，导致千篇一律。作文教学，在指导学生进行大量阅读的基础上，更要加强学生自主审题的能力，引导他们紧扣题目中的关键词来进行选材、构思。加强对他们回忆和联想能力的培养，选择真实可信、充满生活气息、能反映少年儿童内心世界的鲜活材料。

追根溯源，"读写链"作文教学中诸多做法的"灵魂"是什么？那就是千方百计地要在学生与书籍之间架构一座桥梁，让书本中的人物化作学生的知心好友，让学生全身心地投入故事情节中，体验角色的喜怒哀乐，做主人公与作者的知心人。不但要激发孩子对阅读的兴趣、对精彩语言的积累，更关键的是，要使孩子的心灵之泉潺潺流动。试问，在感情如岩浆般随时能喷涌而出的时刻，再赋予孩子自己命题、自己写作的权利，他们怎么还会将之视为苦差事，怎么能不握紧手中的笔一吐为快，诞生那么多令人叹服的奇思妙想呢？

多年来，我和我身边的老师，也曾井井有条地引导孩子学习如何选择书籍、如何认真阅读、如何进行摘抄点评、如何及时写下阅读笔记……大多数孩子是比较乖巧的，但是，我很少见到在完成这些"任务"的时候，学生的眼睛在发光，学生的思维在飞扬，他们似乎只是循规蹈矩地完成着一件自己必须得做的工作，虽然没有什么怨言，但似乎也谈不上什么快乐。而有些孩子，甚至变得怕进阅览室，也许对于他们来说，进了阅览室，便意味着要看别人指定的书（生怕他们不读文学作品，所以老师推荐的会多一些），在短短一节课的时间里，在还没有完全融入书本世界的时候，要认真做摘抄，回去后还得一成不变地写一篇读后感……这样的阅读，有着太多的约束和桎梏，像戴着镣铐跳舞，他们如何还能敞开心灵，真正爱上读书？

渐渐地，我也在尝试引领孩子在阅读中渐入佳境，而不是用那么多的规矩使人一开始就怀有畏惧心理，甚至退避三舍。

孩子们为什么总不能写下一篇情真意切的读后感，是不是那种"总分总"的模式严重地束缚了他们本应灵动飞扬的思维？第一段，介绍最近读了一本什么书，第二段没有重点地叙述一大堆主要内容，第三段简单地用"读了这本书，我明白了……"这样的句式对全文来个总结。好了，一篇读后感大功告成了。他们真正走进书中人物的心灵了吗？他们可曾对那些感人的细节用心揣摩领会？

读完《大仓老师》，为什么就不能大胆地让学生转换角色，变成"市太"——而且是二十年后的市太给昔日的恩师写一封信？至于职业和他的境况，你大可以自己想象；但无论你有多大的变化，老师的恩情你是不是应铭记在心头？老师的幸福是不是也应是你的牵挂？

在孩子们的文章中，我看到二十年后，市太成了"和大仓老师一样正直的教师"，成了"青年企业家"，成了"养鸡专业户"，成了"大型公司的董事长"，也成了一名"幸福的爱妻子爱家庭的好丈夫"……"大仓老师，现在我拥有了自己的家和自己的孩子，我经常把你上课时教给我们的东西讲给他们听，我要让他们知道，在这个世界上，做人是最重要的……""大仓老师，多年不见，您还好吗？我永远忘不了您，因为在我最无助的时候，是您的话语像一道阳光射进我的心房……"孩子模拟市太口气的书信当然是虚拟的，但表达的感情却那么真挚炽热，因为他们分明已经把课文中的感人一幕铭刻在心头，把自己当作了穷苦孩子市太，他们和市太一样，永远感激可爱可敬的大仓老师！

让我们在读写教学中，为孩子多打开一扇扇窗，让他们尽情享受书中那沁人的花香吧！一棵棵宝贵的渴求知识的幼芽，将在这样的阳光雨露下，潜滋暗长……

出奇，才能制胜

　　在每次的语文考试中，完成约占总分三分之一的作文时，不少同学心眼比较"实"：看到题目是《我笑了》，马上就想到小实验成功了，所以"我笑了"，或是考试取得了好成绩，于是"我笑了"，不太会想这个"笑"也可以是苦涩的笑，无奈的笑，甚至带泪的笑；看到题目是《在＿＿＿＿的影响下》，马上就想到写老师，写父母，不太会想到写音乐，写书籍；看到《我和＿＿＿＿》，马上就想到和自己关系密切的亲朋好友，不太会想到电脑、心爱的玩具之类……而且一想到主题后，马上下笔，缺少思考的时间。这本来也无可厚非，如能写出新意来，也不失为佳作。问题在于写出来的大多是陈词滥调，没有一股新鲜味。这样的作文，就算语句通顺、叙述具体，也不能博得阅卷老师的青睐，获得高分。

　　班上的雯雯，是一位作文常胜将军。大大小小的考试中，她的作文总是令阅卷老师耳目一新，赞叹不已，很多次都获得满分。各类的征文活动中，她也总是榜上有名。

　　她的秘诀何在呢？原来，每次题目到手，她总是在"写什么"上思索一番，力求"鹤立鸡群"。比如题目是《我的老师》。好多同学去写班主任或任课老师，她却去写过路人对自己的教育，很有"三人行，必有我师"之味；题目是《我＿＿＿＿岁那年》。好多同学去写"我七岁那年""我十四岁那年"，而她却写了"我二十五岁那年"。还有一次，在考场上，作文题是《我的好伙伴》，这题目是老得长胡子的，如果老老实实按字面意思写，很难得到好成绩。雯雯略作考虑后，寻找出题目本身带有的比喻义，想到与她终日为伴的书报、电视机、电脑等，通过比较，最后选定《语文报》作为自己的好伙伴。于是，在文章中，她娴熟地使用了拟人手法，写了伙伴给她带来的快乐、知识和帮助，全文处处洋溢着她的真情实感。因而那次语文考试，她又一次摘取了年级组的桂冠。

雯雯之所以能在各类考试和作文竞赛中脱颖而出，屡战屡胜，除去她深厚扎实的基本功外，更要归功于她的求异思维。别人都在回忆往事，她偏来个逆向思考——展望未来；别人忙于在学校内寻找写作对象，她笔锋所指的却是陌生的过路人。因此，我们可以得出这样一个结论：写作文，出奇才能制胜。

求异思维，是一种创造性的思维，是极其宝贵的。我们的学生要在考场上取得好成绩，这也是一条重要的途径。

那么，如何培养求异的创造性思维呢？笔者归纳了三条建议。

第一，另辟蹊径。意思是，虽然到达的是同一个目的地，但不走常规的途径，而是去开辟一条崭新的路。只有这样，才有新奇感。写文章也是如此，打破常人的思路，"走自己的路"，才能创出新意。案例中说的《我的老师》的构思方法就是如此，这"老师"是加上引号的，运用了拟人的手法。

第二，逆向思考。这是"另辟蹊径"方法的发展。人家右拐，我左拐；人家写这，我写那；人家正写，我反写。案例中《我＿＿＿＿岁那年》的思考方法就是如此。

第三，寻找比喻义。就是把试题中的事物用另一个不是同类的事物来充当，利用两个事物的共同点，以彼物代此物来写。案例中《我的好伙伴》就是一个很好的说明。

因此，要想让文章令读者眼前一亮，一拿到作文题，就不要急于动笔写，先静静思考一番，不要让思想停留在固定的一点上，而是让它发散开去。前面所说的三种思考方法，不是截然分开的，有时我们应该将它们融合在一起，发挥它们的作用。

诚然，求异思维是一种创新，而创新必须依据实际——试题的要求。因此，出其不意必须建立在一丝不苟的审题上，否则不但不能出奇制胜，还会弄巧成拙，离题万里。

寻找幸福花瓣

　　某个学期的最后一堂作文指导课上，我望着备课本上的标题——《我把幸福告诉你》，一时有点不自信。这份不自信来自开学初的那次区级征文竞赛，当时仔细读了班级中几大"作文高手"的"大作"后，我觉得有些空洞和过分抒情，甚至有些喊口号的倾向，他们眼中的幸福似乎只局限于物质条件的日益提高：家里又添置什么现代化的大件了，坐上爸爸的小车从此上学不必风里来雨里去了，全家周末又去哪里大吃大喝大玩了一场……以"享受"作为幸福的一种指标，甚至是唯一的指标。

　　平时我也在课余闲聊时问过周围的学生，问他们是否觉得幸福。很多孩子一脸的猝不及防，懵懵懂懂地望着我，仿佛这是一道顶难的智力题。许久，有人说："我觉得不幸福，每天都有做不完的作业……""老师，我也是这么想的，好不容易到了双休日，还得去参加各种补习班，真烦呀！""我觉得不幸福，我是一个组长，有时为了收小组本子，浪费了不少时间，自己的作业都不能按时完成，好烦！""看来我们班级就没有幸福的人喽？"我笑着激将他们。"老师！"一只小手立即高高举起。"我这次考试进步了，"这个说话的小女孩低低地垂着头，有点羞涩，"我觉得我的努力有了回报，这是不是一种幸福呢？"我轻轻地抚着她的肩膀，说："是的，这当然是一种幸福。"

　　毕淑敏曾经说过："常常提醒自己注意幸福，就像在寒冷的日子里经常看看太阳，心就不知不觉暖洋洋，亮光光。"可是，在尘世中，又有多少人能珍视自己正生活在幸福中的现状，认识到自己是一个幸福的人呢？也许我们的孩子，从小被繁重的学业、激烈的竞争、父母的期望、教师的期待重重束缚，他们缺少的不是幸福，而是一颗能够感受幸福的心。言为心声，如果缺少对幸福的真正领悟，那么无论怎样华丽的辞藻、怎样精巧的构思也不能掩盖文字背后苍白的心灵。可是，我不相信班级里那些天真灵动的孩子们是一块块拒绝融化的冰。我要带领他们，在教材中找，在生活中找，在自然中找，找寻属于自己的幸福花瓣。

我说："同学们，生活中不是缺少幸福，而是缺少一颗发现幸福、体验幸福、创造幸福的心。从前，有个国王拥有一大笔财富，可他却并不因此而感到幸福。一个牧师告诉他，只要穿上幸福人的衬衫就能得到幸福。于是，他就在全国各地寻找幸福人。去找那些富翁们，富翁们都说他们并不幸福，因为怕财产被偷走，整天过得提心吊胆；去找那些宰相，他们却说工作繁忙，无法与家人经常团聚，感到孤独……最后，国王找到一个幸福的牧羊人，一问，才知道牧羊人并没有衬衫。幸福就是一种属于自己的心境。既然罗丹曾经说过：'美是到处都有的，对于我们的眼睛，不是缺少美，而是缺少发现。'那么我们是不是也可以说：'幸福是到处有的，对于我们的眼睛，不是缺少幸福，而是缺少发现？'"

说到这里，教室里变得安静了，一张张小脸仿佛若有所思。

我顿了顿，又说："同学们，其实静下心来想一想，我们曾经通过语文书中的故事感受过形形色色的幸福，难道不是吗？"

于是，我在屏幕上出示了以下填空：

在斯塔笛眼里，（　　　　　　　　　　）就是幸福；

在母鸡眼里，（　　　　　　　　　　　）就是幸福；

在蒂皮德格雷眼里，（　　　　　　　　）就是幸福；

在普罗米修斯眼里，（　　　　　　　　）就是幸福；

在小豌豆眼里，（　　　　　　　　　　）就是幸福；

……

一只只高举的小手，一个个铿锵有力的回答：

"在斯塔笛眼里，拥有一书柜心爱的书就是幸福。"

"在普罗米修斯眼里，能够让人类摆脱黑暗和寒冷就是幸福。"

"在蒂皮德格雷眼里，和动物们友好相处就是幸福。"

"在母鸡眼里，雏鸡能健康快乐地成长就是幸福。"

……

"同学们，大家说得很好，现在谁来告诉我们，你发现其实幸福可以来自哪些方面呢？"

"自己的兴趣爱好！"

"帮助他人，哪怕牺牲自己！"

"和动物友好相处。"

"爱自己的爸爸妈妈……"

显然，重读教材为孩子们树立新的幸福观打开了一道道门、一扇扇窗。

教室里学生的思维也越来越活跃，通过七嘴八舌的讨论、畅所欲言的碰撞，大家发现：幸福，其实是无所不在的呀！生病时，父母的嘘寒问暖，这就是幸福；假日里，一家人其乐融融，这就是幸福；比赛时，同学的热情鼓励，这就是幸福；学习上，老师的循循善诱，这就是幸福；生活中，与动物和谐相处，这就是幸福……

有了写作的材料，就更得指导学生谋篇布局，使这份幸福言之有序，感动自己也感染读者，将这一锅米给煮好了才行。还要引导学生根据自己的文章取一个含有关键词"幸福"的题目。一时间，"幸福之声"汩汩流动，"幸福之花"处处飘香：《幸福就在我身边》《感受幸福》《幸福一家子》《被人相信是一种幸福》《我眼中的幸福》《我把幸福告诉你》《真正的幸福》……

批改作文草稿的过程中，我看到了各种各样的幸福，几乎每一个人都写出了属于自己的那一份独特的幸福：考试失利后同窗的一个问候，骄傲自满时师长的一句叮咛，苦尽甘来后自己的一份领悟，努力以后的一次成功，心甘情愿的一种付出，阴雨过后的一缕阳光……一个平时沉默寡言的男孩写道：从书城买来了那么多的书，接下来最大的乐事莫过于品书了。一家人围在一起看书，看到有趣的或者引人深思的故事，我们都会讲出来，大家一起分享。有时会因为一个问题而各抒己见，争得面红耳赤；有时因为一个小幽默而开怀大笑，这种其乐融融的读书氛围难道不是一种幸福吗？

幸福在哪里？我曾经问他们。

孩子们用心、用笔告诉我：幸福就在无私的亲情里，就在真挚的友情中，就在注视的目光里，就在由衷的掌声中，就在别人的信任里……

也许在我小小的启发下，孩子"找到"了属于他们的幸福，现在我聆听着他们如许五色的幸福，我觉得，这就是我的幸福。其实，幸福的花瓣就在我们的掌心里，你相信吗？

我口抒我情，我手写我心

　　这，又是一堂作文评讲课，我捧着刚刚批阅完的作文草稿，走向班级。还未踏进门口，便听到这样一段对话——

　　"哎，昨天那篇《礼物》，你写的是什么呀？"

　　"不就是过生日，妈妈为我点歌吗？"

　　"听上去好熟悉呀，是不是又到哪本作文选上去参考了一下？"

　　"作文选上有的是，不抄白不抄……"

　　"就是，现在只要上网搜索一下，什么作文找不到，既省时，又省力！"

　　……

　　我站在门口，望着手里的这沓作文本，回想着学生刚才说的那番话，心好像被狠狠抽了一鞭。真的，似乎再也没有什么比这更能使我——一个语文教学者——感到羞耻和痛心的了。

　　然而我还是走进了教室。

　　"同学们，今天的作文评讲课，老师想先让你们听一篇作文，请大家闭上眼睛……"教室里一下子静了下来，我深深地吸了一口气，然后拿出了自己的"下水文"——《礼物》（那是昨天的作文课上和学生一起写的，但他们并不知道），开始缓缓地朗读起来。

　　"她攥着口袋里仅有的十七元钱，再次朝那台黑色外壳的小收音机投去可望不可即的一瞥，耳畔，是摊主热情的招呼声……"

　　这是一个有些感伤的"故事"，在一个生活拮据的家庭里，女儿为了给孤独的父亲买收音机，花去了整整一个月的生活费，可是等待她的却是父亲略带责备的目光。女儿心碎了，不是因为父亲责备了她，而是文章结尾父亲用颤抖的声音向她道歉让她尝到的辛酸……

教室里静极了，仿佛连彼此的呼吸声都能听见。虽然学生都闭上了眼睛，但从那一张张神情凝重的脸上，我能感受到他们此时此刻心中所受到的震撼。

"……她永远忘不了那个秋天，那件她送给父亲的礼物，那件饱含着辛酸的甜蜜和苦涩的幸福的礼物。"

文章读完了，当学生再次睁开眼睛的时候，我看见一些孩子的眼角隐隐有泪光闪烁。

"听完了这篇文章，你们不想对我说些什么吗？"

一只只手陆陆续续地举了起来。

"我很感动，文中的她是个懂事的孩子。"

"这篇文章催人泪下，把那种受了委屈后的悲伤写得淋漓尽致……"

"我听了以后心里很难受，闷闷的，特别想哭。"

"我想起了我的爸爸妈妈，平时他们很关心我，但我一点也不珍惜……"

我欣慰地点点头："看来，大家都被这篇文章打动了，那你们想不想认识这位作者呢？"

"是谁呀？"

"他（她）是男的还是女的？"

"一定是女的，文笔这么多愁善感……"

我笑了，我说："远在天边，近在眼前。"

"啊——"教室里一阵惊呼。

"怎么？不像吗？"

"不，老师，我们想知道你是怎么编出这么感人的故事的？"一向以"假小子"自居的小倩忍不住站起来问道。

"是呀，老师，你告诉我们吧！"

我望着底下这四十几双充满渴求与好奇的眼睛，轻轻地摇了摇头：

"不，同学们，你们用错了一个字——编。也许有人认为，写作文不就是说假话，说大话，说空话来应付老师、应付考试吗？这种想法错了，大错特错了！"我激动地挥舞着双手，"真正的文章是从心里流出来的，是你最想倾诉的心声，是你用笔写下了生命中的喜怒哀乐然后与别人分享的过程……如果连自己都打动不了，又怎么去打动别人，又怎么能算是一篇真正的文章呢！"

我举起手中的这篇《礼物》："我可以告诉大家，这篇文章所叙述的事情的的确确是真的……正因为它是真的，所以，才会感动你们！"

学生睁大了眼睛，眼中，还是充满了疑问和震惊。

又有一位清秀的男生站了起来，他小心翼翼地试探道："老师，我想问你一个问题，你可不要生气啊……"

"没关系，请问吧！"我微笑着鼓励他。

"我想问，文章中的那个女孩，是不是你呀？"

我的心一震，多么敏感机灵的孩子，他居然一语道破了"玄机"！

孩子们都凝视着我，静静地然而又急切地等着我的答案。

"是的，文章的主人公就是我。也许正因为有着切身的体会，我才能在文章中比较细致地刻画出那种酸楚的心情吧！"

教室里又是一阵惊呼。孩子们望着我，用一种全新的目光打量着我，仿佛刚刚认识我一般。

"那是老师读大学三年级的时候，那段日子，我们家真是祸不单行，父亲下岗，母亲住院……"原以为时过境迁，往事如风，已在教学的漫漫长途中跋涉了十年多的我，早已练就了"处惊不变"的功夫。谁能料到今天，面对着这些天真烂漫、似乎整天不知忧愁为何物的孩子，回忆起那些清苦贫寒的岁月，泪水，又一次从心底最柔软的角落涌了出来，而我，只能任它横溢。

泪眼朦胧中，我听到那个提问的男孩怯怯地说："对不起呀，老师……"我看到有人走上来将纸巾悄悄地塞进我手中，除此以外，一切依然是那么静、那么静。孩子们，谁说你们"少年不知愁滋味"？谁说你们不懂人世间的真情？

我稍稍平复了一下心绪，转过身去，在黑板上用力写了两行大字：我口抒我情，我手写我心。

"同学们，只要你做一个有心人，你就能捕捉到生活中的真、善、美，就能写出打动人的好文章！今天，请大家回去写一篇随笔，把这堂课你看到的，听到的，想到的，真真实实地用笔记录下来。让我们打开心灵，坦诚以待吧！"

"老师，我懂了！"

"老师，我一定用心写！"

......

　　我用力朝他们点点头，眼角的泪水还未拭去，但我分明觉得心中一片灿烂，因为我看到了孩子眼中的真诚与感动、热烈与信任。我知道，我们的心中，已飞架起一道绚丽的彩虹！

陌上花开缓缓归

　　合上手中的《慢教育》，不知怎么的，脑海里竟跳出"陌上花开缓缓归"那句诗。《西湖二集》里有记载：吴王妃每年以寒食节必归临安，钱镠甚为想念。一年春天王妃未归，至春色将老，陌上花已发。钱镠写信说："陌上花开，可缓缓归矣。"

　　钱镠对妻子的怜爱怎么可以这样丝丝入扣、体贴入微呢？其实，教育的本质不也应该像这样，以一种自信博大的胸怀，慢慢地却又充满虔诚地等待吗？

　　曾有一段日子，觉得日子越来越像车轮，滚滚向前，容不得人有太多的反思和咀嚼。从什么时候起，看到语文书，想到的不再是如何带领孩子走进作者的心灵，而是哪一段容易出现在考卷上？哪一种题型会是拦路虎，攫食他们的分数？经过一段时间的强化训练，看到作业本上越来越多的红勾，心里应是欣慰欢喜的吧？可是分明，还有一种异样的感受在其中。取得了所谓的理想分数，就意味着他们距离文学越来越近了吗？为什么我不再看见他们对语言文字的狂热、对古诗名言背后故事的好奇、对作者敏锐思维的惊叹？

　　有时会怀念从前那段很单纯的岁月，我一个劲地在班里组织文学社、读书沙龙，因为学业没有现在这么繁忙，很多孩子倒是在我的"逼迫"下，一周能完成一篇日记、一篇摘抄、一篇读后感。才五年级的孩子，已经捧着钱钟书的《围城》读得津津有味，记下很多读书的感悟。如今想来，那段"学法于课内，得法于课外"的时光才是真正促使他们能够熟练运用语言文字进行表达交流的重要阶段吧！多年后，师生邂逅之时，他们会问我：

　　"还记得小时候上写字课你给我们听音乐吗？"

　　"还记得那次你带我们去公园举行生日派对吗？"

　　"还记得你和我们一起比赛写作文吗？"

"还记得你在班里成立了口琴小组，手把手教我们吗？"

……

很幸福的时刻，心里却泛起了一丝苦涩。以至于我无法面对如今的班级和如今的孩子，因为，我已经改变了太多太多，尽管有很多不得已的原因。一名语文教师，如果不能让自己的学生爱上语文，还有什么能令我更感到悲哀的？

慢教育，慢教育，是否只是一种乌托邦式的美好愿景，可望而不可即？抑或是只能在某个小小的角落无奈地发出几声象征性的呐喊？拿什么拯救你，我的学生？正是因为有着这样的困惑百思不得其解，因此我常常捧着《慢教育》，静静地不发一言，也不知道从何入笔，去捕捉内心真实的读书体会。

诗人说：教育是等待，等待一朵花开；教育是等待，润物细无声……可是如今的时代需求、社会节奏，往往容不得你等待。一个少年对他的母亲哭诉："妈妈，我很累啊！我没有童年，我的双休日任务比平时还多！"母亲怎么回答？"孩子，如果我给你一个你要的童年，那么，我就将欠你一个成年！孩子，请原谅我，我只是不想让你长大后恨我……"于是我们看见的是一个个背着和身体比例失调的书包，默默走进校园的身影，以及一张张若有所思的有些肃然的小脸。

如何走进"慢教育"？又或者，它早已在我身边悄然开放，只是我还浑然不觉。我想起记忆中那一朵朵小花，花瓣上凝聚着颗颗晶亮的露珠，闪耀着的是否就是"慢教育"的光芒呢？

还记得在班里举办"趣味百科知识大奖赛"时，那一双双紧张又期待的眼睛；还记得在班里以小组为单位，设立小小书签许愿卡的奖励机制后学生的学习情绪日益高涨；还记得为学生创设"小小图书馆"，一本本日益泛黄的书在一双双小手中来回传阅；还记得引导孩子作点评式摘抄，一句句优美深邃的句子后是学生认真的思考；还记得每一堂语文课，我都和孩子们进行朗读比赛，互相点评，那绘声绘色的动情吟诵，那睿智幽默的即兴点评，都让人印象深刻；还记得文学社中丰富多彩的活动，一次次启发了孩子的思维，他们在笑声飞扬中学到了不少课堂上没有的知识，收获了很多不一样的体验……

仿佛醍醐灌顶，我脑海中闪现出四个大字：快中求慢。是的，我们谁都无法改变滚滚向前的教育大潮，我们也不可能拥有古人笔下的那份悠闲自在，那么，改变的就只有我们自己。吃透教材，揣摩题向，引导学生通过典型的题型掌握应试的本领，在考场上方能"纵横驰骋，冲杀自如"，而后我们便赢得了宝贵的时间和精力，能够流连在语文的百花园尽情呼吸知识的花香。上下五千年，纵横几万里，语文的怀抱，何其宽广也。我依然应该坚持自己的独到之处，尽我所能，想尽办法，保持一份淡定从容，呵护一颗颗幼小的文学之心，尽管这样做也许会很难很难。学业固然重要，成绩固然不可忽视，但也不能因此急于求成，否则恐怕会适得其反。确实，很多时候，除了等待，我们依然只能等待。

闲暇之余，还是请停下脚步，静静听一下自己心灵的声音吧！人生不是急着赶路，奔向最后的终点；同样，教育也不是。我们的快乐不仅来自实现心中的梦想，也来自一路上欣赏到的点点滴滴，哪怕只是一朵无名的摇曳于清风中的小花……

心灵的阳光

一百多年前，国外有位著名的校长曾说过："进一所好学校，最需要学到的不是知识，而是艺术与习惯……"并且要"学会判断、学会鉴别的习惯，增强精神上的勇敢无畏并保持头脑清醒。"学生的这些品质，在课堂教学中固然可以得到一定的提高，但更主要是在一所学校的文化氛围和文化生活中陶冶出来的。目前，社会大环境中存在着很多不利于学生健康成长的因素，尤其是大众文化流行带来的价值观的世俗化、功利化，甚至庸俗化，在一定程度上污染着健康的校园文化，对儿童的健康成长产生了消极影响。例如，某些格调低下、庸俗无聊的流行歌曲、灰色童谣在校园广为流传；网络游戏泛滥成灾，使很多儿童陷入其中，废寝忘食，不能自拔；带有暴力甚至色情的影视也开始充斥儿童的生活，迷乱了那一双双清澈中不乏迷惘的眼睛……

凭心而论，这些流行文化带有特有的时尚魅力与商业信息，一方面给渴望获得社会信息的儿童带去了养分，深受他们的喜爱，另一方面也给缺少辨别意识的儿童带来负面影响。如何正确引导儿童认识流行文化，提高儿童辨别是非的能力，使校园亚文化为构建"求真、向善、寻美"的校训文化服务，我们作了一些探索与实践。

一、 走近流行歌曲

在校园里，我们常常听到孩子们饶有兴致地哼唱流行歌曲，甚至很多学生经常会在课后谈论流行乐坛的歌星、歌曲，还有一些学生互相交流最新的专辑，等等。在孩子们的作文里也经常反映出他们对流行歌曲的热爱。看到这样的现象，我们不禁深思：流行歌曲为什么如此受到小学生的青睐？它们对青少年的成长究竟好处多还是副作用大？为了使学生在思想上形成正确的认识，进而导之以行，促进学生的健康成长，我们组织了"走近流行歌曲"的有关活动。首先，我们在学生中进行有关"流行歌曲"的问卷调查，了解学生喜欢的流行歌曲以及他们对流行歌曲的看法。在此基础上，我们在校园内开设有关流行歌曲的校园文化讲坛，教师向学生推荐优秀流行歌曲，如《天亮了》《踏山河》《上春山》《烛光里的妈妈》《花开忘忧》……引导学生挖掘其间向善、向上、向美的因素，比如热爱祖国、感恩双亲、奉献爱心、乐观向上、珍惜友谊等情感，丰富自己的精神家园。从对流行歌曲的选择、流行歌曲的益处、听流行歌曲的注意事项等方面入手，引导学生正确对待流行歌曲。学生明确了流行歌曲能让我们感受世间的真善美，搭建心灵间的桥梁，汲取向上的力量，积累丰厚的文学底蕴，增添生活的乐趣……也了解到流行歌曲并不是简单哼唱就能汲取其中的"营养"，必须细细揣摩歌曲背后的含义，才能听出味道、听出趣味。通过生动翔实的案例和丰富多彩的活动，规范了流行歌曲在校园内的发展，让"求真、向善、寻美"的价值观如春夜细雨，潜移默化地滋润学生的心田。

二、绿色网上行动

随着时代的发展，拥有电脑的家庭数量正在日益增加，电脑已经成为一种普遍的家用电器"进入"千家万户，但平时，我们通过观察和调查发现：

1. 不少家长正为应不应该给自己的孩子添置电脑深感烦恼。

2. 上网查找资料已经成为一种简便迅速的方法，深受学生喜爱。学生搜集信息的能力也因此得到了锻炼，电脑是他们学习的好伙伴。

3. 一部分学生对电脑"情有独钟"的主要原因依然是五花八门的游戏，以及漫无目的的聊天、娱乐……甚至不惜荒废学业，影响健康。

4. 一部分学生在网上往往有种应接不暇和无所适从的感觉，面对铺天盖地的各种信息，不会选择，不会处理。

5. 一部分学生对网上聊天感兴趣，但是缺乏必要的自我保护意识。

6. 一部分学生对网络缺少了解，认为网络既新奇又危险，是学生不能触及的高压线，因此视之为"洪水猛兽"，不会运用高科技促进自己的学习。

这些现象说明网络信息技术给当代人们的生活带来极大的便利的同时，其负面影响也渐渐在青少年生活中潜滋暗长。一些"网络垃圾"开始无孔不入地侵蚀孩子们纯洁的心灵，毒害他们的身心健康，严重影响了他们的健康成长。面对信息时代来临所产生的问题，我们必须采取相应的措施，加强网络安全健康教育，加大学校品德教育力度，提高学生的自我保护、自我防范意识，提高自我"免疫力"，使他们自觉抵御"网络垃圾"的侵蚀，坚持"绿色网上行"。在"绿色网上行"的校园文化论坛中，我们让学生畅所欲言，感受网络魅力。通过学习法制读本中的"生活看台"，并联系大量报纸电视中所搜集到的因网络引发的案例，让学生了解网络负面效应，再通过激烈的学生辩论，深化感悟，使其明白网络的利弊。随后，让学生自主制订条约，从"我"做起，健康上网。通过专题讲座、小小辩论会、提提小建议、"绿色网上行"志愿者签名等一系列活动，既让学生感受到网络的强大功能和独特魅力，又让学生清醒地意识到网络的副作用。总之，我们将引导孩子明白网络是一把"双刃剑"，只要我们善于把握自己，提高自身的"免疫力"，一定会把"网络垃圾"拒之于身外，让网络使我们的工作学习和生活如虎添翼。

三、 欣赏影视文化

小小屏幕，包容万千。影视文化以全新的载体、形象直观的动态表达、包容万千的艺术门类，对不同社会群体的生活、观念、行为产生了广泛深入的影响。在当今的教育环境和社会环境中，影视文化对人的全面发展的影响，已经是学校无法回避的教育问题。新课标要求改变学生的学习方式，倡导自主、合作、探究的新理念，在这些方面，影视作品有时能起到"润物细无声"的作用。优秀影片的细枝末节无一不感动学生，启发学生，这无疑会促进写作方式的改变，提高作文的思想性及时代性。但就目前而言，学生对影视文化的选择和吸收还存在着很多令人担忧的问题，他们的目光大多还停留在那些有着刀光剑影和打打杀杀的刺激场面的影片中，追求所谓的曲折情节，许多蕴含着深意的影片因为缺少激烈的视觉冲击无法进入学生的视线，另外，多数学生认为看电影只是无聊时的一种消遣。因此如何使学生学会分析鉴赏电影文化，以积极健康的文化陶冶孩子们的情操，显得格外重要。

在实践中，我们引导学生观看了《飞驰人生》《银河补习班》《摔跤吧，爸爸》等多部蕴含着浓浓人情味、闪耀着真善美光芒的电影。首先，针对不少孩子看电影的时候往往只注意影片中曲折的情节、充满想象力的故事，而不在意影片细节中所蕴含的哲理的问题，教师应该及时引导孩子对电影进行回顾，尤其一些难忘的场面，要咀嚼出其之所以令人难忘的原因，只有这样，影片中真正的营养才会被吸收。其次，我们在影视文化拓展课上，通过重温影片，归纳剧情；捕捉细节，回顾影片；指导写片段，互相点评等方式使学生渐渐感受到影视作文具有其他作文教学无法替代的优越性，使其明了作文和电影虽是表达感情的两种形式，但也有相通之处，只要能做到聚焦画面，展开联想，融入真情，文字也会具备电影一般打动人的力量。而影视文化有利于写作热情的激发，有利于写作素材的积累，有利于写作技巧的提高，有利于写作的个性化展示。我们曾经让孩子尝试过影视故事续写、观后感、影评等活泼新颖的作文形式，努力创造开发影视作文的崭新方式，如品读式影视作文课、论辩式影视作文课、赏析式影视作文课等，切实提高作文课堂教学效益。

学生欣赏影视作品的过程就是学生认识世界、认识自我、认识社会的过程。让学生在影视写作的过程中进一步发现自我、发现自然、发现他人、发现社会，才能展现学生的生命本色。在影视写作教学过程中，我们常常提供一些有价值的文本资料，旨在介绍背景，提供知识，促进学生全面了解作品，加深感受，深化认识。我们还时常通过评价探究影片主题。所谓"仁者见仁，智者见智"，对于同一部作品，不同人的评价是不同的。教学中必须提供互动交流的平台，在碰撞中提升对主题的认识。如在观看《心动奇迹》后，开展"我心中留下的……"分享活动，给孩子思考回味的时间，让他们选择自己喜欢的方式——或画图，或写诗，或发送短信来表达自己看电影后的感受以及得到的启示。这一方面锻炼了孩子的理解归纳水平，另一方面也让每个孩子的价值观、世界观和生命观在参与的过程中得到熏陶；看片，写文的能力在评价中得以和谐发展。

在积极引导校园流行文化健康发展的努力过程中，我们深深意识到，"挡"是行不通的，"堵"会适得其反，唯有"导"才符合儿童的成长心理，唯有"导"才能弃其糟粕，取其精华，为我所用。如果我们能正确引导学生发现流行歌曲、网络影视等种种流行文化中向善向上的元素，那么，不但可以抵御其中不良因素的侵蚀，还能让流行文化促使儿童更加健康地成长。实践也证明，经过"大浪淘沙"的流行文化一定能够成为照亮儿童心灵的阳光。

第二辑

回　　响

　　"如溪语文"倡导在作文教学的淙淙流泉中，师生同游，享受嬉水之乐，收获驾驭文字的美妙感受。教师坚持一次次"下水"，寻觅跨越的良策，探求写作的奥秘，倍尝其间甘苦，最后引领学生进入佳境。坚持撰写"下水文"不仅能够提高作文指导能力，还可以产生"青出于蓝而胜于蓝"的"桃李效应"。

语文教师会写、善写应该是份内之事，如同美术教师画画，音乐教师唱歌。然而，美术教师要画画给学生看，音乐教师要领唱给学生听，语文教师却可以不写给学生看。我们常常会在讲台前"指点江山"：作文要怎样构思、怎样布局、怎样用词……却很少有语文教师尝试同题作文，和学生共同感受作文的甘苦。究其原因，缺乏兴趣和信心、无动笔能力和习惯等是实质性的障碍。

　　文章千古事，得失寸心知。很难想象，一个语文教师自己不能写，却指导学生作文；自己构思不出一篇文章，却能让学生去琢磨文章的写法。很多语文教师尽管平时不写作文，但评点起学生的作文时，又头头是道，空洞说教者有，隔靴搔痒者有，甚至错对颠倒者也有——令人忧心的是不少教师没有感觉到这样做是在"误尽苍生"。文章是思想内容和语言形式的结合体，无写作实践经验的人很难洞悉其中的奥妙，因此当他们指导别人写作时，往往不能鞭辟入里，点中要害。

　　《比赛刚刚开始》中的主人公就是我，一个热爱文学，热爱学生的教师。我的希望很简单，就是想让学生不再惧怕作文，真正爱上写作，尽管这个愿望看起来很奢侈。多年前，笔者便开始锤炼勇气，勇于"下水"，勤于练笔，锲而不舍，只为使作文教学取得良好效果，教在点子上，导在关键处。多少次，在实践、体验、琢磨、推敲中苦苦求索，在作文这条充满喜怒哀乐的道路上，先探路，亲尝甘苦，洞悉沟坎，寻觅跨越的良策，探求并熟谙写作的奥秘，倍尝立意选材、谋篇布局的甘苦，最后引领学生进入佳境。通过"下水"，笔者力求使才思变得敏捷，让胸中能累积更多的作文之道，以期指导学生写作时左右逢源，得心应手。

　　要知道苹果的滋味，必须亲口尝一尝；要体会游泳的感觉，必须亲自下水试一试。同样，要教会学生写作文，教师自己也必须有真切的体会，有写文章的实践经验。一部感人的电影、一件刻骨铭心的往事、一份独特的体验……都是师生笔下珍贵的记录；对电视剧的评论、对书籍的热爱、对乐器的迷恋、对恩师的崇敬与怀念……都是师生心中永恒的旋律。笔者就这样坚持一次次"下水"，在作文教学的淙淙流泉中，师生同游，或浅浮，或深潜，享受嬉水之乐，收获驾驭文字的美妙感受。我相信语文教师若能熟谙写作之道，不仅能够提高指导学生作文的能力，还可以产生"青出于蓝而胜于蓝"的"桃李效应"。

教师勇于"下水"，善于写作，可以给班级学生以巨大的激励，起到榜样作用。因为有了教师"下水"的引领和鼓励，孩子心里的作文之泉汩汩涌出，一篇篇蕴含着真情实感的作文、一幕幕刻骨铭心的画面、一段段鲜活闪亮的记忆，化作淙淙的溪水，奔跑起来，带着生命的热情，闪耀着生命的光辉，承载着心灵的回响。

溪水潺潺，微波漾漾，如鸣佩环。心乐之。

比赛刚刚开始

又是一堂作文课。铃声响起的那一瞬，早就正襟危坐的学生仿佛百米赛跑的运动员听到发令枪似的迅速提起笔，埋头奋笔疾书起来。看那阵势，大有文思汹涌，一发不可收之势。

此刻，假如你正巧走过，假如你的视线正巧触及到教室最后那排不起眼的位置，你会发现，那里端坐着一个和周围学生不那么协调的身影。她的面前，摆着和其他学生一模一样的作文本，她的手中，握着一支普普通通的蓝色圆珠笔，时而凝神细思，时而运笔如飞……她和学生一样，争分夺秒，仿佛和谁赛着跑。

弹指一挥间，四十分钟转瞬即逝。所有的人都放下笔，端坐在位置上，组长熟练地上前收取作文本，随即交给课代表……此间的过程有条不紊，简直像军人般的训练有素。

教室这才欢腾起来：

"老师，你写了多少字？我写了三版呢！"

"老师，什么时候进行讲评呀？"

"老师，这回的题目对你不利，《童年拾趣》，你还记得清吗？"

……

学生七嘴八舌的提问，让她有点应接不暇，然而她情不自禁地让笑意漫上嘴角，那笑中，有着得意，也有着欢欣……

她常常想：如果没有那次"心血来潮"的作文比赛，她和学生，还会不会像如今这般亲密融洽、心有灵犀？

那是看完电影《暖春》回来，看着学生眼中隐隐闪动的泪花，她心中的感动，也像涓涓溪流般潺潺地流着。她相信学生像她一样，有着很多很多话要倾吐，理所当然地，她布置了回家作业——观《暖春》有感。没想到此"令"一出，学生的眼睛一下子黯然了，教室里顿时怨声载道，"民愤四起"，有几句话飘进她的耳中：

"又要写作文了，真没劲！"

"是啊，早知如此，我情愿不看的……"

"观后感最难写了，除了谈理想就是表决心，都是套话……"

……

她微微皱了皱眉，想说几句指导性的话，也想说几句鼓励性的话，就像平时一样。是的，就像平时一样。当学生咬着笔杆，绞尽脑汁，搜肠刮肚，瞪着无神的眼睛望"纸"兴叹的时候，她在干什么？她难道不是在教室中"胜似闲庭信步"吗？当然，免不了要时时甩出一句："快写呀，时间可不等人，真有那么难吗？再动动脑筋。"于是，学生又垂下沉重的脑袋，埋头"苦干"起来，她则"欣慰"地走开了。

真有那么难吗？假如我也得写这么一篇观后感呢？一个念头在她心中闪过。我会写什么？亲情？真情？人与人之间的宽容？无数电影画面在她脑海中飞旋、重叠：老人饱经沧桑的脸，女孩忍辱负重的泪，家人羞愧难当的神情……一时间，她百感交集，种种思绪，真是剪不断，理还乱。这一瞬间，她似乎一下子体会到学生的困惑与疑难；这一瞬间，她完成了从高高在上的指挥者到与学生同甘共苦的参与者的转变。

她知道，她应该写，必须写，也愿意写。

于是，她说："你们看这样可好？今晚回去搜集有关资料，明天早自修大家先作交流，对《暖春》做一个回顾，然后——"她竟然有些耳热心跳，她不知道学生会有什么反应，会不会觉得她的举动有些哗众取宠之嫌？"然后——老师和大家一起写，我们来个师生作文比赛！"

教室里一下子变得鸦雀无声。而后，几个胆大的学生疑惑地问道："老师是说，老师也写一篇观后感？"

她点点头："君子一言，驷马难追！"

"和我们一起写？"

"对，下课铃一响，准时交卷！"

"那老师可得写一千字!"

她笑了:"那当然!否则我还怎么能做你们的师傅?而且,写完之后得当堂交流,希望大家踊跃发言,对谁都一视同仁!"

"耶——"

这个晚上,她像个要去参加高考的学子般忐忑不安又兴奋莫名。

第二天走上讲台,看到全班学生严阵以待、凝重肃然的气势,她暗暗吃了一惊。只见有的学生手握《暖春》的故事大纲,将几个特别感人的细节向大家娓娓道来;有的搜集了好多电影的精彩剧照,分发给在座的所有同学作"经典回顾",有的剪下了报纸杂志上观众对《暖春》的感想评论……当学生们将满怀期待的眼光投向她的时候,她按响了录音机:

"多么熟悉的声音,陪我多少年风和雨,从来不需要想起,永远也不会忘记……假如你不曾养育我,给我温暖的生活,假如你不曾保护我,我的命运将会是什么……"

她告诉学生,这首如泣如诉的歌来自台湾八十年代的电影《搭错车》,另一部《暖春》,时代变了,地点变了,真情却不会老……如怨如慕的音乐声中,学生若有所思。

比赛的时间到了。

在学生好奇、疑惑而又敬佩的目光中,她坐到教室最后一排的座位上,感觉自己好像一滴水融入了海洋。还未细细品味这种新鲜奇妙却又似曾相识的感觉,上课铃骤然响起,教室顷刻间安静下来。

在每个人心中,这场特殊的作文比赛不光是作文能力的展示,更蕴涵着师生间感情的交融、郑重的承诺、彼此的信任……因此,它便显得庄严神圣起来。时间一分一秒地挪动着步子,不少学生时不时地回过头看看墙上的钟,也不忘看看她,见到后者运笔如飞、马不停蹄的认真样,不由得吐吐舌头,随即转过身去继续"勤耕不辍"了。她眼角的余光察觉到了,不禁半是得意半是欣慰。

下课铃响后,她将写了六张练习纸的观后感——《别把爱遗忘》郑重其事地交到课代表手中,引起学生一阵惊呼,她匆匆浏览了一下学生的"成果",发现光是题目就很让人赏心悦目:《黑夜中的明灯》《心中的春天》《小花,祝你一路顺风》《宽容动天地》……这些孩子，可不容小觑呀！

在第二天的作品交流中，她永远忘不了孩子们滔滔不绝、意气风发的模样。有这么几句妙言使她玩味了许久：

"……《暖春》没有扣人心弦的情节，没有刀光剑影的激烈，有的只是真情的流露、质朴的表达……"

"……《暖春》，好似一双'真情之手'，拨动了我的心弦；好似一枚'真情催泪弹'，使我的泪水一流再流；它更似一块'试金石'，唤醒了人们的良知……"

"……我想忍着不哭，可心中的洪流越聚越大，终于，最后一道防线也被冲垮了。泪水，终究还是挡不住的，只因我们心中有爱……"

"……如果没有爱，这世界岂不成了环绕着花环的坟墓；如果爱的圣火熄灭，这世界岂不剩下冰冷一片……"

……

第一次的"抛砖引玉"，让她尝到了甜头。从此每回作文，她都勇于跳下水去，和学生写同题作文。这做法让学生每次都跃跃欲试，兴致勃勃，学生从她的"砖"中尽力去挖掘值得借鉴的东西，提高了自己作文的境界，有的学生甚至像评论自己的作文那样毫不客气地指出她文章中出现的问题，她总是大加赞赏，表示后生可畏。学生写作热情的高涨，阅读的细致程度和要求的提高，又"逼"着她不得不把教材挖掘得再深刻一点，对生活的观察感悟再敏锐一点，因为只有把"砖"制作得再精致一点，才能引来更美的"玉"呀！

就这样，像一滴水融入海洋，她爱上了和学生进行这特殊的作文比赛，看着他们一点一滴的进步，她知道，总有一天，她的学生会乘风破浪，直挂云帆济沧海。到那时，就算她再也拿不动笔，写不了字，但她，已被刻进他们的心里。

同写"难忘的事"

哦，那个雨天

（学生：晓雯）

外婆是真的老了。皱纹密布的脸庞，略显呆滞的眼神，微微佝偻的身躯，整个人如同寒风中瑟瑟颤抖的枯叶。然而她一见到跟着妈妈去看望她的我，昏黄的眼睛中突然闪出清亮的光芒，她那枯瘦的手颤颤巍巍地握住我的手，口中念叨着："小龙，你来啦……"

多么熟悉的身影，多么熟悉的话语，但我竟不敢正视外婆的眼睛，我怕那里有一种叫慈爱的东西。因为我不配，因为在那年少无知的岁月里，我曾深深伤害过一个老人的心。

那是个阴雨绵绵的日子。这雨来得猝不及防，下午的自修课上，望着窗外漫天飘飞的雨丝，我正暗暗发愁。突然，一个似曾相识的身影扑入我的眼帘，瘦小的个子，风里飘飞的白发。啊！那不正是外婆吗？她全身都被淋湿了，头发凌乱地贴在额前，裤管上沾满了泥巴，显得十分狼狈，她手中却紧握着一把雨伞。隔着窗玻璃，她的目光掠过一个又一个学生，急切地寻找着我。

"咦——你们瞧！这老太婆像不像丐帮帮主啊？"一个顽皮的男孩禁不住叫了起来，同学们的视线一下子都落在外婆身上，随即班里便爆发出一阵惊天动地的笑声。

我的脸可怕地发起烧来，全身的血液仿佛在刹那间都凝固了。我竟然不敢冲上前去叫住外婆，因为一旦大家知道他们所嘲笑的这个老人竟是我的外婆，那么，他们那种鄙夷的、嘲笑的目光便会肆无忌惮地投射到我身上来了。（啊！当时的我为何竟是这样的怯懦、这样的虚荣，我怎可原谅自己？）

正在这时，外婆推开了教室的门，她环视了一下教室，也许昏暗的光线使她没有发现我，于是，她轻轻地问道："小龙在这吗？"她的声音哑哑的，又夹杂着浓重的乡音，听来有些古怪。

教室里又是一片笑声。

我脑子里"嗡"的一声，外婆叫的是我的小名，这声呼唤以前听来是那样亲切温馨，然而此刻却觉得刺耳极了。我站起身来，低着头快步走向前去，我似乎可以感觉到同学们异样的目光，这让我浑身像长了刺般的难受。

外婆见到我，脸上便漾出了微笑，我几乎是有些粗鲁地夺过外婆手中的伞，冷冷的不发一言。第一排的小奇问我："她是谁呀？"我仿佛已经嗅到了空气中的那股嘲讽，已经看到同学们脸上的讥笑，一咬牙，一跺脚，神使鬼差，我居然让这句最不可饶恕的话脱口而出："她，她是我家隔壁的邻居！"

外婆的笑容一下子僵住了，她惊讶地张大嘴巴，看着我，就像看一个陌生人。她的嘴角不住地牵动着，想要说什么，但最终什么都没说。她默默地转过身，原本有些佝偻的身子弯得更厉害了，她低着头，缓缓地挪着步子，瘦小的肩膀上仿佛压着千斤重担。我呆呆地望着她远去的背影，内心深处，似乎有什么东西碎了。我知道总有一天我会后悔，事实上，我已经后悔了。

周围突然变得混沌一片。窗外的风雨声，同学的说话声，人影晃动的教室，昏暗阴冷的天色……我的视野里，只有那个瘦弱矮小的背影。风雨中，那背影显得如此落寞、如此孤独、如此哀伤。也是这样的雨天，童年的我总是在雨中奔跑、嬉戏、淋雨点、踏水塘。那时的我，何以如此欢乐，如此不畏风的凛冽、雨的严寒呢？难道不是因为每一次摔倒都有外婆粗糙却温暖的手及时将我扶起，每一次哭泣也总会有外婆将我脸上的泪滴一一拭去？如今，当小鸟的羽翼渐渐丰满，他竟可以这样轻易地学会了遗忘，学会了伤人，连一声最起码的称呼都那么耻于开口，将爱他的人视同陌路……虚荣的人心啊！

在那个令我疚恨羞愧的雨天，外婆回家后就病倒了，说是受了风雨。只有我知道，真正的风雨是什么。而此刻，当她用那熟悉而又亲切的声音沙哑地呼唤着我的小名，我突然深深地意识到：原来，外婆给我的爱是这样深沉宽广，就像那无边无际、深不可测的大海。它，不容分说地包容着我昨日的无知幼稚，涤荡着我往昔的虚荣无情。

但，尽管如此，我却依然不能原谅自己，我也永远无法忘记那个雨天。在那个阴冷飘雨的日子，不懂事的我，让外婆的心也下了一场大雨。

啊，忘不了
（教师作品）

不止一次做过这样的梦：台下，是无数双探照灯一样的眼睛，严肃地、冷漠地探究着、审视着我，带着一种淡淡的不屑；台上，是参加演讲的我，手足无措地站在众目睽睽之下，明明已背得滚瓜烂熟的演讲词却像狂风中断了线的风筝一般消失了踪影。于是我便在梦中发起抖来，这样一惊，梦便醒了。

醒来之后常常发现整个人紧张得都僵住了，要好半天才能缓过气来，心里好像压着一块重东西，非要深呼吸几次才能好转。黑夜里我终于意识到，四年前的那场失败的演讲比赛原来一直那么清晰地刻在了我的记忆中。原来，我一直没能走出生命中的那道阴影，直到如今，依然心有余悸。

那场比赛的失利，也许是因为赛前的准备还不够充分，也许是因为其他选手出色的表现，也许是因为第一次要面对那么多双陌生的眼睛……当我走到话筒前，竟然发现双腿在不可抑制地打颤，我战战兢兢地吐出第一句话，它是那么软绵绵、轻飘飘，像被抽了脊梁骨似的。人群中似乎传来轻轻的笑声，我的心更慌了，根本不敢如其他自信的选手那样用目光与台下的观众作无声的交流，只觉得自己像舞台上的小丑那般被人任意指点着、嘲笑着……我拿起了稿子，像个溺水的人抓住浮木，机械地念着，那篇不知花了我多少功夫的、蕴满真情的文章在我口中变得支离破碎、杂乱无章……不知过了多久，也许就几分钟吧，但对我来说，难熬得好像过了几个世纪，我虚脱了似的朝台下走去，沮丧和失落溢满了整颗心……

这就是那场我生命中的"滑铁卢"，从此我谈"演讲"色变。每次看到其他人在台上挥洒自如，用铿锵有力的话音精彩地演讲时，我总是用艳羡的目光望着他们，不明白在人群面前他们为何总是那么自信、那么坦然、那么坚定！简直让人嫉妒。而我呢？演讲似乎已成为我生命中永远无法跨越的鸿沟，心中最深的一道伤口，不可说，不可说，一说便是痛。

暑假中的一个清晨，突然接到校长打来的电话，说是让我参加区里组织的演讲团。我大吃一惊，随即就下意识地说：

"我……不行的。"

"谁说的？我相信自己的眼光！"校长的声音是那样斩钉截铁。

"我……"刚想告诉他我四年前的那次"惨痛的回忆"，但就在这时，我突然听到心底有一个小小的却又清晰的声音："你，真的不行了吗？永远不行了？在哪里跌倒，不该在哪里爬起来吗？平时，你不是总对那些失去信心的学生说，可怕的不是失败，而是失败后再也不想奋起！这些，你都忘了吗？"

仿佛醍醐灌顶，在心中隐隐作痛了四年的伤口突然要来个大手术。我对自己说：如果这次你再将机会拒之门外，如果自己都对自己失去了信心，那么你永远都不能真正站起来昂首向前，那么这个世界上还有谁会在乎你？

于是，我不再推脱，不再视演讲为洪水猛兽，挂了电话后便开始投入演讲前那一段艰苦的准备工作中：一丝不苟地撰写演讲稿，认真地揣摩其中的每一句话、每一个字，甚至每一个标点；一遍遍地在录音机里"存下"自己的声音，再一遍遍地倾听、纠正，直至自己满意；对着镜子练表情，请家人帮忙进行"模拟训练"；甚至，连睡梦中也在反反复复地背着稿子……这样的认真、这样的执着，只因我再也不想重蹈四年前的覆辙，相反，我还要打一个漂亮的翻身仗！

这一天终于来了，依然是坐得满满的大礼堂，依然是那么多双陌生的眼睛，然而我却不再是那个怯懦自卑的女孩。我在等待，等待主持人报出我名字的时刻。我的心中，从来没有这么冷静，这么热切。也许直到这一刻我才明白，成功与失败其实就在人的一念之间，命运有时可以牢牢握在自己手中。

这一刻终于来了。"下面有请——殷老师为我们讲述春天的故事！"掌声响起，我迈着坚定的步子向台上走去，我站定，深深地环视了一下四周，是的，我不认识他们，一个也不认识，那些目光是好奇的、猜疑的、期盼的，但是不管是怎样的目光，都不能主宰我的思维和举动，只要对自己充满信心，就算全世界将你遗弃，至少你还拥有自己，不是吗？

于是，我从容地吐出每一个音节，每一句话，抑扬顿挫的话音在礼堂上空回荡，我相信人们被我打动了，因为我首先感动了自己！我凝望着台下的人群，却仿佛看见了四年前的自己。昔日的羞涩内向，如今的开朗自信，这一切都让我心中涌动着一股难以名状的感觉……原来，只要你愿意，生命竟可以这么精彩！

"迷人的景色，迷人的春天，我们渴望着美丽的小故事不断地延续，不断地升华，去共同奏响春天的乐章！"终于讲完了最后一句，在热烈的掌声中我依然自信地走下讲台，我想我永不可能忘记这两次截然不同的演讲经历，它们都是我生命中不可缺少的一部分，它们让我相信：

只要拥有自信，就会创造奇迹！

这，是千真万确的。

同写"礼物"

礼　物

（学生：小逸）

从小到大，我收到过数不清的礼物，但是最令我难忘的还是那意味深长的四句话，它是我永远的珍藏……

两年前，在新年钟声即将敲响的时候，我满怀期待地问爸爸："新年到了，爸爸，您打算送我什么礼物？"爸爸沉思了片刻，说："送什么呢？既要与众不同，又要有意义……我看，就送你几句话吧，或许可以受用一辈子。"于是他拿起毛笔，奋笔疾书。唰！唰！唰！一眨眼的功夫，洁白的纸上出现了几行遒劲有力的字，他将纸头递给我，我定睛看去，只见上面写着：

> 乐不可极
>
> 傲不可长
>
> 气不可馁
>
> 志不可满

我望着这四行字，想了好久，还是有些迷惑不解。后来，经过爸爸的指点，终于有些明白了。人，不能只想着自己的快乐，不能一有成绩就飘飘然，遇到困难也不要一蹶不振，因为人生旅途不可能一帆风顺……原来，这些都是做人最重要的品质啊！

我不禁想到了上学期的一幕。

数学成绩总是很不理想的我，有时对自己真的快要失去信心了。有一天晚上，当我又为几道难题愁眉不展，几乎就想放弃时，一段昂扬铿锵的旋律飘进我的耳畔，那声音充满力量，充满必胜的信念……原来邻居家正放着贝多芬的

《命运交响曲》。听着听着，我仿佛看见了贝多芬不屈服命运，勇敢向厄运挑战的身影。一缕希望的曙光照进我的心房，一种想要战胜难题的信念仿佛又在我体内燃起。是呀，怎能因为这点小事就轻易放弃呢？台灯下，我铺上一张洁白的草稿纸，又一次提起了笔。在执着勤恳的努力下，那次期末大考，我终于取得了98分，终于尝到了奋斗之后的甜头。

我今年才12岁，这个灿烂的年华，在人生旅途中只是个起点，在这漫漫人生路上，真不知有多少成功的喜悦、失败的痛苦需要我来认真对待。而爸爸送我的礼物——这几句短而精湛的话，将赋予我无尽的勇气，指引我坚定地往前走。这礼物，难道不是无价之宝吗？

礼 物

（教师作品）

她攥着口袋里仅有的十七元钱，再次朝那台黑色外壳的小收音机投去可望不可即的一瞥，耳畔，是摊主热情的招呼声：

"小姑娘，真的不能再便宜了，进价都要十八元……你听听音色有多纯？可以调好几个台呢！"

是的，二十元实在不是个大数目。可是，对她来说，用二十元买一台收音机多么奢侈，这可是她整整半个月的生活费！

她是不能再对家里提出更多要求了。这个秋天，一向勤俭持家的母亲突然咳嗽不停，却迟迟不肯去看医生。直到有一天咳得连气都喘不过来时，才不情不愿地踏进医院那扇冰冷的大门。当诊断书轻轻地飘到父亲手中时，三个无情的大字——肺结核——如晴天霹雳般震住了全家人。

这个原本就在风雨中飘摇的家如今真是雪上加霜。从此，母亲脸上的愁容越来越多，父亲在家唉声叹气的时间也越来越长了。

那时她刚考上高中，家里还有一个正在念小学的妹妹，除了成绩册上那一排光辉灿烂的分数，她们还能为这个家做些什么呢？

漆黑的长夜中偶尔也会滑过一两颗流星，虽然稍纵即逝，但刹那间的光明也足以照亮她黯淡的生命了。这个月，她获得了学校的一等奖学金，一张崭新的五十元装在一只洁白的信封里，像冬天里的一把火温暖了她的心灵。这钱正好用来应急，可是，扣去三十元作为下个月的菜金，又给小妹捎了一本小字典，再加上平时一些零碎的积存后，也就只剩下手里被捏得汗津津的十七元了。

她只知道日子越是清苦，就越是要让精神充实。家里太冷清了，空空荡荡总有点凄凉的味道。她想让屋子时不时地飘出美妙的音乐、温馨的故事、逗人的笑话；她想让父亲在为这个家拼命操劳的同时不感到孤独寂寞……于是，当她在寒风瑟瑟的街头发现这个卖无线电的小摊，当她看到那个黑色外壳的小收音机时，她的目光竟然有些恋恋不舍了。

是的，二十元确实是很便宜了，也只有街边的小摊才会开这个价，那些大商场，她根本连进去的勇气都没有，那种豪华与光鲜是很能让人产生自惭形秽的感觉。可，即便区区二十元她也拿不出！她叹了口气，无奈地将眼光收回，继续向前走去。

也许是她的清秀和忧郁打动了摊主吧！摊主竟然叫住了她，以十七元的价格成交了这笔买卖。一路上，她捧着收音机，一时觉得恍如梦里。她闭上眼睛，想象父亲见到这份女儿给他的礼物，紧锁的眉头会不会渐渐舒展。她把收音机紧紧捧在胸口，仿佛看到父亲那布满血丝的眼睛正在微笑……

到家了，父亲正在厨房准备晚饭，红红的炉火映照的是一张疲惫而憔悴的脸庞。她叫了声"爸"，不知为什么声音变得怯怯的，当她把收音机颤颤地递给父亲时，她突然意识到自己做了件错事。

因为她看到了父亲的眼睛，她一辈子不能忘记在那一瞬间，父亲的眼神中没有她预料中的惊喜和欣慰，却写满了失望、难过、不解和责备……

父亲看着收音机，眉头锁得更紧了，他长长地叹了一口气："你怎么一点不懂事，现在去买什么收音机呀？"

她的心中，顿时一片黑暗，有什么东西在刹那间轰然倒塌。收音机从她的手中无力地滑落。她想哭，但与生俱来的倔强封住了顷刻间就要夺眶而出的泪水，她只是飞快地转过身，跑进了自己的房间。她用力地关上房门，把头深深地埋进了被子，这才闷闷地呜咽起来。

紧接着她听到父亲在敲她的房门，从不轻易掉泪的父亲此时却难掩那颤抖的嗓音：

"妹妹，是爸爸不好……其实爸爸很喜欢那收音机……对不起……爸爸这两天……太累了……"

那低沉又喑哑的声音让她的心在瞬间仿佛碎成了千片万片。

她的泪水决堤而出。她颤抖着打开了门，屋外，站着眼含泪花却满脸愧疚的父亲。她想对父亲笑笑，即便那笑看来带着一抹苦涩。

窗外，又起风了，凋零的树叶在秋风中疲倦地舞着，仿佛无家可归的孩子般不知何去何从。她幽幽地想：今年的秋天，为什么要比往年冷许多呢？

不过从此以后，那个收音机就成了父亲最心爱的东西，简直与他形影不离。父亲爱在阳光下收听各种节目，他眯缝着眼睛，粗糙的手掌轻轻地抚摩着那小黑匣子，眼中只有慈爱和温柔，就像看着她们姐妹俩。

可她永远忘不了那个秋天，那件她送给父亲的礼物，那件饱含着辛酸的甜蜜和苦涩的幸福的礼物。

同写"心爱之物"

心爱的陶笛

（学生：小南）

一天，我和父母来到苏州博物馆前的小路闲逛，突然耳边传来一阵悠扬的乐声。我循声望去，原来是一位大哥哥在他的店铺门口吹一种乐器，它长得十分像一个小型吹风机，神奇的是它却拥有笛子般美妙的音色，我们情不自禁地走进了店里。

听大哥哥介绍，这种乐器是意大利的一位面包师发明的，最早叫做"奥卡利那"。它的音色优美婉转，动人无比。也许是我从小就喜欢音乐，才会对一种崭新的乐器一见钟情吧，多么神奇浪漫的乐器！

大哥哥又吹奏起《故乡的原风景》，那声音说不出的柔美悠扬，悦耳动听，好像晨风中小鸟在啼啭，又好像春雨中树叶在轻轻摇曳。时而高亢，时而低回，有一种如泣如诉的感觉。在他的推荐下，我们买了两个陶笛，就这样，我和妈妈又多了一种兴趣。

一回到家，我们俩就如饥似渴地开始练习，虽然我没有学过口琴，没什么基本功，但是却有一股初生牛犊不怕虎的劲头。我一开始就挑战《天空之城》这样的高难度曲子，可是因为气息弱，不仅累得气喘吁吁，发出的声音还像鸡叫似的。我们可能太低估它了，它绝不是如广告所言的——当场就能学会的简单乐器。

但是我相信，一种乐器如果太容易，那也就不会有什么真正的乐趣，乐趣是要在不停的练习过程中慢慢去感受的。所以每天，只要一有空，我们就开始吹陶笛，吹到嘴唇都干干的还在练习。一旁的爸爸，一开始总是皱着眉头，渐渐地也露出了微笑。他还表扬我们呢！我们也从一开始因为气息不够而吹到咳嗽，到现在可以不那么费力地吹完整首曲子，我真想为自己鼓掌。明年的班级联欢会上，我可以捧着我的心爱之物——陶笛，大显身手了！

听，悠扬的笛声又在家中响起……

千年风雅诉陶笛

（教师作品）

那天本来是冲着文房四宝去的。临近拙政园的街上曾经有过很多出售各种毛笔的小书画摊，走着走着，耳畔突然传来一阵极其悠扬的旋律，循声看去，不远处有一家似乎是出售工艺品的店铺，一位年轻人正在店铺前端坐着，手持一个看起来有点像埙一样的乐器，正投入地吹着。那旋律就像一只有魔力的手，攥住了她的步伐，听来令人心神俱醉。（后来才知道让她一头栽进去不能自拔的这首曲子叫做《故乡的原风景》，大师宗次郎的代表作，无数武侠片的经典配乐。）

店铺名字是"风雅陶笛"，在和店主不厌其烦地讨教中她渐渐意识到，陶笛有很多种类、很多款式，大的低回婉转，小的清脆悦耳。经过再三思量，她终于决定购买两支。在一大堆花色繁多、造型独特的陶笛中，她选的这两款是多么古朴低调，但店主介绍说这已经是可以登堂入室的专业演奏陶笛了："您就大胆放心用吧！"他一再强调陶笛是一种简单易学的小乐器，尤其当他得知她已经有二十几年的口琴"艺龄"时，更是不断鼓励她："不出一个星期，你一定能学会！"

她就这样半信半疑地带着陶笛回到家，怀着美好的憧憬打开包装，中音 C 调的那一支握在手里沉甸甸的，很陌生的感觉，好像一不小心就要从手中滑落。然而，当它发出的第一声"呜——"刺进她的耳朵时，她已经断定学习陶笛也许是她近年来做的最冲动的决定之一。什么嘛？！这声音忽强忽弱，有如风中残烛；时大时小，胜过"鬼哭狼嚎"。

她屡战屡败，屡败屡战。她这才明白，所谓"五分钟就能学会的乐器"，实则是五分钟内能吹响它，然而，若想用它吹奏出听众还不至于落荒而逃的曲子，这里面的学问可不亚于学习尤克里里和十孔布鲁斯口琴，不是吗?

易学难精。

短短一个月，通过网络资料和视频观摩，她认识了宗次郎、周子雷、赵方、史岩等陶笛演奏家，他们中有日本的专业陶笛大师，有国内一流的演奏专家，有妙龄少女，有白发老人。尽管身份有所不同，但相同的是对陶笛的无比痴迷和忠诚。他们小心翼翼地捧着陶笛，就像捧着自己最钟爱的孩子。他们的动作潇洒自然，浑然天成。陶笛，已经和他们融为一体。

而笛声，时而如泣如诉，如怨如慕；时而灵巧雀跃，欢快热烈。千变万化的笛声仿佛让人置身于不同的环境之中：小鸟在林间低鸣啁啾，流水在月光下潺潺流动……它似乎穿透了人的心灵，穿透了浓浓树荫，穿透了滚滚红尘，缠绵迂回，恋恋不舍。低沉处犹如诗人在月下的咏叹徘徊，高昂时又似云雀在云中翩翩起舞。

笛声中，她泫然欲泣，飘飘何所拟，天地一沙鸥……笛声中，她记住了那些如同笛声一样动人的曲名：《千年风雅》《痴情冢》《风姿花传》《铁血丹心》《红颜劫》《乱红》……每一个名字后面都是一段令人心折的旋律，每一个名字后面都是一代大师心血智慧的凝聚。

渐渐地，她懂得了陶笛的基本技巧，终于有点了解怎样吐气运舌，才能让陶笛的音色圆润饱满；怎样快速切换手指，才能让旋律连贯而不走调。不知过了多久，吹出的音节终于开始连绵悠长，告别了最初的"风中呜咽"……

这依然是一条神奇的小路，她不知道自己会走多远，但她清楚从此陶笛就是她的心爱之物……就像书法、吉他、布鲁斯口琴。

同写 "爱好"

我真了不起

（学生：阿梓）

口琴放在桌子上闪闪发光，我拿起它吹着熟悉的旋律，又回想起当初的口琴考官选拔赛。

三年级刚开始，我们换了一个新班主任，她会口琴，并说可以教我们学口琴，于是我便迫不及待地让妈妈在网上买好了口琴。

学琴的一开始，我便经历重重困难：气息不够，音阶颠倒，杂音不断……当我刚学会"哆、咪、唆"，班中最厉害的同学竟然已经会吹两三首歌。哼，我才不会就此罢休！我用最快的速度学会了《小星星》《欢乐颂》……有一天，老师说要在班级找出十位口琴精英，再从中选出两位口琴大考官。我很紧张，会不会有我呢？果然十位神通广大的精英里面真的有我！看来我要尽力向口琴大考官的高峰攀登了。

可是经过一个星期的刻苦练习，我还是背不出谱子。我咬紧牙关，绞尽脑汁，硬是把谱一个音一个音地"塞"进脑子里，最后终于背出来了。

到了比赛当天，各大口琴高手像十位神气的"元帅"一般大步走上讲台，吹起了动听的歌曲。轮到我了，我拿起口琴，就像将军拿起他的宝剑，全神贯注地吹起了《爱尔兰画眉》。这一次我特别镇静，那一个个美妙的音符化作可爱的小精灵在我耳边萦绕着。终于，我第一次体会到"梅花香自苦寒来"，平时的苦练没有白费呀！看到底下的同学投来羡慕的目光，我心里又是高兴又是得意……等老师宣布考官名单时，我听到了自己的名字。什么？竟然有我？果然有我！掌声经久不息，那一刹那，我心潮起伏，鼻子竟然有点酸酸的。

我真了不起！不到最后关头，绝不轻言放弃，口琴考官，非我莫属。

琴声响起来

（教师作品）

去朝北的小房间找书，抽屉中一片狼藉，随手一翻，手指触摸到的却是金属质感的冰凉，低头看去，原来是那支口琴。它什么时候"漂泊"到这里来了？它已经不再锃亮光滑，面板上却依稀还能辨认出"上海"两字，铁皮和塑料相接之处用铅丝缠绕着固定，顿时想起这似乎还是老爸的杰作——"轻伤不下火线"——于是，从小学到高中，再到工作，悠悠二十载，它是我亲密的伙伴。

小时候家境窘迫，少不更事的我却还常常缠着大人提出些"非分"的要求，许多愿望就像气球似的一个个被戳破，换来的是父母的叹息或是几句并不严厉的责怪。五年级时，在邻居家，看到那位漂亮姐姐居然拥有一支口琴，居然能吹奏出我们音乐课上老师教过的歌曲，让我一下子惊为天人。姐姐平日也是很喜欢我的，好吃的塞我一口，好玩的也会让我捣鼓一阵，暑假里手把手教我认英语单词……但那口琴竟然连碰也不许我碰，她颇为陶醉地吹奏了几分钟，便擦了擦口琴的边沿，小心翼翼地将它放回盒子，锁了起来……只剩我独自站在那里发呆，耳畔回响的全是那清澈美妙的口琴声，像风吹过树叶般动人。

回家我就对父母说了想要一支口琴，但在当时一支口琴就要两块五，母亲静静地看了我一眼说："你大概以为只要有了就会吹了？"说完就走开了，也许她已经预料到就算买了，喜欢凭心血来潮做事的我过不了几天又会将之"打入冷宫"，到时候家里留着这不能吃、不能玩、不能用的劳什子有何用？父亲却认真地想了想，问："你真想要？"我看着脚尖轻轻点头。"那好！等这次考试结束，你用第一名来换。"于是为了口琴，我开始像"拼命三郎"似地读书，如愿以偿地拿到了期末考试的第一，回到家就见到书桌上静静躺着的口琴盒子，打开，一片金属的锃亮映入眼帘，心扑通扑通地跳。我闭上眼睛轻轻一吹，悦耳的音符便一串串飞了出来……

母亲似乎没有想到，平时做事经常虎头蛇尾，"始乱终弃"的我从此竟真的与这支口琴结下了不解之缘。粗粗研究了说明书，五分钟后我已经能熟练吹奏音阶，从低到高，从高到低……十分钟后，《爷爷为我打月饼》回响在屋子上空。后来吹得熟练了，吹奏时我连乐谱也不需要看了，只要是我学过的曲子，那一个个音符会自动地浮现在脑海中，化作悠扬的口琴声。后来音乐老师告诉我，有的人是具备"绝对音感"的，我懵懵懂懂地点点头。

我也常常将口琴带到学校，下了课，一拿出书包，同学哗啦一下围了上来，原本追逐打闹的、跳橡皮筋的、侃大山吹牛的同学都聚了起来。一张张兴奋的脸凑在一起，有人要听《上海滩》，有人爱听《霍元甲》，还有人喜欢《敢问路在何方》……点了歌后我就在心里过一遍那歌的旋律，然后，一阵阵熟悉的旋律便在教室里响起，换来的是大家羡慕和惊奇的目光。此后的班级联欢会上，我的口琴独奏总是每场必演的保留节目，而且还是压轴戏。站在教室中央，个子小小的我，泰然自若地演绎着一首首大家耳熟能详的歌，眼睛的余光还常能感受到老师脸上荡漾着的笑意——现在想来，那时候的自己真是很"酷"的。

工作后我就吹给学生听，还曾经组织过"口琴联谊会"，教他们演奏这小巧简便的乐器为生活增添乐趣，可不知是孩子的学习任务实在太重，还是我的教法过于简单草率，至今也没有什么大的收获。他们还是喜欢听我吹，成功时，失败时，班会课上，离别时分……八年前的那个毕业班的最后一堂语文课上，在口琴声中，离愁悲绪化作彼此眼中闪烁的光芒。在那样的时刻，似乎除了口琴声，什么话语都是多余的。

此时，我望着尘封已久的"儿时伙伴"，很奇怪会这么长时间没有用它来娱乐消遣一番，更奇怪的是自己竟然毫无意识。莫非生活实在太充实、太丰富了，已无需这小小乐趣来点缀？

同写"体验"

惊险之旅

（学生：小易）

以前，我只看过 3D 电影，可 7D 电影却是头一回见到。

到田子坊游玩，偶遇一家门面不大的电影院，号称 7D 电影。我和妈妈便有些疑惑，但更多的是好奇。我们俩选了一部据说较温和的片子——《城市之旅》。走进电影院——大概只有教室的四分之一大，共六个座位，每个座位上都装有保险带。我正暗笑老板的夸张——看场电影，何须大惊小怪，还要系保险带。难道我们会被甩出去吗？算了，入乡随俗，戴就戴呗！

没料到电影一开始，就让我情不自禁地融入紧张刺激的场景中去了！仿佛置身于一列真正的云霄飞车。每当飞车猛地下降时，我就随着座椅有一种强烈的失重感；每当飞车脱轨时，我就会被一种即将坠入万丈深渊的感觉笼罩，只好紧紧地抓住把手；每当飞车经过树梢时，脚上竟然也能感受到有枝丫在摩擦自己的脚……多么神奇啊！

看完这部影片，竟感到额头上汗涔涔的，手心里都是汗。这时，管理员将灯打开，我才恍然大悟，回到现实中来——原来，我们是在欣赏电影啊！真是一场虚惊。

可那令人尖叫的轨道完全让我身临其境。

世界之大，无奇不有。 7D 电影不仅能让那些害怕坐云霄飞车的人得到前所未有的体验，而且能让那些爱冒险的人有惊无险地享受一次次逼真的挑战！

惊险之旅

（教师作品）

灯突然就黑了。

下意识地抓紧靠椅的扶手，仿佛这是最后的救命稻草。

是挑战自己不够强大的勇气吗？还是想在孩子面前保持一个无畏无惧的形象？已近不惑的你，懵懵懂懂走进这里。

眼前，各种弯曲绵延、无穷无尽、足以将你甩到半空尖叫的轨道，忽左忽右，忽高忽低，忽急忽缓……椅子跟着不停晃动，节奏与画面早已默契无比，逼真到毛骨悚然的境地，你怀疑发明者是否是爱因斯坦再世？怪物似的建筑飞快地倒退，粗壮的树枝时不时地擦过你的脸颊，一块块巨石总是毫无预兆地从天而降……你想大叫，恐怖却扼住了你的咽喉。

自己倏地退化成生命最初的模样，海洋中的浮藻？抑或最低等的草履虫？冥冥中的那股力量仿佛随时可以碾碎你。

进退不由自己，你像一颗被巨灵神掌操控自如的骰子，忽而冲向九天云霄，忽而坠入万丈深渊。车轮与轨道摩擦的声音冲击着你的耳膜，你觉得这是世界留给你最后的绝响。或许在下一刻，你便会随着车子灰飞烟灭。

心中只剩下一个念头——愿这只是噩梦一场，醒来后，你依然是你，依然能够看到朗朗晴空，万里无云，依然能够闻到夹杂着青草味的空气。

正当胃液在翻江倒海，眼前的世界开始混沌一片天旋地转的时候，"游戏结束"的字样赫然出现在你眼前……

室内灯光大亮。你赶紧摘下眼镜，解下安全带，以最快速度逃离现场，像逃离即将喷发的火山口……

"怎么样？好不好玩？害不害怕？"门口，是一对即将入场的小情侣。

老板，一脸笑嘻嘻，手中握着一沓刚收的人民币。

同写"观后感"

情浓于水　爱重于山——观《暖春》有感

（学生：小晔）

　　没有扣人心弦的情节，没有刀光剑影的激烈，也没有荡气回肠的配乐，更没有气势恢宏的场面……有的只是最质朴的对白，最真情的流露。然而，就是影片中爷爷与小花两代人心灵所撞击出的爱的火花，让我的心泛起了无数涟漪……

　　宝柱爹，一个普普通通的中国农民，没有读过书，却用自己的一生书写了一个闪光的"爱"字。怎么也忘不了他曾说过的这句话："人哪，不能见死不救！"每个字似乎都平淡无奇，却又掷地有声，一字重如千斤！三十年前，他就早已把自己的命运同一名弃婴（宝柱）紧紧地系在了一起；三十年后，他又将小花带回家中。伴随而来的是家人的不理解、旁人的闲言碎语和生活的局促清苦，但这些都丝毫不能动摇他坚强的意志。究竟凭借着什么，让这样一个表面看来憔悴羸弱、饱经风霜的老人能像一座大山一样屹立在那片贫瘠苍凉的土地上？为了给小花做一只新的纸风车，他彻夜不眠；为了给小花买一双新鞋，他花光了所有的积蓄；为了让小花也能上学读书，他冒雨上山砍荆条，不慎滑倒，才终于卧病在床……小花没有辜负爷爷，她不无自豪地举着得了第一的考卷对胖嫂说："我又考了第一，我一得第一，爷爷就笑，我最喜欢看爷爷笑了……"

　　此时，我的心弦早已被祖孙俩彼此间深深的爱所拨动，它并不基于血缘关系，但却带给了人们一段感人至深的亲情。这份爱久久缠绕在我的心头，挥之不去，抹之不消，体现得如此真切，完美得似乎只有梦境中才有。

依稀记得，幼时顽皮好动的我是如何让父母操心的，更不能忘怀在求学的道路上父母给予我的谆谆教诲，人说"爱重如山，情浓于水"，我又将如何报答父母的一片恩情？看罢《暖春》，我不禁陷入沉思……

别把爱遗忘——观《暖春》有感
（教师作品）

一个善良的老人，一个孤苦无依的小女孩，生活的艰苦，家人的排斥……《暖春》的题材并不新鲜。轰轰烈烈的荧幕上，往往是"你方唱罢他登场"，看多了大片、巨片、煽情片、搞笑片、武打片、警匪片，好像对一切的恩怨情愁、生离死别都有些习以为常、麻木不仁了。

这样的我，怎会让《暖春》轻易地走进自己的心灵呢？

然而有凄恻的音乐响起了，如怨如慕，如泣如诉，低低地发出悲鸣，似乎有一双充满着哀怨的眼睛，忧愁地、无助地凝视着人世间的一切。那么贫穷闭塞的一个小村庄，那么苍茫单调的一片灰蒙蒙的天空，几十户日出而作、日落而息的中国农民……

小花紧紧地抱着爷爷的腿，闪亮的双眼透出强烈的眷恋，她那样急切地恳求着："别送我走，留下我，我会干活……"爷爷顿时老泪纵横。他知道他一定会留下她，因为那双纯真又充溢着哀怨的眼睛告诉他：从此以后，他就是小花在茫茫人海中唯一的支柱了。

鞋摊上，爷爷颤颤巍巍地打开一个皱巴巴的小布包，那里有一沓叠得整整齐齐的纸币，一毛、两毛、一分、两分……那是他所有的积蓄。他攒了很久了，可，要不是摊主动了恻隐之心，那点钱，依然会连一双小布鞋都买不起。买下鞋后，小花依然光着脚，她怎么舍得穿呢？爷爷抚着她秀气的小脸，禁不住潸然泪下："傻孩子啊，鞋不穿，会穿不下的呀……"

心中，有什么东西在悄悄蔓延，但我不敢去细细体会，我不相信自己会这么轻易被感动，因为那滋味，又酸又苦……

香草恶狠狠地边骂边推着小花："好啊！学会偷鸡蛋了！"小花一个趔趄，鸡蛋掉落在地，碎了。香草怒不可遏，一把夺过小花手中的纸风车，狠命地踩着，发泄着久压在心中的怒火。她可知道？她踩的不仅仅是纸风车，更是小花全部的感情寄托和仅有的温存回忆，因为那是唯一疼爱她的奶奶在世时亲自为她折的。现在，却被无情地碾碎了……小花哭倒在地，她觉得自己什么都没有了，除了手中已经遍体鳞伤的纸风车和一颗伤痕累累的心。

爷爷回来了。他永远是小花漆黑长夜中一颗闪亮的星。趁着小花熟睡之际，他将自己亲手做的纸风车悄悄地放在她的枕边。那风车比原来的更大更美。爷爷端详着正在梦乡中的小花，仿佛见到她美丽的笑容重新绽放。他笑了，满是皱纹的脸像朵风中的花。

祖孙俩就这样相依为命。这样的日子，辛苦却也幸福。香喷喷的贴饼子，一年难得一见的红烧鸡肉，胖嫂送的旧衣裳，偷偷塞给小花的两个热乎乎的煮鸡蛋……无一不透出浓浓的人情。

我似乎觉得，有什么东西正悄悄渗出银幕，照射进人的心房，像是春天的阳光，温暖柔和。望着祖孙俩相濡以沫的情景，不知不觉中，泪已满腮。

而此刻的礼堂中，静得仿佛能听见彼此的心跳。好多好多孩子，一动不动地趴在桌上。他们的心，是否也和我一样，有笑有泪，有喜有愁？

小花向爷爷狂奔而去，张开满是血痕的小手，那是因为跑得太急在路上摔的。她那么欢乐，那么兴奋："爷爷，叔叔跟我说话啦——"爷爷心疼地握住她的手，禁不住老泪纵横："傻孩子，就算是这样，你也用不着跑得这么急呀！"然而他又何尝不知，这在常人眼里实在太渺小的事情在小花的心中掀起了怎样的万丈狂澜！就是因为小花的宽容与善良，精诚所至，金石为开，生活终于向她展露了难能可贵的笑颜，她怎能不为之欣喜若狂呢？望着她阳光般灿烂的笑脸，想着这一路的坎坷和泥泞，泪水又漫上了我的眼睛。

是怎样美丽的一朵小花啊！我惊叹于她如水晶般剔透的心灵，我无法想象，就是这样一个看尽他人白眼、尝透世间苦楚的小女孩，她的内心依然美丽如初、纯净如初，就像山涧潺潺流动的小溪，永远在绝望中透出希望。

于是，当我看到炕上那十瓶她亲手抓的给香草治病的蚂蚱，当我看到香草眼中难以置信而后羞愧难当的泪花，当我看到祖孙俩穿得焕然一新，一家人围坐在一起喜极而泣的模样时，我微笑着流泪，默默地祝福这来之不易的团圆和温馨。

影片末尾，老村长抖出一个埋藏了三十年的秘密，原来，宝柱也是个孤儿，老人为了将他养大成人，竟然终身不娶！是的，老人没读过书，但他的一生都在诠释着一个"爱"字。宝柱被震住了，村里的人被震住了，观众，也被震住了。眼前，依然是老人饱经风霜的脸庞，微微佝偻的身躯，这身躯是憔悴羸弱的，却也是高大挺拔的，像一座丰碑，屹立在苍茫辽阔的背景下。

良久，宝柱直挺挺地跪下了，香草也跪下了，他们发自肺腑地、百感交集地呼喊道：爹——而这一声呼唤，也终于使我的泪如江河决堤，汹涌而至。

我真高兴，我依然拥有感受"爱"的能力，依然拥有流泪的本领。原来，在每个人的内心深处，总有一片未被污染的蓝天。而心中最柔软的地方，永远铭刻着一个闪光的大字——爱。

同写“书趣”

书　趣

（学生：阿楠）

继“曲奇填字”后，我又找到了一个新的乐趣：读书。

有人可能会问：读书本来就是快乐的事，还需要去找吗？可是对我而言，却并非这么简单。以前，我一直没有把读书当作一种真正的乐趣。所谓的“遨游书海”也都是因为“父命难违”“被逼无奈”，才心不甘情不愿地翻开那些被人们所津津乐道的书。真的，当时的我，更热衷的是电脑中那些画面华丽、音效逼真、惊险刺激的网络游戏。至于“书中自有颜如玉”“书中自有黄金屋”，我认为根本就是大人的夸大之词。黑字白纸，如何能比得上电子游戏的诱惑力？

这样一个“废寝忘食”的游戏迷，如今却有了翻天覆地的变化，曾经，那一个个令我头晕的文字，却渐渐成了引领我迈入阅读殿堂的神奇密码，让我不知不觉中也慢慢领悟到其中的真谛。这也许要归功于我那诲人不倦的爸爸和循循善诱的妈妈。

自打我记事起，这两位就以不折不扣的“大书虫”形象耸立在我眼前。他们都是老师，极度喜爱读书，用“废寝忘食”这个词语来形容他们对书的酷爱绝对毫不夸张。我们家到处是书，客厅里有一个两排书架，两间卧室还各有一个小书架，一千多本书就这样静静地驻扎在我家里，等待着主人的召唤。然而，一本本新书还是陆陆续续地进入我家，大有源源不断之势，它们不容分说地占领了家里的各种空间，甚至是我平时娱乐的地方。俗话说近朱者赤，时间一长，我对这些大小厚薄不一却永远是父母至宝的书籍，居然也渐渐有了探究之心。

起初，我看的是百科方面的书，比如《博物》。它看起来只是茫茫书海中一本不起眼的杂志而已，然而只要悄悄翻开它，就会发现自己已被它的魅力深深吸引。它向我展示了一个神奇的世界，看看这些标题都能瞬间被打动：千年浮华东京梦、雨林植物的几何战役、鸟儿为什么会说话、摇篮初体验、玩转卡丁车、罗马万神庙……还有一个个有趣的知识点：青蛙的体温随天气的冷热而变化；变色龙在不同的情况下，颜色会跟着周围环境的改变而变换；现在的大熊猫都是食草动物，可它的祖宗却是凶狠的食肉动物……它集知识性、趣味性、互动性于一身，图文并茂，紧跟时代。打开这样的书，你的眼前顿时出现了一个不一样的世界，你拥有了课堂上绝对学不到的知识！

后来，我又开始将目光转移到青少年版的世界名著上。比如那本《会飞的教室》，这本书我虽然读过好几遍，但每一次读似乎都和前一次很不一样。我不知道是因为头几次有些囫囵吞枣呢？还是我长大了？才华横溢的戴马亭，多愁善感的姚尼，大胃王马提斯，胆小鬼邬理……这些孩子的身影总是在翻开书卷的一刹那在我脑海中不断地徘徊。在这本书里，我学到了可贵的合作精神，懂得了要识大体、顾大局；我也学到了坚强，例如戴马亭家里贫穷，但他不屈服，成绩优良；我更感受到了老师对学生浓浓的关爱之心，那不正是寒冬的温暖火焰？

至于《三国演义》，一场场刀光剑影的生死悲欢，一幅幅风云变幻的历史画卷，留下了数不胜数、品味不尽的美谈佳话！而"桃园结义""三顾茅庐""草船借箭""借东风""空城计"等精彩生动的故事，更是让我爱不释手。

原来书的魅力，是无所不在的。

书就是一位老师、一位耐心奇好的老师，你疲倦了，合上书，她就合上了滔滔不绝的嘴巴；你又想读了，打开书，她便会为你继续讲解。你离开她，她便静静地等候你；你迷茫了，她便化作漫漫长夜的一盏明灯……

真没想到，兜兜转转这么多日子，我也成了书迷。假如你来到我家，一定也能闻到这一股浓浓的书香……

书香云集

（教师作品）

没有开空调，吊扇在头顶缓缓地转。

邻居生日，送来巧克力蛋糕一块，舌尖绕着可可的浓郁甜蜜。泡一壶洛神柠檬茶，这是下午茶时光。

在读书，和儿子。电脑里播着齐豫的老歌，空灵飘渺，似有若无。他读《一只斑点狗的故事》，我读手头的一堆书，碎片化的快餐式知识总比不上原汁原味的阅读体验。

看书，喜欢将完全不同的作者，同时呼唤。就像冰激凌和火锅，可以同时陪伴在身边，冰火两重天。

一本《烩历史》，特别无厘头不靠谱的语言，居然将 24 个王朝、 205 个皇帝一网打尽。了解具体故事后再来浏览，像一碗白粥配腐乳，别有滋味。《二三事》《清醒纪》《莲花》《素年锦时》《眠空》……安妮宝贝的文字，凝练也晦涩，读多了会使心情拧成一个密密实实的绳结。我行我素的文笔，如王菲颓废却诱人的曲子。《尘曲》中七堇年的文字，令人感觉她小小年纪仿佛拥有一颗成熟的心，读后需要深呼吸。

《再见故宫》中有安意如一如既往的文字，这一本史记融合了琼瑶的文笔。浅薄的苍凉，优雅的诗情，猛虎嗅蔷薇，一个女子，用如此淡然的文字诠释几千年的风流古韵，也实属不易。《雅舍小品》，还是梁实秋大家风范，哀而不伤，可以用他特有的睿智和幽默豁达面对一切。一支妙笔，写尽世间百态，春花秋月，再潦倒的岁月，也能在尘埃里开出绚丽的花。至于袁腾飞和当年明月，将历史和文字同时玩转，因此褒贬不一，也任由旁人评议。后来的，《血腥的盛唐》《如果这是宋史》大多脱胎于《明朝那些事儿》，翻得飞快，别有一番风味。

好几本，不知是第几次翻阅。还有几本，只是一见钟情，然而如浮光掠影，再难沉静其间。就是这点好，书的世界中，你就是君王，只要喜欢，召之即来，挥之即去。白纸黑字，雪泥鸿爪，伴君漫漫长途有所依。

第三辑

隽　永

　　"如溪语文"倡导教师应努力深化学生情感体验，拓宽学生视野，使学生能运用所学紧密联系生活实际，实现语文学习的深远意义。教师应该引导孩子在语言文字中看到生活的多彩、艺术的美感、大海的宽广、宇宙的浩瀚，激发儿童学习语言文字的热情和探索语言文字的好奇心，使儿童能够通过语文实践走向生活。

1994 年，凭着对教学最真挚朴拙的热情，我走进了课堂，走上了讲台，走向了学生。从品德与社会到语文教学，又从语文教学到班主任工作……茫茫教海，几番浮沉，几度春秋，一苇以航。

如何在课堂上拨动孩子的心弦？如何让古诗文教学焕发新的光彩？如何让语文课堂情意绵绵、回味无穷？如何让作文教学融入同伴阅读，打造崭新的习作氛围？如何看待"学习"和"玩耍"之间的关系，让家长不再"谈玩色变"？……

教学的魅力也许并不在于远方有一个多么宏伟的目标，而在于平时用心上过的每一堂课、教过的每一个孩子、写出的每一篇文章。一路走来也曾摸爬滚打，也曾误入"藕花深处"，山穷水尽之时总有贵人指点迎来柳暗花明。伴随新课标的颁布实施，新的教育教学理念不断涌现。在实践和理论的反复碰撞下，我开始从迷惘走向懵懂，继而透见微光。在师长的督促下，我竭力用文字捕捉课堂的火花、师生的互动以及实践后的思索，用笔撷取一朵朵思维浪花。我把自己遇到的那些引发对于人生思考的人和事都当作上天的馈赠，将许多年来林林总总的思绪梳理成文，提炼出一段段所谓的"经验"，用来鞭策自己能够不断进取。

那些"众星罗列夜明深"的日子啊，如孕育一颗颗珍珠。蚌壳里的夜，有多长？不思量，自难忘。在追寻中苏醒，漫长执着地求索，无尽无休地磨砺。恍惚是温润的珠光，烁烁闪亮。

如今，这些看起来显得幼稚的案例和论文串成了一名一线教师几十年如一日的探寻足迹。我不过是平凡的老师，但是我依然会为那些独特的瞬间而驻足，不会因为生活的忙碌和潦草忽略脚下走过的足迹。因为，正是在这样的驻足中，教师的平凡也可以变得高贵。同时，要成为一名能站着教书的老师，感受到教育的力量。教师自己首先要成为一个深爱学习的人、一个不断反省的人、一个让自己的智慧不断成长的人。

读者，看着书中这些长长短短的叙述和想法，我想象着您或许能感受我对教学的些微理解。西方谚语所云：分享苹果，各得其半；分享智慧，双倍聪慧。如果能够激起一点点共鸣和思考，便甚觉欣慰。我依然坚信即便是红尘滚滚、浊浪滔天，总有这样一群在寂寞中坚守的人，于我，则是寂寥中的慰藉和鼓舞。

天在山边，走近山去天又远；月在水中，拨开水来月更深。

或许，这就是每个教师用孜孜以求的精神所追寻的教学的魅力所在吧！教师需要探索的问题，乃是一个个永恒的隽永的话题。

拨云见日，还拼音教学一片净土

拼音是孩子跨入语文学习大门的一把钥匙，是他们在学习启蒙阶段必须掌握的重要武器，因此，拼音教学也就成为一年级语文教学的重头戏。为了帮助孩子早日掌握这一利器，我们的老师在探索拼音教学的趣味性方面动足脑筋，让孩子遨游"拼音王国"，和"拼音宝宝"交朋友……形势颇为喜人，也取得了一些成功。然而，当我们过分追求课堂的欢乐和趣味时，拼音教学似乎陷入了另一种尴尬的境地。以笔者所见，目前的拼音教学主要存在以下几个问题。

（1）被误解的趣味游戏。拼音作为注音符号，对孩子来说是枯燥乏味的，如何将拼音符号化作一个个生动的小精灵与孩子亲密接触便成了教师乐此不疲探讨的主题，各种拼音游戏也应运而生。可悲的是，在一些课堂上，部分教师往往为了游戏而游戏。课前，教师耗费大量时间去制作设计各种游戏项目；课上，各类游戏轮番上场，例如小猴摘苹果、小兔运蘑菇、小猫要过河、小马要闯关……还有快乐照镜子、做做录音机、你演我猜……整堂课由一连串层出不穷的游戏组成，教师仿佛成了少儿游戏的节目主持人，重要的教学环节和知识点却被淹没在游戏中。一节课下来，孩子们玩得不亦乐乎，但是脑袋里究竟能留下多少有用的拼音知识，非常令人怀疑。游戏在课堂上喧宾夺主，使得教学做到了有趣，却远离了"有效"。

（2）多媒体的"狂轰滥炸"。现代课堂，多媒体的运用似乎已经到了举足轻重的地步。在一些惨遭多媒体"狂轰滥炸"的课堂里，一节课下来，总觉得兴奋有余，思考不足，就好像欣赏了一部光影冲击过分强大的影片，甚是疲累。

在学习拼音字母时，某教师提供了不止三种的动画，欣赏完毕才不紧不慢地用一段故事引出"拼音王国"的几位"神秘来宾"。学生悠闲地坐着，欣赏着一段段声色俱佳的视频动画，最后才跟着媒体中的录音读了几遍，又在 PPT 上认识了拼音的形状便进入下一环节。这导致看视频五分钟，学拼音却连五分钟都不到。更有甚者，PPT 的图片背景和字体花里胡哨，忽而是浩瀚神秘的宇宙，忽而是深邃迷人的海洋，忽而是一望无际的大草原，忽而又是搞怪时尚的动漫卡通人物……孩子们看得津津有味，学得云里雾里，刚掌握的知识点很快被一张张光怪陆离又色彩斑斓的图片冲刷得一干二净。课件的重要性自然毋庸置疑，但如果教师将大量的精力用于 PPT 的制作，一节课非得由几十张精美的 PPT 扶持，这就本末倒置，捡了芝麻丢了西瓜。

（3）教学流程的"兜兜转转"。清晰的教学设计是完成教学目标的重要前提，但是，一些老师在处理课堂教学环节时，在教学策略的选择上崇尚多多益善。这个练习也要，那个操练也蛮好，只要能找到的资源，恨不得一样来一遍。殊不知课堂时间宝贵，如此面面俱到，会导致重点不突出，难点也没有突破。课堂看似紧锣密鼓、滴水不漏，实则教学缺少层次，一直在原地打转。如此高耗低效，学生的思维得不到有效的提升，学习的成就感便大大降低。

（4）不够诚意的"点赞"和"评价"。不知从何时起，我们的教师在课堂中进行评价时显得战战兢兢，生怕一不小心伤害了孩子的自尊心而背上恶名。孩子说错了，不敢马上纠正；孩子读得轻了，也不敢随便否定……为了课堂上所谓的民主和谐，基本上就以"某某你真棒！""奖他一朵小红花！"作公式化的肯定。虽然说一年级的课堂上，我们可以运用很多有趣的口令来鼓励学生，辅助教学，但是，一旦所有的教学评价都成为口令式的标签，课堂又将沦为一个"虚情假意"的地方。还有的老师特别喜欢运用小组评价来激发学生学习拼音的主动性，但是往往瞻前不顾后，课伊始，热情洋溢地宣布要看这节课哪一小组可以获得最多的"苹果"贴纸，上课过程中，由于某小组的"苹果"贴纸黏性不够飘落在地，前排孩子屡次举手想提醒老师，怎料老师均无视，还有些愠色地示意孩子不要管，上课要专心……后来，当她宣布某小组获胜时，孩子们都像蔫了的花朵般无精打采，他们大概也看出来了，原来在老师心中，最重要的是课堂的顺利进行，至于评价鼓励，"苹果"贴纸再多也只不过是一种取悦观众的道具罢了。如此"虚情假意"的评价，难道不是对孩子努力的一种蔑视，对自己教学的一种讽刺？

以上种种，无一不在牵绊住拼音教学的步伐，使其阻力重重，那么，怎样才能抓住拼音教学的核心，让课堂趣味性和知识性水乳交融，真正做到寓教于乐呢？笔者认为，至少要在以下几方面加以思考。

（1）立足教材原点，拼音教学动态化。教材本身就是一座挖不完的宝藏山，我们实在无须舍近求远，只要立足教材原点，挖掘有利因素，就能使课堂既扎实有效，又灵动有趣。统编版教材非常注重教学的情境化设计，往往通过一张赏心悦目的情境图引出所学的拼音重点。好好运用这些插图，既可以培养孩子按照一定的顺序观察图片的能力，又可以锻炼孩子的口头表达能力——谁在干什么？你看见了什么？还可以巧妙地导出今天将学习到的拼音知识。当我们引领孩子走进教材营造的美好氛围，充分领略教材的那份神奇和匠心时，孩子便会有一种揭开谜底的成就感。教师如果每一堂课都能这样有意识地培养孩子，长此以往，孩子的表达必定是言之有序和言之有物的。

另外，我们的课堂基于教材，但绝不仅仅限于教材，课堂应该有一种自然而然的"生成"，即教学动态化。在学习拼音字母的时候，除了备课时的预设，更应启发学生开动脑筋为拼音字母编儿歌或者顺口溜，充分发挥他们的学习主动性。比如看见"l"，有的小朋友便会说："小棍小棍'l''l''l'"，或者"筷子筷子'l''l''l'"；看见"h"，有的小朋友会说："喝水喝水'h''h''h'"，会说："一把椅子'h''h''h'"，只要是从字母的形状和发音出发，比较合理的我们都应该及时肯定和鼓励。尽量要让孩子们说得丰富多彩一点，除了加深孩子对拼音字母的印象，还能够培养他们的想象能力和联想能力。

学习复韵母的时候，常常会遇到"ie"和"ei"，"iu"和"ui"混淆的问题。面对这样的疑难问题，除了启发学生观察字形的不同，还可以借助单韵母的卡片，通过不断轮换位置，启发学生进行辨音、认读。学生会渐渐意识到，只要把复韵母中的第一个字母的音读准，就比较容易把两个形近复韵母区分开来。

（2）合理引入游戏，教师语言童趣化。对于一年级孩子来说，大脑比较排斥抽象的字母符号，短时间之内需要记住声母、韵母、介母甚至整体认读音节，难度可想而知。中国古代就有"寓教于乐"的教育理念，因此课堂需要合理引入游戏。比如在引导孩子掌握四声音调的时候，"滑板车游戏"不仅将四种音调的特点直观形象地植入孩子内心深处，而且能够培养孩子手口合作的协调性。同时，还释放了一年级孩子在课堂上活泼的天性。再比如，"送信游戏"，事先可以将生字卡片以奖励表扬的形式分发给多位小朋友，当老师亲切地询问"'o'，在哪里？"时，相关的小朋友就会骄傲地展现他的"信件"，并且高声朗读："'o'，在这里！"这个游戏能锻炼孩子们敏锐的听力。在练习音节拼读时，把精美的图片藏在拼音后面，当某位孩子流利地拼读成功后，图片便会呈现在孩子们眼前，或是姹紫嫣红的各种花，或是可爱的小动物，孩子们的成就感满满，学习拼音的劲头更足……适当引入简单易操作的游戏进入课堂的话，可以为教学锦上添花。

同时，想要营造一个温馨充满童趣的课堂，教师的语言应该是其中最重要的一环。"请你们坐端正"和"小树苗，长高了！"；"请你们专心听讲"和"谁的眼睛亮晶晶？"；"请你们把拼音写在四线三格里"和"我们一起送拼音宝宝回家吧！"哪一种语言更能拨动孩子的学习之心，答案是不言而喻的。

（3）整合教学环节，尝试问题驱动化。一堂课的时间是有限的，教学无法面面俱到。只有牢牢把握教学目标，精心设计教学环节，课堂才会有效。面对纷繁多样的网络资源，教师需要有一双慧眼，能够取其精华，去其累赘。大道至简，教学也得讲究简约。从教学策略的运用到多媒体的制作，从教学环节的整合到教学目标的实施，我们需要胸有成竹，聚焦重难点，而非蜻蜓点水，到处浮光掠影。

发问是学习的动力，一年级学生虽然年幼，但也应在他们的心灵中埋下勇于发问的种子。教师在课堂上要引导孩子主动探究，经常为孩子提供思考的平台。比如教容易混淆的声母"b"和"d"，"p"和"q"时，教师与其不厌其烦地叮嘱，不如问问孩子们有没有好方法去记住；教孩子在"四线三格"中书写拼音时，可以让他们在仔细观察后互相进行友情提示。你会发现，你想要提醒的，班级孩子在七嘴八舌地讨论后也能说个八九不离十，这个时候，老师再归纳"拼音书写口诀"，一切将水到渠成。学习复韵母"ao""ou""iu"的时候，引导孩子观察老师口型的变化，猜一猜老师"呼唤"的是哪一个韵母朋友，孩子会在这种新颖的猜谜游戏中集中注意力，学到关键知识，好奇心也会得到很大的满足。

清水出芙蓉，天然去雕饰。我们应该坚守拼音教学的本真，少借助那些看似酷炫的技术或是策略，从教材入手，以学生为本，抓住问题的核心所在，少走一些弯路，少卖弄一些花拳绣腿，扎扎实实，认认真真，还拼音教学一片净土。

学习素养视角下的低年级写话作业初探

《义务教育语文课程标准（2022年版）》（以下简称语文新课标）指出：语文课程核心素养内涵分为四个方面，即文化自信、语言运用、思维能力、审美创造。为提升学生的语文素养，很多教学者上下求索。其中，语言运用需要学生在丰富的语言实践中，通过主动的积累、梳理和整合，逐步掌握中国语言文字的特点及其运用规律，形成个体的言语经验。因此，从低年级开始，教师便应该关注学生学习素养的形成，帮助学生在一次次的写话作业中提高运用中国语言文字的能力。

语文新课标对学生的写话有明确的要求：对写话有兴趣，留心周围事物，写自己想说的话，写想象中的事物。这两年，笔者通过运用统编版语文教材中的写话练习进行教学实践，对低年级写话作业有了一点新的思考。

在教学实践中，我们发现，看图写话依然是比较适合学生写话起步的一种重要抓手。二年级上册的语文园地六的口语交际部分要求孩子看懂一组画——《父与子》中的《一本引人入胜的书》，观察人物表情、动作，想象人物心理，并且推测故事结局。语文园地七中的写话，要求孩子观察教材中的单幅图进行想象和写话。但是无论是单幅图还是多幅图，看图写话基本上遵循以下三个步骤，从易到难，循序渐进。

第一，学会找要素。要素包括故事发生的时间、地点和角色，必要的话还有当时的环境等。根据学生的梳理，教师可以把这些要素罗列在黑板上，引导学生进行写话练习。比如当画面上出现了一只老鼠、一台屏幕上有一只猫的电脑、一个鼠标时，连起来可能会是一个怎样的故事呢？有的学生告诉我："一天，一只老鼠到朋友家玩电脑。突然，老鼠不知道自己按了哪个键，屏幕上出现了一只猫的脸。老鼠吓坏了。"有的学生说："晚上，一只爱玩电脑游戏的老鼠正高高兴兴地玩着有趣的游戏，突然屏幕上出现了一只猫，老鼠吓得尖叫起来……"只要学生言之有理，都是值得表扬的。

第二，学会抓细节。大体上看懂这幅图并用简单的几句话概括它的内容还不能说是真正的"写话"。教师要鼓励学生练就一双"慧眼"，去不断地挖掘"细节"。比如，如果教师提问："屏幕上的猫看起来表情怎么样？"学生便会进行更加深入的观察，并回答道："它瞪大眼睛，张大嘴巴，露出尖尖的牙齿，看起来很可怕。"教师可以进一步追问："老鼠的动作是怎样的？"学生会说："吓得大吃一惊""吓得摔倒在地上""吓得浑身都动不了了""吓得浑身颤抖"……教师要反复鼓励这些乐于使用平时积累的词语的孩子，让所有的孩子明白，学语言就是为了用语言，这些有趣的词语和短句，会让写话变得形象生动。

第三，学会补想象。这是指导学生看图写话能力"突飞猛进"的关键之处。我们不仅要看到图片上已有的内容，还可以大胆想象图片背后的一些情节。比如，教师可以继续提问："这只可怕的猫，当时可能会说什么？"有的学生回答："它会说，小老鼠，你逃不了啦！还是乖乖地当我的美餐吧！"有的学生回答："可怜的小老鼠，谁让你主动送上门来呢？看你往哪里跑？"这样一来，画面就会变得生动活泼，故事情节也会更加丰富。然后教师可以引导学生再想象小老鼠的心理以及它接下来的举动。比如有的学生在想象后说道："小老鼠灵机一动，计上心来。它敏捷地伸出手，将鼠标轻轻一点，猫便消失得无影无踪。原来这只是电脑的屏保而已，真是一场虚惊呀！"还有的说："小老鼠突然想起朋友客厅里有一幅狮子的画像，它便快速地奔向客厅，拿来狮子的画像，想用它来吓跑可恶的大花猫。这就是一物降一物！"

找要素、抓细节、补想象——看图写话中，除了牢牢抓住这三个步骤，还有最重要的一步，就是让孩子在说的基础上再认认真真地把整个故事写下来。尤其还要注意标点符号的正确使用，谁占一格？谁占两格？谁和谁关系最好，两个占一格？写，需要的是足够的耐心和细心，以及长期训练。

有的老师可能会问，写之前要不要给学生提供一些好词好句？笔者认为，提供词语有利有弊，它可能会成为学生写话的支架，让学生能够很顺利地完成写话任务，但也有可能会成为枷锁，容易框死情节和故事的走向。所以，进行第一次写话时，可以鼓励学生大胆想象，写出自己的特色。当然，这样一来，班级中的写话作品一定会百花齐放，可能会存在良莠不齐的情况。教师要善于整理班级中的优秀写话作品，在平台上展示出来，在课堂上进行朗读，让它们成为其他学生学习的榜样，让他们通过阅读同龄人的好作品，受到启发后对自己的作品进行修改和补充。教师要引导学生思考：我的写话和谁的比较相近？别人用了哪些好词好句？我能不能在自己的写话中把这些好词好句加一点进去？敢于借鉴，善于借鉴，才能一次次地磨练自己写话的本领。

如果说对于看图写话的作业，学生还比较感兴趣，那么应用文的写作似乎是一块硬骨头。统编版语文教材二年级上册中语文园地四的"写话"安排的就是留言条这一应用文写作形式。要让低年级的学生又快又好地掌握留言条的写作要领，真可谓"十面埋伏，机关重重。"

在对课堂教学的经验进行总结后，我们梳理出留言条写作应该注意的几大问题，最终还形成一首儿歌：称呼顶格加冒号，正文段前空两格，事情要求写清楚，名字写在右下方，日期名字右对齐……学生在念诵儿歌的时候，似乎已经胸有成竹，能够胜任留言条的写作，其实不然。格式的养成犹如习惯的养成，没有一定的作业设计，不经过强化训练是无法牢固掌握的。但是，只有机械单调的重复训练，学生便会生厌。如何让学生又快又好地牢记留言条的写作要领呢？如何让他们知其然还知其所以然？针对这些问题，笔者在课堂上分五步带领学生走近留言条，掌握留言条的写法。

第一步，说清原由。称呼为何要顶格写？那是因为我们中国人非常讲究礼仪，特别尊重别人，因此把对方的称呼放在最前面；为何正文要空两格写？因为中国人同时还很谦虚，自己说的话第一行空两格表示谦逊礼让；为何在右下方要写姓名和时间？那是因为必须让对方知道是谁、什么时候留的条子，这样才能让留言条发挥作用。说清其中的缘故后，孩子们似有所悟，对知识点也不再需要"死记硬背"。

第二步，当回"医生"。笔者在课件上出示了几种常见的"不健康"的留言条：有的没有署名，有的缺少时间，有的开头没有称呼，有的内容没有讲明事情……错误五花八门。笔者让学生来完成一个当"留言条小医生"的游戏作业，给"病号"治病。"1号病人没有写留言条的人名，太马虎了……""2号病人的留言条不知道是写给哪位的，真是个糊涂虫……"一时间，班级中诞生了一位位"留言条小医生"。学生发言的劲头更胜往日，也许是觉得新鲜有趣，还能体验医生"妙手回春"的成就感吧！经过这一轮的辨析学习，学生对错误的留言条有了更加感性的认识。

第三步，认真抄写。学生要把理论知识运用到实践之中，这绝不是一蹴而就的事情。于是，在让学生尝试写作第一则留言条时，笔者便让孩子认真地在写话本上将正确的留言条模板抄写了一遍，让他们对留言条书写格式的认识渐渐从模糊到清晰，先扶再放。结果发现，全班 44 名学生中，有 5 名学生在摘抄过程中还是出现了各种小瑕疵。对于过关的孩子，我实行"积分奖励"，对于 5 名出现错误的孩子，则要求一一面批。

第四步，首次尝试。在抄写的基础上，再让学生认真研读情境，尝试独立写第二条留言。情境为：去小芳家里，通知她明天九点到学校参加书法小组的活动，但是她家里没有人，于是要撰写一张留言条向她传达此事。然而，在实际的写作过程中，孩子们错误频出，格式正确率几乎只有 65％ 左右，不规范的现象层出不穷。很多学生以为留言条就是把题目上的字全部抄写上去，既啰嗦又别扭。于是，教师运用希沃视频展示台，又挑了几份写话作品重点讲解，并让学生再次认真修正。

第五步，联系生活。通过几次练习，大部分学生渐渐掌握了留言条的写法。课堂上，我再引领他们思考一个问题：哪些时候会写留言条？学生们纷纷回答："我想出去玩，可是大人还没有下班回家。""我去找朋友，但是她不在。"……生活中的很多场景需要留言条，应用文的写作其实和我们的生活息息相关。他们渐渐意识到留言条其实就是一座人与人之间沟通的小小桥梁。最近，因为公事繁忙，笔者经常会收到学生写的留言条，虽然还有很多需要修改的地方，但是总让我心头一暖，并且很是欣慰。

学习素养的本质在于创设恰当的情境，鼓励学生心智的成长，使儿童充分习得知识，产生心智转换。对于低年级写话作业而言，学生将经历一个不那么顺利、甚至显得有些艰难的练习过程，但是经过观察、思考、讨论、争议、实验、决策，他们终能获得分析现象、解决问题的方法。学习素养提高的过程中，最可贵的便是来自师生、生生对问题的共同探索。哪怕探索的过程中有一些磕磕碰碰，显得狼狈粗糙，但是磨砺过后的质朴经验就像贝壳中的珍珠一般熠熠生辉。

语文课，怎一个"情"字了得

教育家第斯多惠说过这样一句话："教学的艺术不在于传授的本领，而在于激励、呼唤和鼓舞。"当学生通过与文本、与教师、与同龄人真诚而热切的对话，懂得感恩，懂得关爱，懂得执着……师生之间的心的呼唤、情的激励、美的鼓舞，怎不叫人为之心驰神往？语文课堂教学，应被看作是师生人生中一段重要的生命经历，从这个意义上来说，课堂无疑应该成为挥洒真情、超越生命的殿堂。语文课，怎一个"情"字了得？

一、 未成曲调先有情——妙用导语

好的课堂导入是师生间建立感情的第一座桥梁，要使语文教学能够达到预期效果，教师首先必须在导语上下功夫，采用生动的情景来加强学生的情感培养和体验，引起学生的共鸣。

教学《惟一的听众》一文时，教师在课前可以播放一段委婉柔美的小提琴曲，让学生全身心地沉浸于潺潺流动的音乐中，然后请学生尽情诉说听后的感觉。在此基础上自然过渡到文本："同学们，当我们都陶醉于小提琴美妙的旋律时，你可曾想过，要演奏出如此动人的曲子，得经过多么刻苦的练习？文中的主人公原本是一个拉起琴来被家人嘲讽为像在"锯桌腿"、沮丧悲观的人，可是最终他的琴艺却征服了亿万观众。究竟是什么改变了他？"此时大多数同学露出疑惑之情、向往之色，于是教师顺势引导："今天，我们就随着作者的文字，一起去揭开这个谜，好吗？"这简短却动情的导语，如一块大磁铁，在一瞬间牢牢吸引了学生的注意力，调动起他们强烈的探索求知欲，就像一条神奇的链子般牵动着学生的思维。如此一来，课堂必将激起美丽的思维浪花。

二、 浅吟低诵总关情——巧抓朗读

朗读是语文课的一个重要载体，它承载着学习语言、培养语感、促进理解、诱发思辨、引导感悟、熏陶情感、完善知识建构的使命。在执教《父爱之舟》时，教师通过反复研读教材、研读作者，感受到父亲的爱如同文中的小渔舟一般承载着儿子的未来和希望。为了突出这个主题，除了紧抓课文的几个重点场景，教师还抓住了文章的开头和结尾，引导学生进入文本，一层一层地体会首尾呼应带来的情感震撼。在朗读开头的梦醒时分、结尾的潸然泪下时，教师要引导学生一次一次地将体会到的意思"送进去"再"读出来"，一波一波地掀起感情的狂澜。课堂上能很清楚地看到，每体会到一层意思，学生的朗读水平就上升一个台阶，情感体验也随之加深。教师要通过让学生反复朗读，激发学生去咀嚼、品味、感悟、欣赏优美含蓄的文字。于是，在理解感悟的基础上，学生便能读得或荡气回肠，或含蓄深沉，或慷慨激昂……原本内心单纯、情感淡薄、经历简单、体验肤浅的孩子在自己充分的朗读中受到了教育和感染，在潜移默化中提高了自己的文化品位、审美情趣。

其次，课堂上如果能配上符合课文调性的乐曲作背景，就更容易拨动学生心灵的琴弦，激起学生心海的浪花。伴着美妙的音乐诵读，在如水般流淌着进入心灵深处的音乐声中，学生开口读、用心读、尽情读。在入情入境的朗读过程中，学生能够潜移默化地理解并吸收文章的风采格调、脉络层次、语言表达和思想感情，能够达到"与作者心灵相感应"的境界。那些课文中被反复阅读与品味的语言珍宝，也会慢慢沉淀于记忆之中，成为学生的"资料库"，丰富他们的语言积累，增强文学底蕴。比如教学《狼牙山五壮士》时，若能伴着荡气回肠、慷慨激昂的钢琴曲，朗读英雄在和敌人殊死搏斗后纵身一跃、山谷里到处回荡着"中华人民共和国万岁"的喊声的段落，学生瞬间就会完全沉浸在文字和音乐共同营造的意境中，对英雄的敬仰崇敬之情将如黄河之水般澎湃汹涌、连绵不绝。

三、课到深处情共鸣——巧设情境

"随风潜入夜，润物细无声。"一个美的情境对于语文课堂教学的作用是举足轻重的，在语文教学中教师应结合课文内容创设情境，使学生充分感受作者的思想感情。以生动直观的语言描述创设情境，再现课文中的相关内容和场景，使教学贴近学生，使其因感受真切而产生亲切感。

在教学古诗《赠汪伦》时，一开始笔者就运用视频让学生感受诗人与朋友相见时的欢乐、离别时的不舍。然后紧紧抓住诗眼，联系写作背景，挖掘古诗文艺术的想象空间，启发学生调动记忆，发挥想象，去进行体验和艺术的再创，将古诗文变抽象为具象，变平面为立体，变静止为灵动，从而感受其有声有色、有情有理的丰富内涵。在课堂上，教师通过巧妙点拨，引导学生领会了诗歌的主旨后，可以创设相关情境让他们再现李白和汪伦分别时的感人场面，学生显得兴致勃勃，跃跃欲试。教师可以提问："相聚的时光美好而短暂，转眼就迎来了离别，此时此刻，望着匆匆赶来的汪伦，李白一定会有千言万语涌上心头。他会对汪伦说些什么？汪伦又会对他说些什么呢？同桌的两名同学一个演李白，一个演汪伦，互相说一说，好吗？"教室中的电脑大屏幕上，一叶扁舟停岸待发，耳边传来《送别》的悠远乐曲，大诗人李白与朋友汪伦相别依依……这时请学生自由表达便十分合适。一句句精彩且不失童趣的话语应运而生，如："李白兄且慢走，今日一别不知何时相见？""汪伦兄，请留步吧！莫愁前路无知己，天下谁人不识君。"这样，通过画面、音乐的渲染，在细致的朗读与品味中，学生进入了情与景相生、思与境和谐的艺术境界。

"感人心者，莫先乎情。"情境创设教学能拨动学生情感的琴弦，是语文教学中重要而有效的方法。语文教学为情境创设教学法提供了广阔的生存空间，情境创设教学法也必然会给予语文教学丰厚的回报，让一堂堂灵动的语文课"化作蝶儿翩翩飞"，呈现出课堂教学中一道道绚丽的风景，吸引万千学子专注的目光。

四、"弦外之音"亦含情——妙添想象

语文课本中，有不少留白之处，教师可以借助教材中的内容，适时地引导学生推测、构思，以练笔的形式把"空白"补充出来。这样，既充分利用了手头的教材，又能借助学生学习课文的兴趣，激发学生习作的灵感和欲望。

例如，教学《普罗米修斯》这一神话故事时，应抓住课文留白之处，让学生大胆发挥自己的想象力，利用已有的知识储备，鼓励学生大胆创编，从而丰富学生的语言，使学生更准确、深刻地理解课文内容，提高他们对语言文字的运用能力。如文中有三处可供学生大胆想象的留白，教师便可进行提问：

"普罗米修斯看到人们生活在寒冷和黑暗中，他心里多么难受，便决心要为人类盗取天火。此时，他会怎么想，怎么说？"

"人类终于有火了，个个欣喜若狂，他们会对普罗米修斯说什么呢？"

"普罗米修斯被宙斯用铁链锁在高加索山的悬崖峭壁上，宙斯还派凶恶的鹰来啄食他的肝脏，一天又一天，他忍受着无边无际的痛苦和煎熬……可他却无怨无悔，毫不屈服。面对这位顶天立地的大英雄，你想对他说什么？"

教学中这三处句子的训练，犹如一根彩线把学生对课文的理解串联了起来。学生通过这样的训练，层层深入，步步含情，由浅入深，循序渐进，提升了对文章的理解、对人物的感悟，深刻地反映了学生与文本的对话。

教学《惟一的听众》时，教师可以抓住课文中三次描写的老人"平静的神态"，去揣摩这"平静"背后的"不平静""不平凡"。可以这样启发学生——老人平静地望着我，仿佛在说：_____。学生通过阅读上下文，进行了合理而丰富的想象，有的推测说："这个孩子虽然拉得不好，但我要鼓励他，让他有向上的勇气。"有的推测说："我该怎么激发他的信心呢？显然他现在对自己一点信心也没有……对了，我该这样……"有的推测说："孩子，你已经进步了，就这样刻苦练习，不断努力，总有一天，你会成功！"……老人善意的谎言、对主人公的关爱鼓励之情犹如阳光般射入主人公的心房，也使学生感动不已，通过设境想象，他们懂得了在别人遇到困难时，应该给予巧妙而热情的鼓励，也懂得了在生活中要珍惜别人给予的鼓励，奋发向上，永不言弃。

总之，教师要善于捕捉课文中的"空白"，结合课文内容，适时地让学生进行想象训练。或添加内容，或补充情节，或续写故事，让学生开阔思路，放飞想象，有效地培养学生的创造性思维。要不断引导学生练就一双慧眼、一颗慧心，善于读懂课文的"弦外之音"，领会文章蕴含在深处的真情。

五、 余音袅袅"不了情"——巧留余味

一堂好的语文课，犹如一首意味隽永的诗、一幅意境悠远的画，它那无限的深情、无尽的意蕴，引人入胜，耐人回味。教师可以借助同课文内容紧密联系的文艺作品等，在课堂原有气氛的基础上，巧妙引入，令课尾再起波澜，使学生意犹未尽。

教学梁晓声的《慈母情深》时，当学生还沉浸在母爱子、子疼母的至真至纯的人情美中时，教师可以在课尾让学生轻声、深情地诵读文中描写母亲在狭小的工作场所弯下腰埋头苦干的这一特写镜头的句子。然后，教师可以饱含深情地吟诵唐代大诗人孟郊的《游子吟》：慈母手中线，游子身上衣。临行密密缝，意恐迟迟归。谁言寸草心，报得三春晖。也可以播放一首抒情的《感恩的心》，让学生再次联想起文中含辛茹苦、爱子情深的伟大而平凡的母亲，霎时，感动与震撼，洋溢于胸。

学了《梅兰芳蓄须》，学生十分敬佩梅兰芳大师的高风亮节，却又不知用什么语言评价。课尾，教师设计了一个"为梅兰芳写一句话颁奖词"环节，并给予学生充足的思考时间。课堂气氛渐渐活跃起来："您是京剧艺术的传奇。""您才华横溢，闻名中外。""您热爱祖国，蓄须明志。""您机智顽强，不为名利只为爱国。"……末了老师再作总结，学生便心领神会了，这样既拓展了思维，又让课堂得到了升华。

语文课，怎一个"情"字了得？一堂情绪饱满、情趣盎然、情感浓烈的语文课，离不开教师的情感。教师心中有爱，才能向学生播撒爱的阳光；教师心中有梦想，才能教会学生执着坚定，挥洒出一片属于自己的朗朗晴空。

兴奋之火，可以燎原

所谓的"兴奋"，指的是人振奋、激动的精神状态。课堂兴奋点，就是在课堂上能够让学生精神振奋或者激动的情境、话题等。而抓好课堂"兴奋点"，是指在课堂上，老师充分利用学生在课堂中产生的"兴奋点"，或者有意识地给学生创设"兴奋点"，去激起学生振奋或者激动的情绪，从而带领他们进入生动活泼的课堂，进而提升课堂教学效果的一种教学方法。

【教学片段一】

《梅兰芳练功》教学导入片段

1. 播放有关梅兰芳的视频片段，引出梅兰芳。

2. 回顾预习，了解梅兰芳艺术成就。

师：梅兰芳是蜚声海内外的京剧艺术大师。许多人是这样赞美他的。（出示相关文本）请你轻声读读。

生：梅兰芳是真正的演员，美的创造者。

生：梅兰芳是美的化身。

生：梅兰芳是一位非常卓绝的，非常难得的京剧大师。

师：让我们一起来赞美他。（齐读）

3. 引导学生思考，引出课文内容。

师：梅兰芳的京剧唱得那么好，可他小时候学戏时先生是怎么说他的？默读课文，找出有关句子并理解。

出示相关句子：不是学戏的料子。（没有这方面的天赋）祖师爷没给你这碗饭吃，我也没办法。（再怎么努力也没用，老师已经无能为力了）

师：现在，你的脑海中产生了什么问题？（学生沉思片刻）

（学生交流）为什么一个从小被先生并不看好的孩子长大竟会成为蜚声海内外的京剧表演大师，博得那么多人的喜爱？

师：今天我们就一起来学习第 17 课：《梅兰芳练功》。

……

【教学反思】

《梅兰芳练功》这篇课文讲述了梅兰芳小时候拜师学艺，勤学苦练，终成大器的故事。上课时教师通过视频引出京剧、引出梅兰芳，使学生对我国传统文化有一个直观的印象，并且通过人们对他的高度赞美让学生初步体会这是一位蜚声海内外的京剧表演大师，让学生对他产生一种敬佩的感觉。然而接下来话题一转，通过找到梅兰芳小时候先生对他的评价让学生的情绪产生一个不小的落差，他们的思海便会荡起涟漪：为什么一个从小并不被先生看好的孩子长大后竟会成为蜚声海内外的京剧表演大师，博得那么多人的喜爱？"兴奋点"找到了，学生的思维被激活了，接下来老师便趁热打铁，以梅兰芳如何练跷功为重点进行教学，通过抓词品句引导学生感受梅兰芳在学艺时的顽强毅力，让学生深深地领悟"只有凭顽强的毅力苦练本领，才能取得成功"的道理。

【教学片段二】

《饭钱》教学片段

师：就这样，阿凡提陪着穷人去找卡子，也就是当地的法官。故事又会怎样发展呢？（看视频欣赏第五节）

师："迫不及待"是什么意思？

生：非常着急。

生：急迫得不能再等待。

师：谁能来读出卡子这种"迫不及待"的语气？（指名—竞赛—齐读）

师：卡子对穷人和富人态度一样吗？从哪里可以看出？

（学生在"高兴地交谈着""迫不及待""叫"处做了记号。）

师：想想为什么会不一样？

生：巴依（富人的意思）能给卡子好处。

生：卡子和巴依狼狈为奸。

生：卡子和巴依一样在欺压穷人。

……

师：巴依早就到了，正在和卡子高兴地交谈。请你们来想象一下，他们可能交谈些什么？

生：（压低了声音，用小手轻轻捂住嘴巴）卡子，如果拿到了钱，我一定会分给你一半的。

生：（装出一副奸诈狡猾的样子，低声说）巴依，如果拿到了钱，你一定不要忘了我呀……

师：（小结归纳）可见卡子是站在富人这一边的，他与富人狼狈为奸。在闻了饭菜香味就要付钱的问题上，卡子和巴依的意见是一致的。

（板书：巴结富人、欺压穷人的卡子）

……

【教学反思】

课堂上，语文老师应该是一位了不起的侦探，通过对教材的深度理解和挖掘，他善于发现文字背后的秘密，从一句话、一个词，甚至一个标点之中抽丝剥茧，顺藤摸瓜，引领学生找到文章的灵魂，激活文字，感悟情意。

《饭钱》一课是一则民间故事，写了聪明的阿凡提帮助穷人智斗巴依，用钱袋里钱的声音抵偿饭菜的香味，结清了账。文章内容有趣，语言浅显、幽默。为了让学生更加深刻地理解人物的性格特点，我抓住"迫不及待"一词"大做文章"。不但让学生从字面上理解这个词语的意思，而且努力激发学生的想象，引导他们走入人物内心世界，通过想象巴依提前到卡子处两人之间可能进行的对话去了解卡子和巴依的贪婪和狡猾，了解穷人的无奈和痛苦。这样，为后文学习阿凡提用"以其人之道还治其人之身"的巧妙方法帮助穷人付清饭钱作了扎实的铺垫。学生也渐渐意识到，文字的背后往往留有很大的想象空间，读书时，不能只注意故事的精彩，只有留心文字背后秘密的人，才能获得真正的读书乐趣。

《我的"长生果"》教学片段

通过课堂上对信息的搜索、梳理和归纳，学生梳理出作者不同时间、不同阶段的读书类型、读书感受。教师由此形成清晰的板书后提问：仔细琢磨作者从小到大的阅读阶段表，你能不能结合课文和生活经验，说说哪一个阶段是作者阅读过程中的一个了不起的飞跃？

生：叶文玲奶奶一开始看的都是图，渐渐的她开始对文字感兴趣了，从图到字，就是一个飞跃。

师：从具体的图片到抽象的文字，确实是一大步。

生：作者原本看书囫囵吞枣，不求甚解，但后来渐渐学会了做笔记，阅读的质量一下子提升了。

师：这就是深度学习。

生：从连环画到古今中外小说，作者读书的内容发生了巨大变化。

师：连环画内容比较浅显，中外名著比较深奥，所以说是一个飞跃。

师：那么，大家又是如何看待"囫囵吞枣、不求甚解"的？

生：这是人必须经历的一个阶段。

生：如果每一本书都很仔细地读，就没有时间读更多的书。

生：有些书小时候虽然读不懂，长大了以后就会懂。

师：是的，冰心奶奶十一二岁时就看不懂《红楼梦》，到了中年才明白。

全班齐说：满纸荒唐言，一把辛酸泪。

生：如果一本书，小时候都读明白了，就会失去对它的阅读兴趣。

【教学反思】

梳理信息的目的并非只是理清文章脉络而已，教师应该从中挖掘思维的撬动点，启发学生发现"梳理"背后的意义。此环节的教学，老师不露痕迹，循循善诱。因为找准了思维的激发点，学生可以从不同的角度，发表各自的意见。"一千个读者心中有一千个哈姆雷特"，同样，只要言之有理，是自己的独特见解，便能得到教师的一个颔首微笑或一个期待的目光。

课堂上，学生在教师的鼓励支持下，表达了自己对阅读的理解，这是难能可贵的。对于教师来说，须是心中有谱，胸中有书，目中有人，才能做到这样的切实有效，落落大方。这样的教师能激发学生"潜心会文"的热情，找准课堂"兴奋点"，教学设计得缜密细腻，就像一口井，开掘得那么深，思维的清泉汩汩地流淌着……

　　在球场上，一个球队想要赢球，就必须使全体队员兴奋起来，使他们对成功有极大的热情，这样才能保持良好的比赛状态。语文学习也是如此，所以，教师应该不懈地努力，去积极探索更多更好的学习方法，并在课堂上运用自如，让每一个学生都能在课堂上保持兴奋的状态，从而在课堂上积极参与，更好地提高学习效率。

单元教学视域下小学生语文批注能力的培养

　　《义务教育语文课程标准（2022 年版）》中指出，"文学阅读与创意表达"任务群旨在引导学生在语言实践活动中，通过整体感知、联想想象，感受文学语言和形象的独特魅力，获得个性化的审美体验。

　　根据新课标精神，在五年级上册第一单元的教学中，笔者紧扣"文学阅读与创意表达"任务群的主旨，以"审美创造"为核心导向，以学生自主学习为课堂主活动，指导他们运用批注的阅读策略，领略本单元课文语言的优美隽永，从而链接读写，将课文语言内化为自己的语言，提升审美能力与写作水平。

一、 解读教材，把握单元学习重点

　　五年级上册第一单元以"一花一鸟总关情"为主题，编排了精读课文《白鹭》《落花生》《桂花雨》和略读课文《珍珠鸟》。这些课文都借助生活中的具体事物，抒发作者的真情实感。《白鹭》通过对白鹭诗意的描写，表达了作者对白鹭的欣赏和赞美；《落花生》借助花生的特点，抒发了"要做有用的人"的感悟；《桂花雨》叙述了作者关于桂花的童年回忆，把思乡怀旧之情倾注其中；《珍珠鸟》则描述了珍珠鸟从怕人到信赖人的变化过程，展现了作者与珍珠鸟的美好情谊。本单元的语文要素是"初步了解课文借助具体事物抒发感情的方法"。把情感寄托在描述的事物中，是文章表达情感的常见方法。本单元的习作要求是"写一种事物，表达自己的感情"。习作的主题是"我的心爱之物"，重在引导学生围绕心爱之物，写出自己的喜爱之情。

　　由此可见，本单元的重点在于学生能否感受作者对所写事物蕴含的深情，能否了解作者通过怎样的语言表达方式让读者领略文章寄托的情感，以及能否在习作中进行语言表达方式的迁移，表达出自己对心爱之物的那份情感。

二、 分析学情，明晰读写分离现状

然而在现实教学中，我们往往会遇到很多不如意的现状。比如阅读、习作"两张皮"，各吹各的号。学生对于整篇课文的印象是笼统的、粗浅的，只知作者大致写了什么内容，大致怎样安排写作顺序，不太会从语言细节入手，去真正鉴赏作者为何要这样写。就算课堂上教师开展了朗读课文、品味语言等学习环节，终究也只是浮光掠影、蜻蜓点水。现实中不少家长反映，虽然家中藏书颇多，孩子也确实读了不少，但写起作文来，依然是"举头望天空，低头搜枯肠"。

究其原因，主要在于学生没有打通读写的"任督二脉"，没有将名家名篇中蕴含的营养内化成自己的写作财富。就笔者多年的教学实践来看，坚持让小学生写批注可以为学生从接触文本到理解文本，再到品鉴文本、想象文本，以及感受画面意境搭建一条清晰可见的感知路径，能循序渐进地推动学生语文素养的不断提升，这是一种能扎实落地的阅读策略。

三、 多元联结，巧借支架推动品鉴

1. 联结图文资料，从无到有

《桂花雨》一文中的第五自然段展现的是作者小时候和大人一起摇桂花的快乐——"这下，我可乐了，帮大人抱着桂花树，使劲地摇。摇哇摇，桂花纷纷落下来，我们满头满身都是桂花。我喊着：'啊！真像下雨，好香的雨呀！'"由于生活中缺少类似的观察与体验，学生很难品味其中的动态之美。笔者及时提供了一段桂花飘落时的唯美小视频，让学生直观地感受作者描写的场景之美，真正感受到桂花带给作者的美好回忆。后来，很多孩子在当天的批注中就选取了这段文字，进行了入情的批注。

学生批注：

（1）这段话写了作者儿时摇桂花的场景，渲染了摇桂花的热烈气氛，表达了作者摇桂花时的喜悦、兴奋与激动之情；

（2）"抱""摇""喊"这三个字写出了作者摇桂花时的状态，让我的眼前仿佛出现了一幅作者正在摇桂花的画面；

（3）"好香的雨呀！"是孩子发自肺腑的一种感慨，写出了桂花的香气之浓，这句话让作者对桂花的喜爱之情溢于言表。

当学生通过批注真正走近文本甚至走入作者内心的时候，那些美妙的文字

才有可能真正融入学生的情感、血液，从而提升语文素养。

2. 联结生活经验，化虚为实

学习《珍珠鸟》一文时，当学生看到"起先，这小家伙只在笼子四周活动，随后就在屋里飞来飞去，一会儿落在柜顶上，一会儿神气十足地站在书架上，啄着书脊上那些大文豪的名字，一会儿把灯绳撞得来回摇动，跟着逃到画框上去了"，对珍珠鸟从"怕人"到"不怕"的巨大变化产生困惑时，笔者除了让他们在文章中寻找作者如何对待小鸟的表现以外，更是有意识地引导他们回忆生活中自己和宠物相处的过程，思考宠物胆怯的时候是怎样的表现，熟悉家中环境后又是怎样的表现。有了生活经验的依托，学生就会感受到冯骥才文字的灵动。

学生批注：我喜欢这段文字，因为作者连用了三个"一会儿"，抓住小珍珠鸟"飞""落""站""啄""撞"等一系列动词，让我们的眼前出现了一只欢快可爱、自由自在的珍珠鸟。真妙！

3. 联结辅助资料，由浅入深

在品味课文《白鹭》中对白鹭外形的描写时，笔者围绕"增之一分则嫌长，减之一分则嫌短，素之一忽则嫌白，黛之一忽则嫌黑"一句展开品析，并适时补充战国时期宋玉在《登徒子好色赋》中对"东家之子"的外貌描写：东家之子，增之一分则太长，减之一分则太短；著粉则太白，施朱则太赤……让学生明白，就算是名家的作品，很多语言也是来自古典文学的滋养，这是一种"站在巨人肩膀上"的写法，可以瞬间提升作品的语言质量。

学生批注：我之所以喜欢这段话，是因为作者用了排比的修辞手法，细致地写出了白鹭外表的美若天仙和亭亭玉立。更重要的是，他居然用了古代宋玉的《登徒子好色赋》中的语句，当然是进行过改编的，但这并不影响郭沫若以此来描写白鹭的外形，十分适宜。这不禁让我想起了杜甫的《绝句》和张志和的《渔歌子》："两个黄鹂鸣翠柳，一行白鹭上青天"以及"西塞山前白鹭飞，桃花流水鳜鱼肥"。

在学习《桂花雨》时，笔者重点引导学生鉴赏了课后的"阅读链接"板块——琦君在散文集《留予他年说梦痕》中的两段动情的文字："每回写到我的家人与师友，我都禁不住热泪盈眶。我忘不了他们对我的关爱，我也珍惜自己对他们的这一份情。像树木花草似的，谁能没有根呢？我常常想，我若能忘掉亲人师友，忘掉童年，忘掉故乡，我若能不再哭，我宁愿搁下笔，此生永不再写。"如此一来，学生就会容易对文章的主旨——思念故乡产生极大的共鸣，从而更加深刻地认识到母亲说的那句话的真正含义：这里的桂花再香，也比不上家乡院子里的桂花。因为家乡是一个人永远不会忘记的地方，而桂花既是家乡的象征，也是母亲情感的依托。

学生批注：这段话我认为充满了亲情。第一、第二句话直接表达了琦君对家人与师友的思念；第三句话中，她把世界上所有人比作了树木花草——把家乡比作根，表达了作者对家乡的思念；第四句话，作者说她如果忘掉所有，那她宁愿永远封笔不写文章，但我知道她根本忘不掉，家人、师友，童年、故乡这些对她来说何其重要！她只是用这样强烈的语言来表达她对故乡永远的思念。

四、多重批注，扶放有度促进读写

1. 有效引导，归纳方法

在以学生为中心的课堂上，教师要充分发挥好指导、点拨、扶持的作用，遵循先扶后放的原则，推动学生主动学习语言文字。通过一段时间的批注任务，教师需要对此进行一个提炼概括，好让全班学生齐头并进，都能在对课文精妙文字的鉴赏和吸收中充分享受文字的魅力。学生经过教师启发后得出批注的路径可以是：抓动词、抓形容词、抓修辞手法、抓有新鲜感的字词、抓画面感十足的文字等，再进行想象，让文字在脑海中化作动态的画面，进而把自己的感受用文字表达出来，如此一来，文学阅读才有了抓手，能够真正落地。其中，不少方法都是对从前语文单元学习要素的回顾勾连，比如，三年级上册第一单元便要求学生寻找课文中有新鲜感的词句；四年级上册第一单元，则让学生"边读边想象画面，感受自然之美"等。五年级作为小学最高年级，对从前的知识技能应该作"温故而知新"的巩固。

2. 伙伴互助，智慧碰撞

有了批注"工具箱"，课堂上，学生可以采取小组合作的方式，选择课文中的某个自然段，开展合作学习，批文入情写评语。教师要尽量使每位学生都参与小组交流，在教师的鼓励下，有些内敛的学生往往也会愿意在同伴面前展现自己的想法。在交流中，小组展示均是批注与批注的叠加、思维与思维的碰撞。

3. 独立思考，深入批注

通过教师点拨、小组讨论、全班交流，吸收了同伴的批注成果后，学生可以从中获得新的灵感，运用批注"工具箱"再次深入文本，走进课文的字里行间，感受作品的温度和深度，与作者展开更深入的对话。这样一来，学生对文本的理解就会变得更准确、丰富、精彩，促进了语文核心素养的发展。

4. 注重评价，巩固能力

对于学生的批注，教师评价要做到细水长流，每日一点评，每天一提升。要让每位学生都能感受到批注的意义和乐趣：通过集体分享和互相评价提升学生的参与感和成就感；通过班级展示和积分奖励，让学生明白优秀的批注究竟优秀在何处、单薄的批注还有哪些地方可以补充，使每位学生都能持续产生勤写批注的内驱力，朝着文学阅读鉴赏者的方向不断前进。

通过本单元的批注练习，一部分孩子在写作中已明显能进行主动的自我读写链接。原本写作力不够强大的孩子在描写心爱之物时已自然而然地化用了郭沫若关于白鹭的那段文字——增之一分则嫌长，减之一分则嫌短；而在描写与宠物相处故事的时候融入了冯骥才描写珍珠鸟与主人默契相处的精彩片段——我默默地享受着这两个小家伙带来的情意……习作语言精炼深邃，妙趣横生，情意绵绵。

这一切，也许正来自我们在本单元实施的语言文字批注能力的培养和实践。

"同伴阅读"和"阅读同伴"

所谓"同伴阅读"是指，学生完成习作后，教师并不是唯一的读者，并且，教师尽力在班级创设一种人人都是阅读者的氛围，鼓励学生互相阅读彼此的习作，或欣赏闪亮之处，或指出存在不足，从而互相促进写作水平。"同伴阅读"可以是同桌互读、四人小组互读，甚至是跨组互读。

而"阅读同伴"则是指，在课外阅读中，除了传统意义上的经典作品或者师长同学推荐的优秀读物，同伴的作文也应纳入班级学生的阅读范围。通过阅读同伴的作品（优点与不足共存），学生感受到彼此成长的足迹，从中悟出一些写作的门道，最终实现写作力的提升。

在文学阅读与创意表达学习任务群中，《义务教育语文课程标准（2022 年版）》明确指出：鼓励学生在口头交流和书面创作中，运用多样的形式呈现作品，发挥自己的创造性；引导学生成长为主动的阅读者、积极的分享者和有创意的表达者。这让"同伴阅读"和"阅读同伴"在小学作文教学中的实践运用有了理论上强有力的支持。

一、 品味单元课文，自主完成习作

四年级上学期第一次习作《推荐一个好地方》与教材中第一单元的阅读内容密切关联。在感受过《观潮》描绘的雄奇壮观的钱塘江大潮，《走月亮》中温柔清幽的秋夜月光图，《秋晚的江上》中的倦鸟归巢、红霞满天，《花牛图》中悠闲自在的花牛，《繁星》一文中作者眼中的漫天星光后，学生在单元学习中调动多种感官，边读边想象画面，在文字旅行中感受自然之美，也感受作者用笔之精妙。

随着教材的浸润熏陶以及阅读的厚积薄发，在勾连已有的生活经验后，学生的表达兴趣也被激发了。在对文字的鉴赏能力有所提升之后，他们运用文字的水平也逐步提升。于是，班级中有几名学生，不等教师一声令下，竟然早就完成了这篇习作的初稿，并且迫不及待地上交于我，要求教师提出修改意见让作文更上一层楼。

二、 充分分享信息，体现交际功能

到了四年级，习作这件事情，教师便不宜"大包大揽"了，以免学生产生只要"取悦"了教师，此文便"无懈可击"的想法。况且教参上的这段话给我留下的印象极深：在初次完成习作进行自读自改后，可以让学生读给同学听，请他们提出修改建议，旨在促进生生学习，并引导学生根据同伴的建议修改习作。在此基础上，还可以举办"最受欢迎的好地方"推荐会，主要是通过习作的展示和交流，让学生充分分享信息，体现习作的交际功能，同时也让学生体验到成功表达的快乐。

写作兴趣需要激发，写作能力需要培养。写作是要交流思想、表达感情的，写作教学的过程并非教师的"一言堂"，教师，只是"平等中的首席"。

孩子需要理解，需要帮助，需要有更多双眼睛来关注。因此，教师应在学生之间营造互相阅读习作的氛围，让学生不仅分享彼此的故事和情感，而且学习他人的表达与思想，在伙伴的相互理解和认同中得到积极的评价、真诚的鼓励。如此一来，他们才会真正体验到：写作不仅为生活增添了色彩，也是一件有意义的事。

三、"同伴阅读"促进思考，抓词品句欣赏画面

于是，新学期第一次"同伴阅读"的材料，我们选择了小奕的《我家的"后花园"》。

当文字变成铅字后似乎有一种神圣的仪式感。孩子们一拿到习作打印稿之后，就开始惊呼："哇！小奕同学也太厉害了吧！"他们的眼神里充满了艳羡之情。在短暂的震撼过后，教师要求大家做到"不动笔墨不读书"。一边静静阅读，一边深深思索，自己能不能动笔用曲线画出伙伴作文中给人画面感的语句呢？

这不正是对单元学习重点的一次实践巩固吗？这一点难度并不大。有的小朋友几乎将小奕的作文大段大段地画了个遍。但是，仅仅画出好句子其实是不够的，还需要圈出其中最有表现力的某个词语，想想它的作用，这样才更加容

易品出其中的真滋味……此刻，教室里安静得只能听见笔在纸上划动发出的声音。学生们开始进入真正的思考阶段——哪一个词语这么神奇，能够让人眼前出现画面呢？找到这个词语便仿佛找到了理解这句话的"文眼"。好比《火烧云》中"天空中的云一直从西边烧到东边"一句中的"烧"字，也好比《走月亮》中"卵石间有多少可爱的小水塘呀，每个小水塘都抱着一个月亮"一句中的"抱"字……

在教师的点拨下，通过反复揣摩，孩子们终于将视线聚焦在以下句子上：

"春天，迎春花绽开了笑脸，油菜花肆意怒放。粉嫩的花骨朵像害羞的小姑娘，柳条像公主在翩翩起舞，银杏树换上了嫩装，枝头的嫩芽多了起来，远远望去，犹如一位穿了淡绿色纱裙的仙女……"

"夏夜，湖面上有种'微微风簇浪，散作满河星'的感觉。夏风徐徐袭来，带来一丝凉意。树叶发出沙沙声，各种不知名的小虫子躲在草丛里窃窃私语。"

"秋意渐浓，银杏那细长的枝干上长着很多成熟的银杏果，银杏叶变得金黄金黄，秋风一吹就像蝴蝶一样翩翩起舞。"

"冬天，湖面上闪着耀眼的光芒，迎着凛冽的寒风，波浪此起彼伏；树木已经凋零，没有花香与绿叶，只剩下一片残羹枯叶。周围一片寂静。"

四、不动笔墨不可读书，读后分享互促成长

课堂上，同学们畅所欲言，不断分享着自己的发现，不断肯定着同伴的这篇习作。大家发现，因为小奕能够在家长的指导下静心捕捉笔下描摹的景物在不同季节里的不同特点，并且精心选择合适的词语去形容这些景物，所以，花草树木在他的笔下变得生动活泼，公园美得如同一幅画，令人读后回味无穷。

"同伴阅读"和"阅读同伴"，不仅仅需要"读"，读时的思考、读后的交流更为重要。在本次"习作推荐会"上，我们主要采用了两种方式。

一是课堂上的"与作者面对面"，学生畅谈自己读文章后的感受：自己最欣赏的是哪一句，句子中哪个词语留给自己的印象最深，自己有什么收获等。作者听完后也可以进行补充和质疑。

二是课后的"写给作者"，在习作的旁边留下自己简短的"读后感言"。学生都是小读者，在读完习作后自由地尽情挥洒笔墨，写上几句感想，或是提出

一些建议，还可以画上各种有趣的符号（也为第六单元的"批注"学习作了铺垫）。

当然，我们也鼓励文章的作者，对同伴的"留言"做出口头回复，或感谢，或解答。孩子们的对话让我看到了"同伴阅读"的意义。这些小伙伴们读后的真实感悟，是小伙伴彼此之间最纯洁、质朴的情感交流，一定比老师的"指点"更动人。得到同伴的认同与鼓励，会让学生更喜爱写作，对写作更有信心。

在习作教学中，我们可以有效地把"同伴阅读"和"阅读同伴"变成一种有效的策略，继而转化为班级的一种习惯性的学习行动，让更多的孩子受益。

作文"逆袭"之路

上学期的期末测试中，我所带的班级在年级内以非常微弱的优势在语文科目总分上获得了一个难能可贵的第一。班级学生试卷中的"基础知识"和"阅读理解"板块都位于年级组中游，但是为什么总分出现逆袭了呢？仔细研究了班级此次考试的质量分析报告后，我发现关键还是靠"作文"板块。我曾经交流过作文教学的两个小经验：（1）多进行限时作文模拟；（2）淡化作前指导。这两点是我依然要坚持的。最近又梳理了一下自己的作文教学，发现有几个新的方法也比较值得分享。

一、 专题阅读，扩大作文教学视野

作为一名教师，需要时刻保持一颗学习之心。回想自师范学校毕业以来，几乎没有谁能手把手地教我如何面对语文教学中各种各样的问题，只能靠自己摸爬滚打。为了少走弯路，专业阅读是其中的关键途径。书山有路勤为径，教师要善于在这些"书山"中搜寻宝贝，提升自己的教学能力。今年寒假，我读了《于漪全集》中关于作文教学的片段，受益匪浅；通过"微信读书"平台阅读了《作文课，我们有办法》，也收获多多。这些书虽然都是关于中学作文教学的，我读来却依然津津有味。万变不离其宗，作为语文老师，要有一种"会当凌绝顶、一览众山小"的格局，要有承前启后的意识，当我们对学生未来要攀登的方向有了清晰的了解，我们的心中就会变得光明豁达，变得从容镇定，变得胸有成竹。平时大家都很忙，因此读书只有做到见缝插针，才能聚沙成塔。一天半小时的阅读时间看起来微不足道，但坚持一个月下来也能达到十五个小时，这段时间内读过的两三本书不知不觉中就成了我们大脑中的知识储备了。人很忙，但是心不"盲"，如此，在我们面对学生、家长乃至同事、专家时，才能思路清晰，侃侃而谈，变得专业自信。而一个拥有专业底气的人，自然会带着强大的气场，令人信服，值得学生跟随，在语文天地纵横驰骋。

二、 微型练笔，提升书面表达能力

本学期，我们班级结束了"周记本"生涯，开启了"微型练笔"——这是根据学情采取的改变。我们班级的学生回到家里便如"放虎归山"，很难掌控，他们的周记，要么流水账一篇，要么东拼西凑，甚至还有人直接抄袭……效果并不理想。因此，本学期我根据课后练习进行"随文练笔"的实践。比如，学了《古诗三首》，便要求学生选择其中一首改编成小故事，200字即可。这是因为在课堂上"想象画面"是一个难点，只有少数小朋友能够用口头语言将画面描绘得惟妙惟肖，如果没有课后的小练笔，这个能力训练对于大多数小朋友基本是形同虚设的。（出口成章远比下笔成文更难！）

但是小练笔给了孩子们充足的思考、想象的时间。如在完成以《四时田园杂兴》为蓝本的"想象画面"练笔时，有的学生很注重细节，小故事的画面感很强，趣味盎然，文字中展现了淳朴的田园风光、热火朝天的劳动场面，以及孩子特有的天真可爱；有的写得比较简单，但要写出一个200字的故事，他至少也要把古诗翻译一遍，起到了理解古诗大意的作用。

再比如学习鲁迅的《少年闰土》时，课后有一道选做题，要求小朋友选择一张照片模仿课文第一小节写一段话。这道题目看似简单，字数不多，其实颇有难度。因为它需要小朋友用形容词勾勒出一幅场景，用衣着体现主人公的特点，以及用动词写出主人公当时的动作，环境和动作需要水乳交融，这段话可能需要小朋友反复修改才能写得通顺、写得重点突出。小练笔，练就的就是这样的本领。它类似美术中的素描，需要笔力凝聚才行。

季羡林的《月是故乡明》中有一段精彩的衬托写法，作者说尽管异国他乡的月亮也都是美妙绝伦的，但在他的心里，永远忘不了的还是故乡的小月亮。这段情真意切的话经过品味和朗读已经让师生满口余香，再经过小练笔的尝试，孩子笔下写出了精彩深邃的语句。比如："我见过许多花。春天粉红的桃花，夏天娇艳的荷花，秋天小巧的桂花，冬天不畏严寒的梅花……它们都各有独特的魅力，深受人们喜爱。可无论如何，我还是爱慕那小小的蝴蝶兰，是的，我只爱这如蝴蝶般美丽的小花。"

综上所述，微型练笔有如下好处。

首先，微型练笔短小精悍，易于学生接受。短短一篇，十到十五分钟，压力不大，学生也从未产生厌烦和抗拒的情绪。即使我暂停了周记，学生陆陆续续写作小练笔的字数也已经超过了450字，而且一篇一得，写作能力反而有了提升。

其次，微型练笔灵活快捷，易于教师掌控。教师快速浏览，圈一圈错别字，打个等第，不通过的马上退回，十分钟左右就能完成。哪个学生完成出色便可以作为样板分享，哪个学生没有掌握知识点也可以在课余时间马上去找他，因材施教，对症下药，效率比较高。

最后，微型练笔滴水穿石，用于突破教学难点。每一篇练笔指向的都是教材要求掌握的重难点，都是针对本学期语文要素形成的靶向式练习。滴水能够穿石，即便是再小的力量，只要能够持之以恒，只要能向着同一个方向努力，就能创造奇迹。同时，因为有了对课文的理解和模仿，孩子们会情不自禁地靠近名家名篇的某些写法，站在了巨人的肩膀上，精彩的语言比比皆是。

三、 巧妙评价，提供习作成长"奶"和"蜜"

评价至少应该起到两种作用：一种，成为补钙的奶，让孩子的写作能力茁壮成长；一种，成为蜜，让孩子心生欢喜，想起作文便觉得乐滋滋、美滋滋。我这里主要讲三个小方法。

1. "精彩极了"和"糟糕透了"

相信很多老师都教过《"精彩极了"和"糟糕透了"》这篇经典课文吧，孩子的成长其实离不开这两种方式。"精彩极了"使人充满自信，但是"糟糕透了"使人变得清醒。这两种评价方式需要穿插使用。班级的优等生，可能需要后者，班级的学困生，更需要前者。教师针对不同的学情，灵活采用不同的方式，才能让每个孩子在原有的基础上，或增添信心，或保持敬畏，更上一层楼。

2. 趁热打铁，当众分享习作

有两种作文需要及时分享：优秀佳作和进步佳作。如果一个孩子以往的习作平淡无奇，但是在小练笔中灵感乍现，写出了一篇好作品，这就是教师一定要捕捉的习作教育契机。教师一定要在班级树立一种习作信心，无论是谁，只要进步，就能受到众人的瞩目，乃至收获欣赏敬佩的目光。比如上周的小练笔

《四时田园杂兴》，我们班级的小 W 同学，不但在文中发挥了自己的想象力，而且还能模仿古代的人物语言……当天，我就到班级分享了他的习作，深情地朗读了他的习作片段，尽管其中还存在着一些错字病句，但是瑕不掩瑜，全班小朋友都听到了他的习作，这对孩子来说，就是写作上的"高光时刻"，这种氛围和感觉很容易引发他对写作的喜爱和神往。

3. 评价从"点对点"到"网络式"

以往的评价，基本上是教师"高高在上"，"指点江山"。表扬了 A 同学，再表扬 B 同学，习作教学依然还是"一言堂"。但是，如今的课堂改革"逼"着我们转型，当分享了一篇习作后（无论优劣），教师不要急着下定论，让孩子们共同来探讨：可以从此文中借鉴什么，或是得到怎样的教训。俗话说，智者千虑必有一失，愚者千思必有一得。邀请三五个学生畅所欲言，便会形成一种交互式的学习状态。同伴的评价，很多时候恐怕会比教师的评价更能深入学生的内心世界，从而更好地改变他们不正确的写作习惯，保持他们原有的优势。还是拿小 W 同学举例，有 5 个小伙伴夸赞他的习作细节感满满，令人身临其境，有声有色，他在心花怒放之时也不忘总结出"写作要三思而后行""写作文时可以把自己想象成故事中的人物"等经验。你看，学生已经具备朴素的写作观了，这不正是民主课堂诞生的珍贵的习作思维火花吗？

4. 评价及时，奖励巧妙

有时候学生对习作漠不关心、无动于衷，实则也是老师的评价滞后造成的。学生上交作文后，对于教师而言，三天给予评价一定不如两天，两天给予评价一定不如当天，由于小练笔的特点，处理起来可以做到速战速决，教师定要趁热打铁。否则，三天过后，学生若迟迟不知道自己的习作是否达标，期待之情便会渐渐冰冻，再好的评价也是"此情只待成追忆，只是当时已惘然"了。

同时，教师应该更注重精神奖励，尽量不奖励食物，尤其是中高年级学生。奖励的仪式感比形式感重要，奖品的内涵比内容重要，比如"写表扬信""颁发荣誉称号""作品上墙"等都是很有效的方式。在思考如何激励学生时，我们的教师需要有智慧，更需要有情商。

以上也只是一些粗浅的一家之言，我相信各位教师会有更多更优秀的经验值得挖掘、分享与传播，希望我们的智慧能够有机会不断地碰撞。

习作指导之"乾坤大挪移"

长期以来，习作练习前的指导工作一直是语文老师十分关注且精心准备的环节。我们创设各种情境，举行各种活动，为学生提供作文材料；我们准备"精细精准"的指导课，从开头的方式到结尾的写法，从思维导图到遣词造句，从行文结构到修辞手法……指导得无微不至。在这样的指导下，学生们每学期完成八篇左右的大作文，写作能力看似也稳步向前，整齐划一。日复一日，年复一年，我们有没有想过：假如完全脱离教师的"作前指导"，学生作文的"庐山真面目"究竟是怎样的？

一、案例回放

遇到阶段作文练习题"感谢"，全班三分之一的学生写到一半后才惊呼："啊，写错了！"原来，没有老师的千叮咛万嘱咐，这些学生压根就没注意到提示语中出现的这句话："围绕一件事写出你对某人的感谢之情。"他们的作文，从自己呱呱落地起一直写到小学毕业，感谢父母，感谢老师，感谢同学，感谢朋友……看似洋洋洒洒，实则浮光掠影，就是没有写一件真实值得感谢的事，更缺少一份真切的感谢之情。

遇到作文题"慰藉"，一半学生交卷后再次扼腕叹息："哎，又错了！"原来，提示语中列举的都是生活中的种种事物，比如老舍笔下的猫、丰子恺笔下的白鹅、茅盾笔下的天窗、冰心诗歌中的大海……要求中还提到："在你的生活中，有什么事物是你心灵的慰藉呢？请用文字记录下来。"失去独立"审题能力"的学生再次重蹈覆辙，不少人选择了生活中遇到的良师益友开始奋笔疾书——这回总算有一件完整的事了，然而却忽略了本次作文的关键词：事物。更有甚者，看懂了题目，却脑中空空，离开教师的"抱着走"和"喂着吃"，急得狂抓脑袋，竟然将茅盾名篇——《天窗》，几乎一字不改地默写在卷子上!

二、 教学反思

现场作文是一面镜子，折射出学生平时的文化底蕴、阅读积淀、写作态度、写作习惯，这是平时历经作前指导的我们无论如何也看不到的"人间真相"。

教育学博士刘徽在其著作《大概念教学：素养导向的单元整体设计》中提到：教育需要经历一个范式层面的改革，要从教知识转向教素养。素养导向体现在课堂转型上，重点就是要从教授专家结论转向培养以创新为特征的专家思维。

"作前指导"时，教师"一番好心"地帮助学生清除了作文道路上的一切障碍，学生只需掌握专家结论——教师罗列的提纲（也叫思维导图）、教师提供的写作技术，按部就班地完成作文。然而，这"用心良苦"的作文指导剥夺了孩子形成专家思维的权利，也让风平浪静的海面暗藏着随时可能出现的暗礁和风浪。长此以往，面对习作，学生的独立写作能力越来越弱，全班学生到底有多少真正的习作本领，教师无法真正掌握。怪不得著名特级语文教师管建刚在他的《我的作文教学主张》中曾经再三呼吁：淡化"作前指导"，强化"作后讲评"，应该是作文教学的重要出路。

"粉饰太平"的作前指导，可以休矣！

三、 实践措施

那么，在教学中，我们可以怎么做呢?

（一） 工夫，要花在平时习作前

1. 勾连生活，激起内心情感

首先，激发学生对观察的兴趣，引导观察；其次，吸引学生参与活动，亲身实践；再次，在参与实践活动时引导学生将看、听、做、想等相结合，充分运用各种感官，激发思维，从实践中学会观察。为丰富孩子们的写作材料，教师应该经常举行各种各样的活动：小小朗诵会、小小才艺展、合作编诗集、参观学校药香圃……让学生从实践中体验，在参与中观察，激发学生对生活的热爱，丰富他们的生活，这样，作文就有了永不枯竭的源泉。同时，教师应该努力帮助学生进行回忆，让学生寻找自己的作文材料，明确生活中感动自己的点点滴滴、喜怒哀乐，无论是朋友的一句话让自己伤心了，还是雨中遇到一只小猫，或是老师的一个眼神给予的力量，皆是写作文的好材料。

2. 链接"密码"，提升语言品质

叶圣陶曾指出："阅读是吸收，写作是倾吐，倾吐能否合乎法度，显然与吸收有密切的关系。"小学生作文应以阅读为基础，充分发挥课本选文和课外书籍的借鉴作用，找到语言密码，走读写结合的道路。写作有其规律，要做到运用自如，便应从"模仿"入手，在阅读中学习、积累。无论是课内还是课外，如果遇到精彩语段，那就应该学习他人的细致刻画，学习语言表达范本。比如：

"皮鞋匠静静地听着。他好像面对着大海，月亮正从水天相接的地方升起来。微波粼粼的海面上，霎时间洒遍了银光……"（选自《月光曲》）

学生熟读成诵后，将之消化吸收，变作自己的语言：

"我深吸了一口气，读起了第一句：红军不怕远征难，万水千山只等闲。这时，我好像看到红军战士们正迈着大步，行进在险恶的草地上，翻越着茫茫的大雪山……'五岭逶迤腾细浪，乌蒙磅礴走泥丸。'我仿佛看见一座座大山，悬崖峭壁，高山深涧，一不小心就有坠入深谷的危险，但勇敢的红军依然如天兵天将般突破了各个天险……"（模仿《月光曲》）

（二）指导，要下在学生习作后

1. 激赏为先，点燃内心渴望

每一篇作文都是学生费尽心力、用智慧和汗水浇灌的结晶。作文讲评当以正面指导为主，激励为先，使学生尝到习作的甜味，产生将习作修改好的强烈愿望。讲评前教师应该认真阅读每一份习作，挖掘每一位学生的闪光点。教师每次应该努力使得到表扬的孩子成倍增加，由此激励更多的孩子"跳一跳摘桃子"，让他们感到：别人能写出这样的句子得到表扬，我努力一下也可以达到。尤其是那些长期得不到表扬的孩子的作文，教师更应该降低标准，想尽办法沙里淘金，斟酌出每一个值得欣赏的地方，点燃学生内心的渴望。

2. 修改为轴，搭建进步台阶

学生写作，就像孩子初学走路一样，难免摇摇晃晃，出现错误、语病是难免的。因此，作后讲评课的灵魂与轴心，便是教师一针见血地指出学生习作的缺陷，让学生学会修改。教师在浏览全班习作初稿时应该罗列出班级学生共性的问题，并呈现给学生，从而引导其读读、想想、议议，让学生面对自己或者同伴的问题，畅所欲言，有则改之，无则加勉。

学生的作文问题，大而言之，在于审题立意和选材裁剪。是否偏题？是否选材欠妥？是否详略不当？"大意失荆州"的孩子经历作文过程中的大起大落会痛定思痛，在"血与泪"的荆棘中为下一次的习作积攒经验。小而言之，在于话是否说明白？是否啰嗦？是否存在错别字？是否能正确使用标点符号？有的孩子一写作文就喜欢说几句"套话"，这样的内容一定要无情地"砍掉"。

每次作文讲评时讨论的问题都应该根据班情而定，充分体现了教学中的以学定教、因学而教，如此方能对症下药，为学生搭建作文进步的台阶。

3. 训练为重，磨砺提升利器

作文讲评课最重要的一环便是有的放矢、扎扎实实的训练。在每一次的写作中，全班学生出现的比较严重的问题，便是需要教师重锤敲击的训练点。比如学生出现东拉西扯、不知所云的写作现象时，教师便应该启发学生运用"总分"结构去写一段话，通过小练笔的方式将"总分写法"牢牢掌握。讲评课必须层层深入，环环相扣，要让点评准确深刻，练习缜密有效。教师要紧扣"四字诀"，由"扶"到"放"地教会学生进行修改。"四字诀"即增（增添内容）、删（删减文字）、调（调整顺序）、改（改换词句）。让学生养成独立修改作文的良好习惯，进一步提高写作水平。如此既有教师的细致指导，又有学生的修改实践，才能引领学生渐渐磨砺出属于自己的言语发展的利器。

4. 评价为镜，体验互评快乐

《义务教育语文课程标准（2022年版）》指出，教学中，应发挥多元评价主体的积极作用，引导学生开展自我评价和相互评价。同时，发掘自身潜能，学会自我反思和自我管理。学生完成习作后，教师应尽力在班级创设一种人人都是阅读者的氛围，鼓励学生互相阅读彼此的习作，或欣赏闪亮之处，或指出存在不足，从而互相促进写作水平。鼓励学生互写作文回复，不仅要提出自己的观点，更要用文章中的语言去印证自己的观点。通过这样的评价环节学生会意识到，作文的读者不仅只是语文老师一人，他们的写作热情会更加高涨。在此基础上，还可以举办"好作文"推荐会，甚至印刷"班刊"，通过习作展示和交流，让学生充分体验成功表达的快乐。

奥斯特洛夫斯基说："人的生命似洪水在奔流，不遇着岛屿、暗礁，难以激起美丽的浪花。"我们努力倡导的"作后指导"可以暴露学生习作时的不足，教师能根据这些失误组织学生进行及时的自我诊断、自我修复、自我提升，让学生在自己和同伴的一次次失败中总结出经验教训。我们能够看到学生探索知识的过程，能够目睹学生从不会到会、从蹒跚学步到健走如飞、从历经一次次失败到最后的成功的过程。这个过程不会一帆风顺，充满着泥泞和坎坷，但拥有了"始于足下"的每一步，才会有无可限量的"千里之行"。

都云教者痴，应解课中味

《红楼梦》，多少人一生的阅读情结。作家三毛自述五年级时看"宝玉出家"，竟痴怔地露出一笑，第一次体会到了"茫然若有所失"的滋味。我有不少朋友研究"红学"，轰轰烈烈，如火如荼，情不知所起，一往而深。我当然也对这部奇书情有独钟，这是一本每次读都有不同感悟的名著。

但班里的孩子们并不买账，他们明确告诉我四大名著中最不喜欢的就是《红楼梦》。其余的，《水浒传》中忠肝义胆的英雄好汉，《三国演义》中义薄云天又足智多谋的众多豪杰都是他们向往的。《西游记》更不用说了，孙悟空的故事已经脍炙人口，学生对一个个精彩的故事如数家珍。至于《红楼梦》，学生则普遍认为其无聊又看不懂，班级中阅读涉猎最深的小钊曾说："《红楼梦》中一帮子人在那里就知道卿卿我我，没什么豪情壮志，好像只是为了活着。"当时听得我心一颤，而后又一沉。

在这样"惨淡"的学情下，我还是要挑战教学《红楼春趣》。细读文本之后，我发现《红楼春趣》的"趣"不仅在于表层的故事内容和人物互动，更在于通过文本解读引申出的文化韵味、情感体验和深层思考。我在网上搜集了各种教学设计后，发现有关红楼的教案和资料琳琅满目，应接不暇。金陵十二钗、红楼人物判词、红楼人物关系图、曹雪芹的家世、红楼梦不同的版本……从作者生平到宝黛的前世今生，从贾宝玉的那块玉石上镌刻着什么到薛宝钗的金锁……零零碎碎，点点滴滴，过多的细节容易让教师对课文的解读浮光掠影、蜻蜓点水，让孩子们的大脑成了《红楼梦》知识的"跑马场"。然而，这可是《红楼梦》第一次在教材中出现。作为中国古典小说的优秀之作，它是中国封建社会的大百科全书，是曹雪芹的"满纸荒唐言，一把辛酸泪"，是冰心少年时代的懵懂、中年后的大彻大悟……这样的文章，稍有不慎，是很有可能"暴殄天物"的。

在长久的迷惘中，我遇到了王崧舟老师的《红楼春趣》教学实录。他的教学设计在无数节同款课中脱颖而出，深深击中我的心房，犹如一束光让我的迷惘一扫而空。我深信他的这堂课已经成为一颗种子，不但在学生心里扎下了名著的根，而且将要破土而出了。

王老师这堂课有很多高明之处，比如，他在梳理疑难字词的过程中，看似不经意却匠心独运地借此串联起整个故事的"剧情"，与其他老师直白地进行集体识字相比，显得灵动又稳健。又比如，他启发学生将语文园地中"交流平台"的4个小建议提炼成8字小标题，做到齐整统一，便于记忆。再比如，他用课文中的语言巧妙地创设情境，让学生随着教师的引领，渐渐走进"红楼春趣"，感受曹雪芹鲜活生动的语言，了解贾宝玉天真率性、单纯又没有架子的人物特点。

他的课上，学生时而有滋有味地朗读关键语句，时而静静品读有关贾宝玉的言行描写，而那些难词、生僻词，就这样被巧妙化解。在王老师的指点下，学生也逐渐认识到阅读名著时的不求甚解不但不是偷懒，而且是一种智者行为。只要坚持读下去，哪怕只是囫囵吞枣，懵懵懂懂，也可以骄傲地告诉自己：这样的时刻，我们已经尽情遨游在古典名著的海洋中了。

王老师这堂课整整上了一个半小时。课过了一半，他竟然还拿出了程本和脂本进行对比，将课文中放飞风筝的细节放大，从而将"宝黛"之间那份微妙的、美好的知音之情作为课堂的灵魂着笔之处，让孩子们以林黛玉的角度看待那只飘摇而去的风筝，走进人物的内心世界，继而以林黛玉的口吻写一段内心的独白。这样的课堂已经不是单纯的语文课了。孩子们不仅通过实践尝试想象名著空白点的语言，对《红楼梦》的人物更是有了深度揣摩。这样的课摇曳生姿，美轮美奂，但是这个环节是神来之笔，只可欣赏，没有办法模仿。

齐白石说："学我者生，似我者死。"在进行教学设计的时候，其实也是一样的。我们不能看到别人的课堂上某环节花团锦簇、美不胜收，就一股脑儿全部搬到自己的课堂上，那样的课，画虎不成反类犬。贪多则嚼不烂，课堂的时间是有限的，我们要将值得做的事情、培养学生可持续性发展能力的事情细细地做稳。我寻寻觅觅，苦苦思索，找寻破解《红楼春趣》这堂课的密码。我总觉得，这不应该是一堂知识大杂烩的课，不应该只是让学生知道《红楼梦》是一部名著。立足教材，这是我们语文课的起源，然而超越教材，这将是语文课的归宿。我要让孩子透过这堂语文课，了解在中国还有这么一本了不起的鸿篇巨制，在中国文学史甚至世界文学史上，闪着那么夺目的光彩。

于是，在反复揣摩、用心斟酌后，我将本堂课的教学重难点定为梳理"放风筝"的故事情节，初步认识宝玉这一人物形象；产生进一步阅读《红楼梦》的期待和兴趣。这堂课应做到以下几点。

1. 回顾旧知，学以致用

《红楼春趣》是五年级下册第二单元的一篇略读课文，也是本单元最后一篇课文，如此编排的意图，正是以本课的教学，让学生对之前所学方法进行回顾和检验。本单元的重点是"初步学习阅读古典名著的方法"，教师运用教材内语文园地中的"交流平台"，鼓励学生提炼出四种阅读名著的方法，并灵活运用这些方法走进名著阅读，"授之以鱼"不如"授之以渔"。课内所学最终是为了课外迁移。《红楼春趣》有大量的难词、新词、生僻词，在此环节教师引导学生运用课堂第一板块中提炼出来的方法对部分有代表性的生词进行学习，体现了学以致用，现学现用。

2. 关注提示，突出重点

教学时，围绕自读提示中的"学习任务"，引导学生把握课文主要事件，并且通过动作、神态、语言等方面感受主要人物的性格特点。作为中国古典名著中的选文，《红楼春趣》可以学习的知识点和闪光点应接不暇，但是，教师要有主心骨，应围绕教材编写的意图展开教学，切勿"眉毛胡子一把抓"。此环节是本堂课的重中之重，同样以学习任务的方式展开，教师引导学生立足文本，在字里行间感受《红楼春趣》中贾宝玉的人物形象。学生需要通过人物的神态、动作、语言等归纳出性格特点，并能够用恰当的语气进行朗读。为了降低难度，教师于课前提供了相关的人物资料卡，采用了小组合作讨论的方式给予学生平等发言的机会。

3. 运用资料，扩大了解

在这个阶段的教学中，可以简要介绍《红楼梦》及其作者，提供有关《红楼梦》的文字或图片资料，或是播放影视作品《红楼梦》片段，让学生对人物有初步认识，并产生强烈的阅读兴趣。同时，引导学生感受放风筝时的自由快乐，体会大观园儿女的高雅意趣，叹服他们对美好生活的憧憬。并于课前布置任务，让学生阅读教材的"阅读链接"板块，使学生对放风筝这一活动有进一步的感受，体会民俗文化的传承。

4. 利用导语，质疑启思

课文虽然以《红楼春趣》为题，看起来非常愉悦，充满趣味，孩子们也纷纷表示文章气氛热闹、人物有趣、对白有趣，等等，但是细读本单元导语不难发现，本文作为古典名著《红楼梦》进入小学语文课程的第一课，同时还承载着开启"红楼"之窗、亲近"红楼"之书的重要使命。教学既要立足课程，扎实践履语文要素；又要超越课程，积极启动名著阅读之旅。故此，本堂课教师利用导语激发学生进行深度思考，引导学生初步感受名著背后的意义价值所在，并运用冰心的话语以及《红楼梦》所获殊荣让学生产生强烈的情感反差，从而激发真正的名著阅读兴趣。当时，在我执教本文的课堂上，学生纷纷就自己阅读的感受踊跃发言。小宋说了两个点：《红楼梦》不完整，前80回和后40回并非一人所著；贾宝玉和林黛玉并没有走到一起，他甚至出家了。小王则说到"四大家族"由兴转衰，这些贵族子弟最终落魄潦倒，沦落街头。学生的发言令听课者啧啧称奇。我想，正是因为课堂上，教师找到了一个思维的"撬动点"，才使得他们平日所读之书、所积累的底蕴如同汩汩清泉般喷涌而出。

功夫不负有心人，《红楼春趣》一上完，有年轻同事表示"这课后劲太足"，她竟然有种走不出来的感觉，甚至回家后翻箱倒柜，默默地打开年轻时代翻阅的《红楼梦》来。也有老师遇见我，表示这课上得有趣，语文课，就是应该给孩子的心灵埋下一颗阅读的种子，或者说，打开一扇阅读的窗。

这堂课竟然会有如此效应，不免让我有些欣慰，从想要上好这节课，到着手准备这节课，再到最终在教研时间呈现这堂课，时间花费不少。但饶是再精心准备，由于时间和能力的局限，不能不感叹：课是一种遗憾。我曾经多么希望自己的课堂也能如王老师那般春风拂面、娓娓道来、从容镇定，带领孩子游刃有余地徘徊在语文的大观园中，胜似闲庭信步。无奈，当我再次回顾自己课堂时，才知道我和高人之间的距离犹如天堑。很多时候，孩子们刚说了半句，我就会抢白；过渡语只记住了三分之二，关键的点睛之笔居然忘得一干二净；

准备好的视频也因为时间的关系没有欣赏……王老师对孩子的那种发自心底的鼓励和启发，更是吾辈难以企及的境界。什么时候，我才能更加从容稳健一些，在娓娓道来中春风化雨呢？

都云教者痴，应解课中味。

让古诗文教学返璞归真

古诗文是中华民族代代传承的文化瑰宝，是人文教育和语言文字学习的丰富资源，也是小学语文教学的重要组成部分。小学生从小诵读古典诗文，接受高品位的文化熏陶，对其语文学习有着不可估量的作用。然而，现实的状况是，小学语文教材中古诗文教学课时少，古诗文教学成了现代语文教学的一种点缀。而古诗文启蒙教学的研究更是落后，仅仅停留在朗读背诵、释词释句等理解层次上，缺少深度。

本着继承传统文化、传承人类文明、培养人文精神、提高人文素养的宗旨，笔者在古诗文的启蒙教学上作了认真的探索与研究，通过平时的教学实践，我发现班里的学生学习古诗文的兴趣变得更加浓厚了，品味古诗文的能力也有了提高，在教师的引导下，他们渐渐开始领会诗的意境，置身其中体味作者情感，情操得到了陶冶，情感得到了升华。当古诗文教学返璞归真的时候，我深深感受到一名语文教师的正确引领将让更多的孩子真正领略民族文化的精髓。以下，是我执教《赠汪伦》一课时收获的点点滴滴。

一、 故事导入，激发兴趣

课一开始，教师便将诗歌的由来娓娓道来，像磁铁一般吸引了所有学生的注意力：李白为什么要送给汪伦这首诗呢？这里面还有一个动人的小故事呢！当时，李白在诗坛上名声远扬，汪伦非常仰慕，希望有机会一睹诗仙的风采。可自己是个无名小辈，怎么才能请到大诗人李白呢？后来，汪伦写了这样一封信："李先生喜欢游玩赏景吗？我们这里有十里桃花。李先生喜欢喝酒吗？我们这里有万家酒店。"李白接到这样的信，立刻高高兴兴地赶来了。一见到汪伦，便要去看"十里桃花"和"万家酒店"。汪伦微笑着告诉他说："桃花是我们这里潭水的名字，桃花潭方圆十里，并没有桃花。万家呢，是我们这酒店店主的姓，并不是说有一万家酒店。"李白听了，先是一愣，接着哈哈大笑起来。李白与汪伦一见如故，他便留下来住了好几天，汪伦对李白盛情款待，两人相见恨晚。二人分别时，汪伦踏歌相送，使李白十分感动。他立即铺纸研墨，写了那首千古送别诗。（全场一片寂静，孩子们津津有味地听着，课的精彩导入营造了一个充满吸引力的氛围……）

教育家第斯多惠曾经说过："教学成功的艺术就在于使学生对你教的东西感兴趣。"古诗课程改革要树立以学生为主体的教学观念，鼓励教师创造性地探索新的教学途径，改进教学方法和教学手段，组织丰富多彩的教学实践活动，为学生学习营造一个充满乐趣的良好环境，激发学生学习历史的兴趣。但要做到这一点，并不是一件容易的事。其中，课堂导入是各大教学环节中的首要环节，也是关系到一节课成功与否的关键。它是教师讲授新课前的导语，目的在于集中学生的注意力，使学生有目的、有准备地听课。笔者认为新颖、灵活、多样的课堂导入可以激发学生的学习兴趣，从而为一节高效的课堂教学奠定基础。因此，教师在备课中精心设计"导入语"成为古诗教学中不可忽视的一个重要环节。而绝大多数学生都爱听故事，喜闻乐见的故事对于他们来讲具有很强的吸引力。上课铃响后，学生匆忙地从课间的吵闹玩耍中回到教室，无法迅速地集中注意力。遇到这类情况，教师如果说"我先给大家讲一段故事"，学生瞬间就会安静下来，充满期待地听教师讲故事。当然，运用故事导入时，一定要注意故事的生动性和真实性，教师的语言要在平时多加锤炼。

二、巧妙点拨，领悟主旨

在学习这首诗的过程中，学生曾质疑："什么是'踏歌'？"教师笑而不语，将"皮球"抛给孩子，待学生尽情地猜想了一番后播放视频短片，让孩子们欣赏古诗的相关视频，教室里变得那么安静，被吊足胃口的孩子们目不转睛地紧盯着大屏幕……

教师设疑：为何李白会突然听到汪伦唱歌来为他送行？难道他是不告而别？这样做是不是不太礼貌？两人之间的深厚情意又从何说起呢？提问结束后，教室一度冷场，但转瞬间，学生便七嘴八舌，开动脑筋，积极揣测诗人当时可能的想法：

"是李白不忍让汪伦感受分别时候的伤心才不辞而别？"

"是李白不想烦劳汪伦特地来送行才悄悄离去？"

"是汪伦故意想给李白来个惊喜，让李白永远记住这难忘的一幕？"

看来，教师在引导学生学习古诗文时，不但要重视教法的改进，更要重视学法的探索。不但要"授人以鱼"，更要"授人以渔"，这就叫"金针还须度与人"。小学生刚刚接触古诗，由于阅历和生活经验的局限，不可能"字求其训，句索其旨"，否则，很有可能贪多嚼不烂，甚至可能会食而不化，泯灭了学习古诗的兴趣。那么该如何点拨学生呢？我觉得应该从下面两点考虑。

首先，对于比较生疏的字词，以及古今意义有别或读音不同的字词，学生容易望文生义，产生误解，因此少不了教师的讲解。比如《赠汪伦》中的"踏歌"一词，学生可能不太了解，于是，我就利用相关的视频画面给学生一种非常直观的感受，原来的难点在观看视频片段后自然就迎刃而解了，学生能够快速明白：原来"踏歌"是古代的一种唱歌的方式，一边用脚打节拍，一边唱歌啊！除此之外，我们还可以通过图片或者课前指导学生搜集资料来解决这些学习古诗文的障碍。

其次，就是那些传神的关键词语，即整首诗的"诗眼"。对诗歌鉴赏来说，抓住了诗眼就可以说抓住了全诗的灵魂和精髓，它往往在全诗的节骨眼处，是作品思想感情力量的蕴蓄之处，也是读者深入理解作品的突破口。在平时的阅读鉴赏中我们要注重培养学生的一颗诗心，引导他们善于寻找诗眼，找到"神光所聚"之处，更好地挖掘出全篇的神韵。比如《赠汪伦》中的"忽闻"一词，看似寻常，却很容易被学生忽视，但其背后蕴含的内容和情感不可小觑。因此教师要启发学生质疑：为何李白会突然听到汪伦唱歌来为他送行？难道他是不告而别？这样做是不是不太礼貌？两人之间的深厚情意又从何说起呢？学生肯定会先一怔，随后积极动脑，推测这"不合理"举动背后的缘由。经过一番推测想象，学生学习古诗的主动性大大提高，也更深刻地领会了整首诗的主旨——诗人和朋友之间的友情真是令人感动！还有"深千尺"，同样也是这首诗的耐人寻味之处，学生很有可能以为这是桃花潭的确切深度，那么教师必须启发学生明白，在文学作品中，有时为了表达汹涌澎湃的激情，作者会运用夸张手法，"深千尺"从字面上来理解是"有千尺那么深"，这其实是一种虚指，说明桃花潭的水很深很深，但是汪伦对我李白的情意比这还要深，如此一夸张，一对比，就将两人之间的友谊之深切描写得酣畅淋漓，动人心魄。作者用水深来烘托情深，千百年来，打动了多少读者的心！

三、 创设情境，激发想象

学完整首诗后，教师充满深情地启发学生：相聚的时光美好而短暂，转眼就迎来了离别，此时此刻，望着匆匆赶来的汪伦，李白一定会有千言万语涌上心头。他会对汪伦说些什么？汪伦又会对他说些什么呢？同座位的同学一个演李白，一个演汪伦，在座位上说一说，好吗？

大屏幕上一叶扁舟停岸待发，耳边传来《送别》的悠远乐曲，大诗人李白与朋友汪伦相别依依……这时学生选择合作伙伴，自由表达。

"李白兄且慢走，今日一别不知何时相见？"

"汪伦兄，请留步吧！我们后会有期……"

"莫愁前路无知己，天下谁人不识君。"

"青山不改，绿水长流，请君保重！"

……

古典诗文中有很多名篇佳作，语言精警含蓄，跳跃灵动，意趣无穷，常有"不著一字，尽得风流"之妙。教师须要独具匠心，发掘古诗文艺术上的空白，启发学生调动记忆，发挥想象去进行体验和艺术的再创，将古诗文变抽象为具象，变平面为立体，变静止为灵动，从而感受其中有声有色、有情有理的丰富内涵。在课堂上，教师通过巧妙点拨，引导学生领会了诗歌的主旨后，可以继续创设相关情境让他们再现李白和汪伦分别时的感人场面，在这一环节中，学生显得兴致勃勃，跃跃欲试。这样的小型表演，既深化了学生对诗歌的体会，又锻炼了他们的口头表达能力，鼓励学生把自己融入情境之中，说真话，表真情，可谓收益多多。

四、 精读一首，带动一组

在课堂上，教师可以提示学生："表达人与人之间深厚友谊的诗还有很多，像《黄鹤楼》《别董大》《晓出净慈寺》等古诗，都是我国文学艺术宝库中的瑰宝，今天让我们一起走进这洋溢着友情温馨的古诗百花园！"（多媒体出示多首古诗中关于友谊的千古佳句，学生们饶有兴趣地大声诵读。）

教师通过精读一首《赠汪伦》，带动一组送别诗的学习，扩大课堂容量，丰富学生的文化底蕴，使这堂古诗吟诵课得到延伸。自古以来，离愁别绪就是文学创作永恒的主题；描写友情的诗作，更是数不胜数。课前我让学生利用各种方法去搜集历代关于友情的诗歌，学生兴趣颇浓。几乎每天都有人来给我看他（她）工工整整地抄在小本子上的诗歌，像高适的《别董大》、王昌龄的《芙蓉楼送辛渐》、白居易的《赋得古原草送别》、王勃的《送杜少府之任蜀州》、王维的《送元二使安西》等，都是千古流传的佳作。在课上，我也出示了一些歌颂友情的"千古名句"并且引导学生朗读、欣赏。通过这一环节的设置，将让学生充分感知：不一样的时间，不一样的地点，不一样的人物，不一样的诗句，心底流淌着的却是同样一份美好的情感。课外我们可以继续去寻找诗歌中的真情，不断地被感动……

以上便是我对于古诗文教学的一点改进，一点尝试。如果我们能通过多种形式来激发学生对古诗的兴趣，启发学生掌握学习古诗的基本要领，或许就能真正引导学生领会诗的意境，置身其中体味作者情感，从而陶冶学生的情操，培养其丰富而高尚的情感。

愿更多的人类灵魂工程师能秉持中华优秀传统文化中的通达和隽永，凭自己的微薄之力为我们的孩子提供精神上的幽静和清凉，将学生带到古诗文营造的精神家园，带到幽静的山林，带到广袤的江海，带到无限宽广的天地，找到自我，返回本真。

一堂特殊的语文课

　　也许是开学至今马不停蹄地工作，也许是乍暖还寒的天气，也许是班级中孩子接二连三地病倒……从前天开始，我也受到了感冒的侵袭。忽而周身发冷，没有一处不疼；忽而脑袋犯晕，时不时一阵钻心的疼痛……到了今天，我的嗓子居然一个音节都吐不出来了。

　　早自修时，看着一个个手捧语文书认真朗读的孩子，我正盘算着第一节课该怎么上。就我这嘶哑的嗓音，别说教孩子知识，冷不防倒会把他们吓一跳。我的目光掠过一个个孩子，当我看到班中"三朵金花"之一的小玉同学，突然灵光一闪，一个破天荒的计策出现在我脑海中。

　　广播操时分，我悄悄走到小玉身旁，对她耳语了几句……她先吃了一惊，看看我，随即轻轻点点头。学生回到了教室，我没有照例进行师生问好，而是拿起粉笔，在黑板上一字一顿地写道：今天语文课，小玉同学当小老师，大家跟着她学习 12 课。老师嗓子不能发出声音了……

　　我听见底下的孩子们发出了轻轻的惊呼声。"不会吧？""要不要紧啊？"突然心里酸酸的，失去了声音的老师，还怎么引领学生学习？我的心中有种空荡荡的难过。

　　我继续写道：大家同意吗？还没等我写完，我的耳边已经响起了掌声，还有那几十张嘴巴里共同发出的"我们同意！我们同意！"

　　我朝小玉点点头。她乖巧地走上讲台，拿起我写的纸条——那是第一道指令。"请大家将课文题目齐读两遍……"

　　"妈妈，我不是最弱小的！"这齐刷刷的朗读声，声音似乎比往日还要好听。读罢课文题目，小玉似乎有些胆怯，毕竟从学生的角色一下子切换成了老师，多少有些不适应。而几个平时调皮伶俐的小家伙已经在底下给她出谋划策了："小玉，小玉！"他们的声音轻轻的，"你可以让我们针对课文提问呀！"是的，下一个环节正是围绕课题质疑。

"现在请大家提问！"一双双小手雨后春笋般举了起来。"为什么我不是最弱小的？""还有谁更弱小？""这个故事想让我们知道什么？"……课堂开始有条不紊地运转。

就这样，我飞快地将一道道"指令"递到小玉手里，她鼓足勇气大声"指挥"同学们。孩子们分角色读了课文，又思考交流了两道简单的课后习题，甚至还分享了读故事的感受……小玉也从一开始的胆怯变得适应，似乎找到了第一回当"小老师"的感觉，把课越上越顺利了。

到了课堂关键处，我强忍着火烧火燎的嗓子疼痛，用嘶哑的声音把重点再强调一遍。这时候的班级变得那么静，那么静。这堂课是我最不顺畅的一堂课，坎坎坷坷，坑坑洼洼，但却是我永远难忘的一堂课。

第二天清晨，当我批阅孩子们的随笔本时，看到不少孩子写道：老师嗓子哑了，我很心疼。是的，我的嗓子依旧很疼，还是不太能够大声说话，但我的心中却是一片暖意。

（附小玉的随笔）

我当"小老师"

早上做广播操时，殷老师走到我身边，似乎满怀心事地朝我看了一眼。然后，她俯下身子，在我耳边悄悄地说："我今天……嗓子发不出声音了，你能替我当一次小老师吗？"我吃惊地看着老师有些憔悴的脸色，点了点头。

虽然我答应了，但心里一点谱都没有。就这样，我怀着忐忑不安的心情做完操，回到教室。

开始上课了，老师在黑板上写了一行字："今天老师说不出话了，请小玉为大家上课，好吗？"还没等她停笔，同学们就异口同声地说："好！我们同意，我们同意！"这句话让我心里有了一点信心。刚开始讲的时候，我紧张极了，但我无意间看到了老师充满鼓励的眼神，看到了底下同学们充满敬佩的目光。我一下子有了力量，接过老师给的第一张纸条，鼓足勇气，开口道："请大家将课文题目齐读两遍。"随后，同学们响亮地读了课题，真神奇！原来这就是当老师的感觉。我又开始执行第二道"指令"……就这样，在殷老师的帮助下，我越讲越顺，完成了"小老师"的任务。

短短一节课过去了。但我的心情久久不能平静，不仅因为我第一次当了"老师"，更因为我体验到了老师的辛苦。殷老师笑着对我说"谢谢"，听着那嘶哑的声音，我心中顿时感慨万千。

心灵的呼唤

　　"海峡两岸"作文研讨会终于落下了帷幕。我一路风尘仆仆、满载而归。第二天清晨，跨入了分别两天的校园，竟已有一种恍若隔世的感觉。离班级越来越近了，有一种感觉也越来越强烈——真的，我极想知道，短短两天里，我的2班怎么样了？

　　终于跨进了班级，见到我，好几个孩子都有瞬间的迟疑，但迟疑中又闪着惊喜。"殷老师好！"一个孩子向我打了招呼，随即，班级里便传出此起彼伏的"老师好"。我笑了，我的心被温暖包裹着。但我还是想知道这两天班级究竟怎样？

　　这个班级我才带了一个月，它是年级组有名的"调皮班"。临走时，我再三嘱咐，反复关照，让孩子们要遵守纪律，让班干部要齐心协力辅助搭班老师管理好这个班级。当时，孩子们目光坚定，神情凝重，表示一定完成任务。但毕竟班中有的是"孙猴子"，班干部大部分只是文静秀气的女娃娃，那小小的肩头，能承受起整个班级的管理重任吗？

　　早读课开始了。在课代表的指挥下，绝大多数孩子已拿起书本，黑板上贴着"一日之计在于晨"，班中传出琅琅读书声。这一切似乎早已成了习惯，成了一种默契。

　　我将收到的随笔本捧到讲台上，一本本五花八门的硬面抄笔记本堆得像座小山。我深吸一口气，"谜底"就要揭晓了。因为临走之前，我布置的随笔题目就是《殷老师不在的日子里》。

　　打开第一本——这是新上任的劳动委员的——整整写了一大页："为什么那些同学明明答应了老师，却又做不到？诺言成了一张废纸。为什么我们班会像一盘散沙？这两天，我们的喉咙都喊哑了，可有些男同学却依然如故。自然课上，我整整记了 16 个人的名字。下了课，同学们都怪我乱记，我的眼泪顿时滚了出来。但我想起了殷老师临走时的期望，我绝不能辜负她。前进的路上虽然困难重重，但我不会害怕的。可是殷老师，你在哪里呀？快回来吧，我很想你……"

又打开第二本，它的主人是一个内向纤弱的女孩。她说："这两天我们的班干部真辛苦。她们真的就像殷老师的 7 个化身，竭尽全力，以身作则。可恨的是，那些调皮鬼就盼着老师不在，他们可以玩电脑，吃零食，大闹天宫。我看着他们兴奋的样子，我在想，等殷老师回来了，看你们还敢那样！"

第三本随笔一开头就先声夺人，写道："'大——家——安——静——！全——体——坐——好——'我们几个人在讲台上声嘶力竭地喊着。可是有几个男生还是像孙猴子似的窜来窜去"（原来三年级的孩子，在作文中已会如此使用破折号再现当时的场面。）

他还写道："一天下来，我们几个人的嗓子像冒了烟一样。这时，我才佩服起殷老师。她一个人是怎么管好这个班级的呀？真辛苦。她本事真大。"

一本本随笔，折射班级的"众生百态"。我迅速挥笔，以最快的速度捕捉着孩子们传递给我的各种讯息。在这过程中还得辨明"真伪"，去"伪"存"真"。越是乖巧的孩子，对班级要求越是严格。她们用"茶话会""炸开锅""大闹天宫"等字眼来描绘班级这两天的样子。而越是喜欢"捣蛋"的孩子，他的笔下，班级居然一片太平。他说："这两天我们都很乖，没人做小动作，没人惹老师生气，没人破坏纪律……殷老师你放心，你不在的日子里，我们比以前更乖了……"

我时而被温柔地触动，时而也会哭笑不得。合上最后一本随笔，我喜忧参半，思忖着班级管理的成败得失。喜的是，小干部正在日益成长，都拥有一颗替老师分忧的心。忧的是，小部分孩子为了保护自己的"利益"，时而显得小猫般温顺，时而又露出一丝狡黠。

但合上双眼，回味着每个孩子的随笔，又似乎听到那一颗颗纯真幼小的心灵都在异口同声地说："老师，你在哪里？你快回来吧，我们想你……"这声音越来越响，在我耳畔经久不息地回荡着。就这么努力地耕耘吧，我告诉自己。只为这声音——这来自心灵的呼唤。

追风筝的人

那天晚上直播刚结束，我正在整理线上答疑的一些问题，手机上突然传来一连串的信息。

"老师，不好意思，今天孩子完不成作业了！"

"我跟孩子约定晚上八点前必须完成，可她一直在玩没有写的意思。"

"今天决定不催她，写不完作业就玩，那就应该被老师批评！"

"请老师在方便的时候打电话来和她谈谈。"

……

再看家长姓名，原来是她，那个说话果断干脆、做事雷厉风行的母亲。这令我诧异，很难想象她的女儿在家中会是这样的表现，那孩子是班上一个特别乖巧的女生，一双聪慧的大眼睛，说起话来伶牙俐齿，作业完成得又快又好。

带着种种疑问，我很快打了电话给她。

"老师，她一个字写了半个多小时！你说我这几天公司忙、家里忙，忙得不可开交，这孩子真是不让人省心！"电话那头传来母亲接连不断的控诉声。

"你也不要急，孩子在身边吗？让她听一下电话。"

"喂……老师……"孩子拿起电话叫了我一声。没等我和孩子说上几句话，电话里又传来母亲"兴师问罪"的声音，她一边听着我们的谈话，一边时不时插进来大声训斥孩子。那孩子，索性就不说话了。

"请你到其他房间回避一下，让我来和孩子谈，然后我再和你谈，好吗？"她迟疑了一下，还是离开了。

于是接下来我和这对母女分别有了一次谈话。我渐渐了解到，这几天，母亲需要在家办公，孩子需要在家学习。也许是工作压力太大，也许是对孩子的期望太高，她总是觉得自己的女儿在学习上还不够自觉。她跟孩子约定：一定要在晚上八点前完成作业，否则就会受罚。其实，孩子学习了一天，难免觉得枯燥，她多么渴望在这个母女"长相厮守"的时空里，能得到妈妈片刻的温情和真正的陪伴啊！然而没有，母亲除了一遍遍严厉地叮嘱她好好学习、快快写作业以外，连一个关心的眼神似乎都不太给她。因此，她开始变得焦躁难安。在坚持了一周以后，她终于用磨蹭作为无声的抗议：一个字写半个小时，看你还关不关心我？

其实，她俩各有各的苦衷，也各有各的表现缺失，如何才能让这对母女"化干戈为玉帛"？一个词语涌入我的脑海：共情。共情能力，或说移情能力，指的是一种能设身处地体验他人处境，从而达到感受和理解他人情感的能力，也是一种重要的社交能力。而在亲子关系中，如果没有这种能力，就算是母女，也会成为最熟悉的陌生人。

于是，我先对女儿说："你的妈妈很爱你，她希望你早日学会独立学习。你读书是辛苦的，但妈妈工作也很辛苦。你是个好孩子，要体谅妈妈，不让她过于担心。一会儿，你去抱一下妈妈，让她放心。你的学习不会有影响，这一点，老师深信不疑。"

我又对母亲说："你有一个会呼唤爱的孩子，她用无声的抗议来告诉你——妈妈我需要你。你女儿的学业没有问题，该重视的是她的心灵。你要时时刻刻让她明白：无论妈妈有多忙，妈妈心中最重要的肯定是你。一会儿，你去抱抱她，告诉她今天妈妈有点焦躁，其实在你心底，她永远是你最心爱的宝贝。我敢保证，你的乖女儿会重新回来！"

最后，我又说："不破坏你家里的规矩，今天就不要赶作业了，好好休息。明天一早，相信她会给我一份最满意的作业。"

母亲的语气不再像刚才那样咄咄逼人了，虽然仍有些疲惫，但更多的是释然。她承认，确实是因为工作压力太大而导致自己没有更多的精力去关爱孩子，她只想女儿能够瞬间长大，大到足以自己管理自己，不再让父母分担学业的烦恼。但是此刻，她知道错了。

第二天，这孩子提早打卡交作业，我看到的字迹，比平时还要秀气挺拔。

那几天，我正在读《追风筝的人》，书里的一句话印象深刻：为你，千千万万遍。孩子正像一只翱翔于天空的风筝，再怎么飞，风筝的线依然牢牢攥着它。家长的爱，不就是这一条条细细的却坚韧无比的线吗?

世界上最遥远的距离，莫过于我就在你身边，你却不知道我爱你。也许，不是你不知道，而是我爱的方式，出了问题。

第四辑

激　　思

"如溪语文"倡导教师需具备坚定的教育信念和个人魅力，通过专业的语文知识和积极的人格激发学生，如溪水般坚强又灵活。语文应让思维更清晰，让精神更澄澈。它必须是清晰的、透彻的、简约的、富有活力的。教师应充分利用语言文字进一步提升学生的语文素养，使其学习生活道路畅通，人生态度达观。

如果一个教师仅仅满足于获得经验而不对经验进行深入的思考，那么，即使有 20 年的教学经验，那也可能只是一年工作的 20 次重复，永远只能停留在一个新手型教师的水平。美国心理学家波斯纳也曾将教师的成长与其对自己经验的反思结合起来，提出了一个教师成长的公式：成长＝经验＋反思。这意味着教师光有经验的积累是不够的，还须对自己的经验进行精准的剖析和研究，在灵魂深处闹革命。没有反思的经验是狭隘的经验，至多只能成为肤浅的知识。可以这样说，拒绝反思便诞生不了真正有成长的课堂。

　　灵感是稍纵即逝的，反思也须趁热打铁，课堂上许多一闪而过的"精彩极了"和"糟糕透了"如果不能及时记录与反刍，很快就会变得黯淡模糊——此情只待成追忆，只是当时已惘然。多年来，坚持写教学反思的习惯使我收获到了一些惊喜：善于捕捉课堂镜头，勇于及时反馈，勤于深度反思，乐于找寻契机……渐渐地，如果遇见一本同行撰写的书，细读后便也会联系教学实践记下得到的益处；走进同伴抑或名师的课堂，也会捕捉一个个值得深思的小镜头，课后揣摩斟酌。于是，我坚持写教学反思、写听课感悟、写读书笔记……有话则长，无话则短。不知不觉，也有滴水穿石、聚沙成塔之意。

　　这些反思固然短小，没有浓墨重彩的渲染，却泉水叮咚，质朴自然；这些零星的感悟不张扬、不华丽，用最朴素的语言，诠释着一名一线教师最真实的课堂体验。

　　昨夜西风凋碧树，独上高楼，望尽天涯路；衣带渐宽终不悔，为伊消得人憔悴。或许，想要成就一件事，必定要经历求索过程中的寂寞和痛苦，然而执着与热情总会让人坚守，去迎接最终的豁然开朗。众里寻她千百度，蓦然回首，那人却在，灯火阑珊处。我常常感激那段锲而不舍地书写内心感悟的日子，它"逼"着我对课堂教学不断进行实践性反思和反思性实践，它让我深刻地认识到，一个教师的专业成长，离不开那些或具体或抽象的"阶梯"——例如名师、同行、书籍，更离不开自己在课堂探索中的执着和勇气，哪怕是对自己一次又一次的质疑和否定。纯净的语文教学是一道山泉，静下心来细品才能听到幽谷中潺潺流动的美妙声音。当我们学会运用"反思"梳理自己的成败得失，点滴的智慧结晶经年累月便能串成美丽的"珍珠项链"。

就让课堂教学带来的思考化作滚滚的江水吧。在"反思"中，我们寻找教学理论与实践的最佳结合点；在"反思"中，我们撬动教师专业成长的支点；在"反思"中，我们已辛勤地筑成了一条体验教育教学幸福的必经之路。

积累底蕴篇

腹有诗书气自华

最近的作业批阅分享中，我惊喜地看到姜老师班级的孩子在《声律启蒙》的滋润下出现的"惊艳"答案。"一日之计在于晨""阆苑""蓬莱"……读之令人满口余香。最近的听课中，也常会发现我校学子在组词中的"闪亮"表现，给他们"先"，他们会组"笨鸟先飞"，给他们"叶"，他们会组"一叶知秋""落叶归根"……听之令人佩服不已。这些小才子的诞生有一个共同点，那就是——课外书读得多，好词好句记得牢，关键时候还能随心所欲地运用。从输入到输出行云流水，充分体现了课外阅读的有效性。

"读书破万卷，下笔如有神。"但是阅读习惯的养成是需要过程的，除了小部分孩子对书籍有着天生的热爱，大部分学生依然会依赖于老师，尤其是语文老师的反复引导、不断鼓励。

我不禁想到了我校二年级的"摩天轮"课程，平时的语文教学任务不可谓不繁重，但是尽管如此，课外阅读依然要见缝插针地融入到孩子的日常学习中去，这需要时间精力的保障，需要教师智慧的统筹。

首先是课外书的购买。想要学生两个学期读完推荐的十本课外书，必须得依靠家长的力量。教师通过与家长真诚的沟通和交流，让家长为孩子或买或借，我想绝大部分的家长一定是大力支持的。

其次是阅读时间的保证。如果只依靠孩子在校外的独立阅读，整个阅读体系会是零散的、不成系统的，也不利于阅读氛围的形成。因此课程教学部联合图书馆安排了两周一次的阅读进馆排班表，让每个孩子都能有机会走进学校宽敞美丽的图书馆，尽情感受书的魅力。并且呼吁二年级的语文老师每周利用一节课的时间，让孩子静静地读一读本学期的指定书籍，在这期间教师根据阅读手册略作指导。

当然还需要适当地分享和评价。教师要经常鼓励孩子们说说自己最近阅读的最深感受，哪怕是一句话或是一篇小短文。同时，教师也要把这几本课外书细细阅读一番，有直观的感受才能走进孩子心灵，更到位、更恰当地指导学生的课外阅读。还可以鼓励孩子准备一本漂亮的笔记本，记录自己喜欢的好词语和好句子，细水长流，持之以恒。教师可以把这本本子称为"阅读小银行"，让孩子从小就有一种观念，每记录一次（四个好词语和一句好句子），作文银行里就会多两枚"金币"，如此长年累月地积攒下去，你便会成为"阅读"小富翁。满 30 枚"金币"，可以到老师这里抽取小礼物一份。精神物质双管齐下，让阅读和"美好"相遇，和"惊喜"相遇，我想一定会有更多的孩子渐渐地走进美妙的"文学世界"，感受书籍的魅力。

"读书破万卷，下笔如有神。"没有一定的阅读积淀，表达会变得平淡无奇，甚至味同嚼蜡，希望我校的语文老师都能明白自己肩头的重任，从今天起，努力做一个乐于阅读、善于指导学生阅读的"智者"。

班级好声音

崔峦老师认为："语文素养是一种以语文能力为核心的综合素养，其要素包括语文知识、语言积累、语文能力、语文学习方法和习惯等。"吴忠豪教授认为："朗读是学习语文最基本、最常用的方法，是语言输入最有效的途径，有助于语感的形成。"小学的孩子处于记忆的黄金时期，让他们大声地朗读，一定会为他们日后语文核心素养的养成打下坚实的基础。

这个月是朗读月，孩子们会根据学期初教师制订的目标勇于挑战，争取获得爱学习素养卡。但是，自从听了关于"教育活力"的讲座，我很想在班级里挖掘一下同学们的朗读欣赏能力。于是，就有了一个大胆的想法：我能不能在班级里先物色出三名班级好声音的考官呢？

朗读考官，一定是班级中朗读水平高，为人处事最公正，能够给小朋友一种专业权威的学生。某个早晨，我引导班级小朋友七嘴八舌地制订朗读考察的小标准，同学们经过一番讨论，一致认为以下五条是最起码的过关条件：声音是否响亮？读音是否准确？读得是否通顺？停顿是否合理？感情是否恰当？

在孩子自告奋勇上台读完作品后，我们艰难地选拔了三名朗读小考官。只要得到两名考官的"yes"，便可以取得本月的爱学习素养卡一枚。如果只拿到一个"yes"，那么就进入待定区，还有一次 PK 的机会。PK 胜利后，也可以获得一枚爱学习素养卡。

小考官也将迎来严峻的考验，无论他们给选手怎样的评价，都必须说出理由，以展示自身的朗读专业素养和公正之心。

比赛正式开始的时候，偌大的教室似乎第一次变得那么庄严而充满仪式感。选手们纷纷选取语文教材和配套读物中自己最感兴趣的阅读材料并开始紧张的准备。一张张稚气未脱的小脸中透着从未有过的凝重，他们手里握着书本，仿佛一场视听盛宴即将拉开帷幕，一场声音的较量一触即发。

听着孩子们天真烂漫的朗读声，我的眼前仿佛出现了一幅幅图画。他们的朗读虽然并不完美，却带着从未有过的认真，似乎一股清泉流过心头，实在是一种享受。我想对所有的孩子和家长说，学语文最好的方法，就是放声朗读，读出节奏，读出韵味，读出感情，既打动自己，又感动别人。孩子们在朗读的同时，不仅能感受到汉字之美，他们的心灵同时也会得到滋润。

此刻真想把这些甜美的声音变成文字、图画与大家分享。"班级好声音"的旅程才刚刚开始，期待他们精彩的表现。

亲爱的汉修先生

在这个喧嚣浮躁、光怪陆离的信息化时代，能够真正激发学生的阅读之心，让他们心甘情愿地沉醉在书的海洋里，也许真的是一件充满挑战的事情。在这个浅阅读横行的时代中，如何让孩子对真正优秀的读物产生阅读兴趣，是一件需要深思的事情。

情不知所起，一往而深。在课外阅读的指导中，我们可以做些什么呢？

本学期，我选择了《亲爱的汉修先生》这本书，开展了"班级书籍推荐广播"活动。之所以会选择这本书，是由于孩子们普遍对它兴趣不大。这是因为这本书的体裁是叙事类的日记书信结合体，文字多、图片少；再加上是国外的译本，缺少阅读指导的话，孩子们不容易懂。

这本书的主人公是和孩子们年龄相仿的一个叫鲍雷伊的孩子。他从二年级开始一直坚持给著名作家汉修先生写信，直到小学毕业。在此期间，他经历了父母离异、爱狗丢失、学校午餐盒经常被偷等一系列事件，他的成长过程中，有欢笑有眼泪，有困惑有收获……当他小学毕业的时候，通过写信和记日记，他已渐渐成为一名积极乐观、笑对人生、坚强勇敢的孩子了。

我想，读这样一本书的意义一定远远超过那些粗糙的读物，孩子们从中不仅可以了解主人公从幼稚到成熟、从脆弱到坚强的心灵蜕变史，也可以从中得到一些同龄人的共鸣，更加勇敢地面对充满诱惑和挑战的人生。

每一次给学生朗读这本书，我都做足功课，让听故事变得充满仪式感。我会配上抒情的音乐，将主人公的曲折人生和内心的喜怒哀乐在音乐声中向孩子们缓缓道来……我会随着主人公的喜怒哀乐，用抑扬顿挫的语音语调去模仿作品中每个人的语气，时而悲伤，时而欢欣，时而凝重，时而雀跃……我还会随时停下朗读的步伐，就其中一个关键词询问孩子们听故事时的感受。

渐渐地，孩子们走进了这个故事，爱上了师生共读一本书的美好时光。我并没有要求他们回家一定要去读完整本书，但是孩子们却因为急于了解这个故事的发展而变得主动积极。在无数个课间，他们不是来打听什么时候才能再听这个故事，就是来求证后来鲍雷伊的故事到底还有哪些新的发展。

我心中暗自欢喜，很多孩子其实已经不知不觉地走近了阅读，他们的"牵挂之情"已经为书中的主人公而起。

五秒钟后的惊喜

有这么一个有些调皮的男孩。他上课时的小动作极多：不停转动身体，对老师的各种指令置若罔闻，如果你点他的名字，他便会不屑一顾地扫你一眼，然后撅起小嘴巴，一脸的倔强和不高兴。但同时，他也是一个喜欢课外阅读的男孩，家里藏书极多，要不是亲眼所见，你很难想象，他还未开始读小学时，已经拥有好几百本各种类型的书籍了。

就是这样一个男孩，在今天的语文课上，说了一句"石破天惊"的话。

那时我们正在交流自己喜欢的书以及这本书给自己的收获，一年级孩子的答案很朴素，也不太完整，大多数小朋友还只会说一句简单的话："这本书能让我懂很多字""这本书让我很开心""这本书里有很多知识"……

突然，他竟然也举起了手。他一向是置之度外的，连读生词时，声音都不舍得响一点，仿佛什么都不在乎似的。但此时，他却高高地举起了手，还带着一副渴望的神情。

我当然让他站起来回答了。他有点激动，这激动使得他有点口吃，教室里顿时传来轻轻的笑声……他顿时又开始尴尬，脸上泛出小小的埋怨。实际上，他不知道，在别人回答错误的时候，他通常是那个笑得最起劲的。

又等了一会儿，他依然"守口如瓶"。我说："那要不……再坐下考虑考虑？"他瞅了我一眼，有点犹豫，嘴唇微动，似乎又不甘心。

我望着他，有点惊讶，又有点疑惑，但还是用鼓励的口吻，说："那，我们再等你五秒钟……"他看着我，眼睛里突然闪过一丝光芒，这光芒，开学至今从未有过。两秒钟后，他说："我喜欢读《海洋故事》，因为这本书让我知道，海豚虽然很温顺，却敢和鲨鱼搏斗。"

除了声音还不是很响，这句话行云流水，一气呵成。

然后，他当之无愧地成了今天的课堂小明星。

我想对孩子们说：多读书，总会让你在一个特定的时间点光芒万丈。

我想对自己说：学会等待，总会让你课堂的某一瞬间收获璀璨。

最打动人心的日记

日记，就是应该选择当天留给自己印象最深的事情进行记录，只有这样，才能充分激活自己的体验和回忆，才能让笔下的文字行云流水。在三年级的作文练习"日记一则"中，孩子们不约而同地选择了最近发生的最难忘的一件事——娄老师来班级上了一堂体育活动课。娄老师是孩子们一、二年级的班主任，孩子们对她又喜欢又尊敬，她这次的"惊鸿一现"让整个班级沸腾后又泛起了涟漪……

用文字记录心中最真挚朴实的情思是一种幸福，作为读者的我也默默地通过作文刚刚起步的孩子们的文字感受这种幸福。我不禁为孩子们日渐丰盈的内心世界所感动，也为孩子们能够牢牢记住他们的恩师这样一份沉甸甸的情怀而感动。

我将摘录一个孩子的日记作为纪念。

日记一则（作者：泽宇）

今天，我们一到二年级的班主任——娄老师来我们班上了一节体育活动课。

娄老师快要来的时候，全班同学蜂拥而上地去迎接。娄老师刚进教室，全班同学一起欢呼雀跃。可是，娄老师没待多久，就去了隔壁班级。同学们不禁发出一阵惋惜的声音。但是过了一会儿娄老师又回来了，全班又是一阵沸腾。

这节体育活动课我们没有去室外，因为外面烈日炙烤着大地。娄老师在教室里给我们讲了一个关于垃圾分类的故事。讲完了故事又给我们看了两个关于垃圾危害海洋生物的视频，让我们知道为什么不能乱扔垃圾。我们听得津津有味。

丁零零……讨厌的下课铃响了，我们只能依依不舍地和娄老师分离。

啊，这真是一节有趣的体育活动课，我真想把这段美好的时光留住。

教学相长篇

陪伴，让孩子学会坚持

在线课堂有很多难处，其中收交作文是难中之难。班中一名聪慧但懒散的小朋友——小 Z 同学，在这个阶段的学习懈怠状况更是变本加厉。第五单元的习作——"奇妙的想象"指导课已经过去三天，他的习作迟迟未交。直到接到我的催交电话，他才心不甘情不愿地开始动笔。

那个晚上，我为班级中几个作文不过关但是也没有及时修改的小朋友又开启了一次"在线课堂"。静静的晚上，隔着屏幕，严格的老师和调皮的孩子，默默相守。家长接到这个额外的"指令"，大部分是欣慰而又如释重负的，我看到其中一个家长怀里还抱着不满一岁的二宝，她一定也很感激老师的及时出手相助吧！

于是，叮嘱了几句后，我们开始夜晚的耕耘。教师在批作业、做课件，学生在跨越亘古以来似乎永远是最难的一道"天堑"。

大部分小朋友半小时内就完成了原本需要一天才能完成的任务，善于抓紧时间的人，才能做时间真正的主人啊！他们陆陆续续地离开了直播课堂，向我挥手告别。

小 Z 同学那天晚上，却用了整整两个小时。原本的任务是修改完错别字和病句便可以离开，然而他却主动修改起结尾，又发现结尾上了一层楼后，主体部分配不上结尾了，于是竟然开始重新构思……

那天晚上，他像个工匠打磨一件精美的艺术品一般琢磨他的习作。其实这名学生有着超前的阅读量和高于同龄人的智慧，一旦开启心中的写作之心，便一发不可收拾。有时候，教师只需再坚持一会儿，提供一份简简单单的陪伴，孩子们便能给你一份份惊喜。

熟读课文以后……

一年级语文教学中，拼音、识字是工具，朗读、品读是入境，如果能扎实地学完课文，最终还是得上升至"悟道"这一层面。统编版教材原本就是人文主题和语文要素双线并行的。

如教完《乌鸦喝水》，应该趁热打铁，引导学生说说读了这个故事后，觉得这是怎样的一只小乌鸦。学生会说，这是一只会动脑筋的小乌鸦。然后你可以追问，为什么这么说？学生会继续说，因为它能利用小石子喝到水。有的学生可能会说，这是一只不怕困难的小乌鸦，因为它遇到了困难会自己想办法解决。还有的学生可能会说，这是一只能够坚持到底的小乌鸦，因为它是把石子一颗一颗扔进瓶子的，这需要耐心。这时，你可以顺水推舟，继续发问：也就是说，作者希望同学们……学生会思考继而得出结论：我们在遇到困难的时候，不能放弃，也要像这只小乌鸦一样，善于动脑筋，最后解决自己的困难。

如教完《小蜗牛》，可以让大家谈谈这篇童话读完以后，自己想到了什么。一开始，课堂可能十分沉默，但是渐渐地，总有孩子会陆续举手，告诉你一个一年级孩子在读文后的真实感受。这样的环节，是沙里淘金的环节，虽然气氛不够活跃，课堂不够热闹，大部分孩子还显得有些懵，但却是思考的第一步。即使是一年级的孩子，我们也应该提倡他们去主动思考，而不是会念一大堆文字、会写几个字就可以高枕无忧。在笔者的班级中，孩子们经常会制造一些小小的惊喜，那些思维的火花，常令我感受到作为语文教师的"小确幸"。读了《小蜗牛》，有的孩子表示他知道了做事不能拖拖拉拉，否则就会像小蜗牛这样，妈妈布置的任务一个也完不成；有的孩子则不以为然，认为小蜗牛这样慢慢吞吞，不是也挺好，一年四季的美景，它其实都没有错过；有的孩子则认为，小蜗牛虽然慢，但是它能坚持，一件事情坚持到最后，还是有收获的……

笔者从来不会偏向某一种意见，而会试着从他们的角度去读懂每一种思考，因为每一种思考，只要它能真正凝聚思考者的智慧，那就弥足珍贵。

趣味和知识的"甜蜜拥抱"

拼音教学如此重要，却极易陷入泥潭。首先，对于一年级孩子来说，他们的大脑对于抽象的拼音字母非常不敏感，短时间之内需要记住声母、韵母、介母甚至整体认读音节，难度可想而知。再加上，很多拼音字母形态相近而读音各不相同，这就非常容易让孩子大脑混沌一片，知识点互相混淆，越学越会发现阻力重重。中国古代就有"寓教于乐"的教育理念，我觉得拼音教学，也非走这条路不可。

那么，如何让我们的拼音教学激活孩子大脑中的形象思维，让教学同时具备知识性和趣味性呢？最近，笔者通过聆听学校同行讲课、区级推荐课以及部分骨干教师的拼音课，从中取得部分有效经验，又通过自己的实践摸索，渐渐得出以下一些"规律"。

首先，课堂需要引入"游戏"。比如在引导孩子掌握四声音调（阴阳上去）的时候，"滑板车游戏"是非常值得推荐的。因为它不仅将四种音调的特点更加直观形象地植入孩子内心深处，还能够培养孩子手口合作的协调性。同时，它也释放了一年级孩子在课堂上活泼的天性。当老师和"小老师"带领大家一起玩这个游戏时，班级里童声琅琅、欢乐无比。再比如"送信游戏"，事先可以将生字卡片以奖励的形式分发给多位小朋友，当老师亲切地询问"'ɑ'，在哪里？"时，相关的小朋友就会骄傲地展现他的"信件"，并且高声朗读："'ɑ'，在这里！"老师这时可以让他当当"小老师"，带领全班同学一起读。这个游戏既可以锻炼孩子们敏捷的听力和大声朗读的表达能力，还能调控班级纪律，增强"小老师"的自豪感和成就感。再比如"摘苹果""拼音过河""拼音水果分类""拼音字母操"……适当引入这些游戏能够让孩子们在快乐中牢固地掌握所学的拼音知识，为我们的教学锦上添花。但值得提醒的是，不要为了"游戏"而"游戏"。有些课堂，老师为了时时吸引孩子的眼球，设计了各种各样的闯关，狂拽酷炫、纷繁复杂，似乎带来了很大的视觉听觉上的冲击，但是反而喧宾夺主，无法取得好的效果，这是值得我们警惕的。

其次，在学习拼音字母的时候，我们应该启发学生开动脑筋为拼音字母编儿歌或者顺口溜，充分发挥他们的学习主动性。比如看见"l"，有的小朋友便会说："小棍小棍'lll'"或者"筷子筷子'lll'"；看见"g"，有的小朋友会说："鸽子鸽子'ggg'"或者"9字带弯'ggg'"……只要是从拼音字母的形状和发音出发，对于比较合理的发言我们都应该及时肯定和鼓励。如果时间允许的话，尽量让孩子们说得丰富多彩一点，说得畅快淋漓一点，这样除了能够加深孩子对拼音字母的印象，还能够培养孩子的想象能力和联想能力。

一个温馨的充满童趣的课堂，除了有趣美观的课件、热情适当的评价和奖励，教师的语言应该是其中最重要的黏合剂和助燃剂。"请你们坐端正"和"小树苗，长高了"；"请你们专心听讲"和"谁的眼睛亮晶晶"；"请你们把拼音写在四线三格里"和"我们一起送拼音宝宝回家吧"，哪一种语言更能拨动这些小萌娃的学习之心，答案是不言而喻的。有的孩子在书写拼音字母时，竖左弯和竖右弯总是发生严重的倾斜，教师是简单机械地反复提醒他订正重写，还是模拟"拼音宝宝"的口吻对着"小主人"哭诉："小主人，为什么别人都站得笔直笔直，而你却把我写得东倒西歪？我要摔倒啦……请你帮帮我……"这值得思考。笔者就经常和孩子们进行"童话"般的对话，也经常看见"小主人"红着脸默默擦去写得不规范的笔画，从他们有些"惭愧"的神色中我似乎发现，责任心正在班级孩子的心灵中潜滋暗长。

总之，只要教师将"寓教于乐"四个字铭记在心，原本枯燥单调的拼音教学，同样可以进行得风生水起、柳暗花明。

细水长流，万丈高楼平地起

我常利用中午十分钟，让学生巩固当天所要掌握的三到四个生字，但只让学生下笔各写一个。曾经问过班中孩子："老师为什么要这样做？"没想到一年级的孩子也是"心领神会"，有学生竟然答曰：老师要的不是数量，而是"质量"。

教师板书示范时，可以写一笔，回头提醒一句，抓住每个字最重要的那个笔画（一般而言是与横中线、竖中线关系最密切的笔画）向学生说明，尽可能地用生动有趣的语言讲解，关键笔画可以用彩色粉笔标出。比如"火"字第三笔是竖撇，要和中线紧密团结；"耳"字最后一横略低于横中线，长而斜，像一根长长的扁担；"山"字第一竖挺直而长，撇折的折却需要往上倾斜，就像山路一样……讲解时必须明察秋毫，观察全班孩子的注意力是否集中，进行适当的提醒。个别孩子注意力不集中，可以邀请他坐在离老师近一点的地方，提高课堂听讲效率，也便于指导。

孩子听明白后可开始自由书写，教师在一旁反复鼓励，强调只要写一遍，但是这一遍至关重要，老师会根据这几个字评选"写字小明星"和"进步小明星"。因为只要求写一遍，孩子们不会觉得有太大负担，他们会凝神静气，竭尽全力写好每一个笔画。

为了让孩子准确地明白每个字的书写要点，老师可以故意在田字格黑板中写几个患有"常见病"的字，并运用夸张形象的语言描述："笔画过于僵硬或是过于绵软、字体肥胖臃肿或是骨瘦如柴、结构歪斜、位置偏移……小朋友，千万不要让上面的笔画飘向天花板、下面的笔画沉在海底……"听了这些有趣犀利的讲解，看了这些花样百出的错误以及显得特别滑稽的"奇葩"字，孩子们会忍不住哈哈大笑。我好几次发现，有的孩子会在这笑声中，悄悄擦去自己那不够好看的字——"自我评价"也渐渐地在孩子心中扎下了根。

孩子们以小组为单位上交作品后，我会飞快浏览，确保当天评出结果，并为当日的"写字小明星"合影留念，将其作品分享到家长群，简单陈述要点，让家长知晓，以便学生回家试着巩固。

一年级的孩子，虽然还很幼小，书法起点不宜拔得过高，但是，该播撒的书法种子、该具备的书法意识、该培养的书法习惯，还是要踏踏实实地渗透好。

摸清规律　各个击破

在二年级语文教师教学用书的编写说明中，有这样一段话：加强写字指导，老师要认真分析每一课要求写的字的特点，不容易写好的笔画，容易写错的字，要在学生观察的基础上进行指导。书写指导的重点是字的间架结构，教师要注意抓住重点，教给学生规律性的东西，且相关的评价要以表扬鼓励为主。

加强写字教学，是一项任重道远的教学任务。应该如何落实呢？笔者认为，教师首先要培养自己对书法的热爱之心、钻研之心。通过观察字的基本笔画、字的基本结构，掌握其中的一些关键要领，然后才有可能成为孩子学写字道路上的领航员。

二年级的写字任务和一年级相比重了不少，但是我们不能因为数量的迅猛提升而忽视了质量，也不能在这些生字上平均用力、泛泛而谈。正如编写说明中提到：教给学生一些规律性的东西——学生若能掌握某些字之间的规律，便能够掌握这一系列的字。

比如教材中语文园地五的"书写提示"，通过书写"观、呼"与"忙、如"，引导学生进行观察，得出两组汉字结构上的截然不同：前两者左边短、右边长，后两者则右边长、左边短。如何正确书写呢？短的地方要写得小一些，位置尽量往旁边靠，长的地方尽量舒展些、宽大些，还要注意笔画的灵活穿插。这类汉字主要表现的是一种懂得谦让、重点突显的美——这就是汉字书写的一个规律。

语文园地八的"书写提示"，通过书写"领、群、船、朗" 4 个生字，引导学生了解左右宽窄大致相等的字，两部分尽量都往当中靠，而且上下高低大致也均等，这样的汉字主要表现一种端庄大气的美——这也是汉字书写的一个规律。

除了教材中的编排，教师平时也要做一个有心人，根据学生写字的具体情况进行具体分析，找到疑难问题，将同类别的字归在一起进行"组团教学"。比如："走之底"的字应该如何处理？"国字框"的字呢？为何很多孩子都无法驾驭"女字旁"？笔画多的字怎么写才能显得不臃肿？笔画少的字怎么安排才会觉得不空旷单调？"卧勾"和"斜勾"的区别是什么？"横斜钩"和"横折弯钩"分别应该如何写好呢？……

无数个值得探究的问题，犹如点点星辰闪烁在书法的夜空。正因为书法教学中充满难点，才会充满挑战；也正因为在我们的指点下，孩子们能够感受到自己一次又一次的进步，书法的魅力才会深深地扎根于儿童的内心深处。

最错误的"练字"方式就是将一个错误的书写习惯重复一万次。思路决定出路，细节决定成败。我们的语文老师，应该多研究研究汉字的笔画特点、结构规律，这样才能事半而功倍。

习惯养成篇

默读该从何时开始?

在小学语文阅读教学的过程中，我们应教给学生阅读文章的三种基本方法：朗读、默读、浏览，并在反复的阅读实践中培养学生的阅读能力，尤其是默读能力。因为人在工作和学习中读书、看报、了解信息时，主要依赖的方式是通过眼睛看，在这一过程中，默读发挥着重要作用。

倘若我们在课堂教学中，青睐朗读而忽略了默读，使得这一让学生终生受益的阅读能力的培养任务不能很好完成，那么这无论对学生个人的发展、还是对整个社会来说都将是一件憾事。

培养学生默读的能力对于教师而言十分重要。这是因为，第一，阅读能力的主要因素是理解，而默读给学生提供了更多读与思相结合的机会，所以教师在课堂上给予学生默读的机会，就是给予学生专心与静思的机会，这不仅有助于学生集中精力理解文本，还有助于培养学生的思维能力和记忆能力。

第二，默读省去了发音器官的活动，阅读速度较快，这样能节省课堂教学的时间，便于教师开展更多的活动。根据《义务教育语文课程标准（2022 年版）》对小学语文各年级段的要求，默读在小学 1—2 年级就应该出现了。

事实上，默读是一个理想化的状态，也是一个需要调整的状态。

首先，一年级的孩子也会被要求独立完成语文相关能力的测试，尽管可能不包含纸笔测试，但是默读肯定会提前进入教学中。其次，在课堂上学习课文的时候，朗读可能是一种主要手段，用来更好地体会文本的表情达意。但是更多的时候，尤其是当学生沉浸在个性化阅读中时，默读便会自然而然地产生。因为较之朗读，默读的速度更快，便于思考，也不会打扰到周围的其他孩子。最后，对于默读的三个要求——不指读、不出声、不动唇——的教学，需要一个循序渐进的过程。一开始，我们可以让孩子只要先试着不出声即可，他们的手指依然可以进行点读，他们的嘴唇依然可以轻微地翕动。否则，急于要求同时满足这三个要求，不少学生会觉得紧张和困难。等到孩子们习惯不出声了之后，再渐渐要求他们做到另外两点，那就水到渠成了。

写话时遇到不会写的字怎么办？

二年级上学期，我们开始学习写话了。从介绍自己喜欢的一种玩具到观察图片讲故事，从口头叙述到教师指导，从亲子写作到当堂完成写话，孩子们跟着我一步一个脚印地在写作的道路上徐徐前进。

为了让大家养成今日事今日毕、速战速决的写话好习惯，最近我补充了一些看图写话练习，有"一次大扫除""奇妙的桥""小鸭子得救了"……大部分孩子已经养成一节课完成一次写话的能力，平均字数超过 150 字。但在写话时，最常见的问题就是：老师，我这个字不会写！怎么办啊？

各位，作为一名教师，这个时候，是不是需要我们出手去"援助"呢？我的答案是：不可以！

为什么呢？因为写话时最重要的是"思路"，而思路的通畅往往取决于心神是否平静，周遭是否会有干扰。一个低年级孩子在写话时会源源不断地遇到不会写的生字，"识写分流"，孩子们的词汇量远远满足不了写话时的需求。因此，如果遇到一个字就停下来询问，那么，整堂课只一个孩子就会停下来数十次，更何况还有一个班呢！那么这堂课的效果可想而知，每个人的写作思路都会被频频打断，三十分钟过去了，也许只完成了两三句话。虽然这两三句话看起来比较"完美"，但又如何？这些孩子根本没有办法完成写话任务。

有的小朋友遇到不会写的字马上查字典，这个办法虽然不影响他人，却也在频频打断自己的思路，并不可取。是的，怎么可以为了少数不会写的字放弃整篇文章的完整性呢？就好比，为了一棵树而放弃整片森林，实在是一件得不偿失的事。写话时，遇到不会写的字怎么办？很简单——先用拼音代替，写完后再利用查字典或者询问他人的方式自行"补救"。只要先将句子连贯地写出来，个别不会写的字，不是什么大问题。退一万步讲，有的小同学可能连正确的拼音都不会，那就先画个小圈圈，完成写话后再求助同学或者师长。

总之，最重要的还是先把想要说的话写下来，看着一行行文字在笔下诞生、一个生动的故事即将完成，会带给孩子很大的成就感。这不是教师"铁石心肠"，而是一种策略——"抓大放小"。

不以结果论英雄

那天走进教室，数学老师递给我一本书，很生气地告诉我这是一位同学上数学课时在底下悄悄做摘抄时使用的。我定睛一看，与其说这是一本书，不如说是一本辞典——《好词好句好段》。联想起最近这个阶段，孩子们为了在自己的摘录本上多积累几个奖励章，也真是"无所不用其极"，令人哭笑不得。这便是"奖赏"带来的副作用吧！

我的初衷是让孩子坚持课外阅读，在阅读的过程中如果发现一些自己喜欢的词语或是句子，就自然而然地记录下来，一来锻炼自己对好词句敏锐的感知能力，二来练练写字的手感和速度。然而，若是将现成的好词好句整理成一册厚厚的词典，一打开，各种优秀词句遍地都是，任君采撷，那么，能真正进入孩子心灵的又会有多少呢？

那天的语文课上，我花了五分钟处理这件事。我没有批评这位同学，反而表扬了她身上坚持不懈的精神——能够坚持做摘抄，这个肯定是对语言积累有帮助的。但是我要求大家静下心来想一想，有时候为了达成一个目的，是不是就可以用不太恰当的方式呢？比如在其他课上做摘抄？比如去买了一本这样现成的辅助材料？

第一个问题孩子们一致否决了。第二个问题他们有点茫然。

我说，打个比方吧！小朋友现在是不是都能做到独立用餐？每一口饭、每一口菜，通过细嚼慢咽，吃进肚子里，人体便开始慢慢吸收。摘抄句子也是这样一个过程。通过自己的独立阅读、自己的独立感受、自己的独立选择……再将一个个好词句写在摘抄本上，这样大脑才会完成一系列的思考，将你积累的词语渐渐储存在你的脑海中。但现在有了这样一本词典，看上去它使你节约了很多时间，可以让你可以跨越"思考"和"寻找"的过程，直接记录答案……但长此以往，大脑的思考能力便会越来越弱。只是被动地接受他人的推荐，无法使我们真正感受到这些好词好句"好"在哪里，更不用说如何去使用它们。因为一开始，你便没有通过语言环境去认识它们、熟悉它们。

"这么说吧！别人嚼过的食物，你会吃吗？"小家伙们头摇得像拨浪鼓。这不仅仅是营养问题，更重要的是，也不卫生啊！

"你可以保留这本书，经常翻一翻也未尝不可，但是我相信，只有你真正读了一篇完整的文章，通过自己的努力寻找到的好词好句才会成为你大脑中真正的财富！"最后，我还是把这本厚厚的辞典还给了那位同学，并让全班同学互相监督不要再使用类似的书籍了。

同时，我也跟这位同学的母亲谈及了这件事，她有些愧色，说这是她的主意——因为看见小家伙为了找好词好句在那里抓耳挠腮，便想助她一臂之力。没想到，有时候，因为爱，反而制造了"碍"！

"过程往往是最重要的，不应以结果论英雄。"我在心里再一次"告诫"自己。

开始写钢笔啦！

三年级第二单元，教材要求学生可以开始接触钢笔了。

孩子们跃跃欲试。各式各样、形形色色的钢笔琳琅满目地摆在课桌上，一时间，教室仿佛成了文具铺子。

我利用视频告诉学生在各种类型的钢笔中哪些是初学者的最佳选择，哪些看似华贵却非常不利于学生操作，得到老师肯定的学生一脸灿烂，其他的学生若有所思。

有一个孩子说："老师，用钢笔写字我总是提心吊胆，我要崩溃了！"

看他最近的本子，确实有些惨不忍睹。要么一个墨团团，要么一个洞，要么一摊污渍……

想当初写铅笔字是多么逍遥自在，错了就擦，再错就再擦，错几次擦几次，潇洒自如，云淡风轻，高枕无忧。但写钢笔字则不同，它是一个孩子书写道路上的里程碑，是一个人成长的象征。错了无法回头，擦了就留下一个污点，看着别扭、堵心，也不能用修正带、修正液，好不难受。

如何降低犯错的概率？那就是写的时候再不能心不在焉，心猿意马，一定要全神贯注，"视万物为乌有"。

有一个学生说："那我还是用铅笔吧！心理压力太大，受不了。"

于是我干脆多下发一本练习本，专门用来磨合这段尴尬期。我告诉他们额外发的练习本不会收，也不会打分，但是任何人随时都可以跟我分享。而一旦笔迹出众，我会让全班一起分享。

总算有几个"勇士"开始挑战新的征程了。由于勇敢加上自信，再加上听了老师简单的技巧介绍：出手轻一点，线条简洁一些，用钢笔摘录的小诗看起来清爽大方、坦坦荡荡。于是我大加赞扬，他们的笑脸顿时成了一朵花。

学生们的钢笔生涯，就这样在跌跌撞撞中开始了……

让"空中课堂"安全着陆

不知何时起，"空中课堂"成为教师备课时不可或缺的环节之一，一些教师在课堂上纷纷效仿之，但笔者以为，毫无取舍地一味拿来，很有可能有东施效颦之嫌。

比如古诗教学中的"想象环节"，假如学生对诗句的意思不甚了解，对重点词语的理解懵懵懂懂，教师便要求学生想象古诗勾勒出的美好画面，那么此时的课堂，大有可能是学生们眉头紧锁，无法调动起积极性。就好比还不会走路便要求学生百米冲刺，非重重摔个跟头不可。

为此，教师不妨一步一个脚印，慢慢带着学生走入诗句之中。例如，在教授"水光潋滟晴方好"这句诗时，可以问问学生："水光"是什么意思？"潋滟"是什么意思？"晴"大家都知道是"晴天"，"好"是"美好"，那么"方"呢？在一步步引导下，让学生明白该句连起来的意思便是：晴天的时候，水面上波光粼粼、闪闪发光，看起来是一幅多么美好的画面啊！要多让几位学生来说古诗的意思，看哪里有缺漏便要补充。再例如，教授"山色空蒙雨亦奇"一句时，先让学生理解"山色""空蒙""亦"和"奇"的含义，然后再让他们试着连起来说说该句的意思：雨天，山上的景色看起来朦朦胧胧，十分奇妙。再出示"一晴一雨"对比图，让学生找到两句诗描写的画面，说说自己喜欢哪一种景色，这个环节就是要引导学生畅所欲言，说出自己心中的真实感受。

在理解诗句的基础上，学生会渐渐尝试分享自己的独特体验。有的喜欢晴天，因为风和日丽，太阳映照着美丽的荷花，犹如一群仙子在翩翩起舞，那绿色的荷叶，挨挨挤挤地凑在一起，一直到天尽头，水面上微波粼粼，清风吹来，这是一幅多么美好的景致呀！（学生卡壳的地方教师要挺身而出）有的喜欢雨天，因为烟雨蒙蒙中，群山若隐若现，仿佛一幅美丽的水墨画，就好似仙境一般。经过这样的分享，学生最终感悟到，晴天的西湖和雨中的西湖，美得各有千秋，就好比西子这样的美女，无论是化个淡淡的妆还是精致地画个浓妆，都是很美很美的。（至此第三、第四句的学习也水到渠成）。

"空中课堂"教学设计的益处毋庸置疑，但是落实到我们自己的课堂就一定要有个台阶可下，不可期待孩子的回答一开始就像"空中课堂"中那般面面俱到。现实中孩子们的答案，往往是零碎的、肤浅的、片面的……那又如何？课堂最妙的地方就在于我们老师是怎样让"空中课堂"安全着陆的，我们的节奏可以慢一点，环节可以周全一些，语言可以浅显一些，让孩子们听得进、听得懂，并且通过一定的训练，让他们可以消化课文的语言。最终，学生们不但理解了重点词句，还能将其化为自己的语言，使一切皆若出吾之口，那才是妙哉！

一颗懂得欣赏的心灵

到了三年级，孩子们的品读能力开始经受考验。一道练习题是这样问的：文章中哪一句话你最喜欢？请写出理由。

孩子们的眼光不错，找的句子流畅、优美、富有表现力。然而到了说理由的环节，却不知从何说起，羞羞答答起来。

为什么喜欢？

有的说，是因为它很优美。但是，优美在哪里呢？

有的说，是因为它很生动。生动又体现在哪里？

有的说，是因为它用了好词好句。但哪一篇好文章没有好词好句？

有的说，运用了比喻。知道比喻了，有了一个大致的方向，但是这个比喻写出了什么呢？

一切都是雾里看花、水中望月，那么朦胧而不真实。

不行，一个真正喜欢语文的人就一定要在语言文字中漫步流连，细嚼慢品，一定要用心体会语言文字的精妙。只有这样才能真正吸收句子中的营养，积累之，珍藏之，回忆之。

于是，一个可爱的女孩子被我表扬了。她对句子的品味能力真是令人叹为观止呀！她说，这个句子运用了比喻，把山楂比作红玛瑙，写出了山楂颜色的鲜艳透亮，这个句子中还用到了"缀满"一词，说明山楂的数量非常多，这显得作者的观察能力是多么细致呀！

在同学们都被震撼了以后，我问她回答得如此好的奥秘。她特别谦虚地说，我看到句子中有"缀满"这个词语，实在不懂就去问妈妈。"敏而好学，敢于提问"真是学习的一个台阶。

品味句子，怎么可以浅尝辄止，只说一些正确的废话呢？就好像形容一种美食时，只会说那个东西好好吃一样！倘若问他怎么好吃，有多好吃？他可能转了半天眼珠子，喉咙才滚出一句：反正，就是好吃！

从"专家结论"到"专家思维"

有一句话耳熟能详：授人以鱼，不如授人以渔。语文课堂到底是以教知识为主还是以教方法为主？这个问题老师们可以不假思索地回答——当然是教方法。但是由于考试对学生某些能力检测的局限性，往往会导致着重教知识的老师所带的班级成绩提升速度优于着重教方法的老师所带的班级。人的本性都是趋利避害的，久而久之，原本注重教方法的教师也纷纷倒戈。

记得本学期备课组在琢磨《火烧云》一课时，两位老师的字词教学呈现出不一样的面貌。一位老师研究的是"红彤彤"和"红通通"，要求学生要掌握这两个词语之间的微妙差别。据她考证："红通通"多形容人的脸，颜色比较深；"红彤彤"大多形容的是自然界，颜色没有那么深。另一位老师研究的是文章第二段中的那句经典句子：天空中的云一直从西边烧到东边。其中的这个"烧"字，可不可以变成"红"字？

一篇课文涉及的知识点包罗万象，最难的莫过于从中找到最能促进学生语文素养提高的那个点。这需要教师有一双慧眼，在理解课文的基础上解读课文，找到文章中最精妙的地方，带着学生去品味。那么上述两位老师究竟孰优孰劣呢？我想答案不言而喻。第一位老师，一定是位非常严谨的老师，对待学问一丝不苟，最细小的地方也不放过。但是，第二位老师却抓住了这篇文章的文眼——烧。一个"烧"字，不但写活了火烧云，也突出了它在天空中像熊熊大火一般蔓延的壮观景象，这不恰恰扣题了吗？所以，我们说，第一位老师是认真的，但是第二位老师是睿智的，对于文章语言具备该有的敏感度。

《火烧云》的第三段写了火烧云的颜色变化多、变化快。如何才能启发学生感受到大作家笔力的非凡呢？第二位老师又做了可贵的尝试。她出示了一段孩子写火烧云的片段："这地方的火烧云变化极多，红的、金的、紫的、黄的、灰的……五颜六色，变化多端，美丽极了。"

这段文字本也无可厚非，一般人大概都会这样去描写火烧云。但是课堂上一朗读、与课文中的句子一对比，高下立判。萧红的语言是多么丰富美妙啊，写颜色不但运用了叠词，运用了"半灰半百合色"这种相融合的色彩，还将生活中的颜色作为例子去描摹她眼中异常美丽的火烧云。

此环节的教学设计让学生在语言的高明和平庸之间走了一个来回，清晰地感受到自己以后如果要描写某种事物的颜色，萧红的这段文字可谓是大师级的模板。

有的老师原本将积累颜色的词语做了多张 PPT，打算在课堂上让学生读读背背写写，然而事实上，当学生并未察觉这类词语在语境中的妙处时，机械地积累再多的词语，也无法形成将其应用于语言的能力。我们总是觉得课文四处都是考点，于是我们断章取义，试图从中找到知识点进行各种拓展，却忘了语文教学最重要的意义在于让学生学会鉴赏语言、运用语言。

从古诗教学看语言的活性

今天很冷，风在窗外怒吼着。本学期的最后一首古诗《风》，就在这样的日子进入孩子的视野。听录音老师在古筝配乐中缓缓地读了两遍后，教室里开始了各种各样的朗读。孩子们摇头晃脑、自得其乐，一副"小书童"的样子。齐读的时候，无论是男生还是女生，声音都非常响亮，每一句话都读得准确无误。

这时，一位男孩说："什么意思呀？解落三秋叶。"我微微一笑，等的就是这句话。课堂上，只有当孩子们心中充满疑问的时候，才会真正启动学习的内驱力。我说："是呀？这首诗在讲什么呢？"我引导孩子从题目入手，知道了诗的主题是"风"。我又说："孩子们，你们能不能根据这首古诗猜一猜风做了哪些事情呀？"

解落三秋叶——一个小女生说："风把树上的叶子都吹落下来了。"我说：

"对呀，秋天的落叶最美了，就像一只只美丽的花蝴蝶。"

能开二月花——一个文静的小男孩说："因为有了风，花朵就开了。"我补充："是的，春风吹醒了天地万物，花儿绽开了笑脸，这就是百花齐放。"

过江千尺浪——教室里一时有点沉默。我说："孩子们，这第三件事情呀，有点可怕，你们想想，风如果很大很大，江面上会有什么变化？"一个顽皮的小男生说："老师，风会把水变成波浪的。"我说："是的，而且这波浪足足有一千尺那么高。你们看，一尺是 33 厘米左右，大概像老师手里的这根教棒那么长，一千尺，多么巨大的波浪呀，那会造成可怕的灾难哦！"

入竹万竿斜——一个眼睛亮亮的高个女孩说："风吹进竹林，竹子就歪了。"我说："是的，虽然竹子长得笔直笔直，可是风来的时候，它们还会弯腰点头向风打招呼。"

质疑来自学生，解疑同样依赖他们，正可谓解铃还须系铃人。

于是在了解课文内容的基础上，我又让孩子陆续为每一句诗配上了动作，其他孩子眉开眼笑地跟着这些"创作者"一遍遍地做着动作，一遍遍地朗读着古诗。

一年级的古诗课堂，需要活泼的诗意。这活泼的感觉来自教师对孩子自主体验古诗的尊重，教师将话语权给了孩子，只在关键处起到点拨归纳作用，实践证明，我们的孩子也很愿意用自己的感受来理解古诗的意思，他们在老师的引导中，也能跌跌撞撞地开始品味古典诗词的味道了。那么，把课堂还给他们，何乐而不为呢？

语文内容的学习本来就是"鱼儿离不开水"的游走、"瓜儿离不开秧"的生长。古诗词和其他的优秀文学作品一样，语言之间存在着微妙而精细的"触点"和"接口"。教学就是要在这些"触点""接口"的激活上下功夫，要提供尽可能多的机会、环境和氛围，这样才能使学生"语言的活性"本能地得到滋养、得到培植、得到发展，最终成为学生思维的活性、心灵的活性、言语创造的活性。

欲速则不达

那一日，几位年轻教师来听我执教的随堂课——《拍手歌》。在学习第二小节的时候，刚开始一切都是那么顺利，我逐步带着学生学习生词"孔雀""锦"……学生能够比较熟练地运用几种识字方法来"诠释"生字的音、形、义，看到课件中出示的锦鸡和锦缎的图片，好几位学生都能迅速理解"锦"最初的意思——色彩艳丽。当我提问"为什么儿歌中会写孔雀和锦鸡是伙伴"时，学生略加思考，也基本能答出我最初预料的几个原因：外形相似、色彩艳丽、尾巴稍长……

于是，我便顺势要求他们想象一下如果孔雀遇到锦鸡，两者会有怎样的对话？并让同桌两人为一组演一演。教室里一下子热闹起来了，看上去学生对这个话题也挺感兴趣。

两分钟后，我请了两组学生上台表演，结果却不尽如人意。第一组"小演员"扭扭捏捏、局促不安，扮演孔雀的学生半天才嘟囔了一句："我比你漂亮。"扮演锦鸡的学生则不说话了，只是呆呆地看着对方。第二组的情况基本上就是第一组的复刻，只不过两位学生演绎的时候气势汹汹，甚至还吵起来了。虽然我凭借着多年的"救场经验"为两位扮演锦鸡的小朋友解了围，但是课堂一度陷入无比的尴尬中。

事后我便开始了反思：表演一段对话其实就是即兴说话，在什么支架都没有搭建的情况下，要求二年级学生能够从孔雀和锦鸡的角度说出一小段流利而又精彩的对话，还要能在众人面前表演出来，这要求确实是有点苛刻了。如果课堂一定要加入这个"高风险"的环节，那么在教学程序上我们一定要做足铺垫才行。比如，提供填空式的支架，利用一幕场景引导学生进入对话情境：有一天，美丽的孔雀见到锦鸡，他友好地向锦鸡打招呼，说（   ），锦鸡也很高兴，说（   ），于是它们俩高高兴兴地一起玩耍去了……再比如，提示学生这两位的对话可能会围绕什么话题展开，此时，要抓住两者的共同点。这样，不仅降低了即兴说话的难度，也给了学生想象的基础，课堂一定不会显得局促窘迫。

征文比赛来了

最近，"韬奋杯"上海市中小学生创意作文征集活动正在举办。既然是创意作文，便是高水准的作文角逐，只凭着文通句顺是很难出彩的，更不要说我校二年级的学生要和别的学校五年级的大哥哥大姐姐逐鹿。这便需要强大的力量支持，而这份力量的源泉，一份来自家长，一份来自教师。

根据我校实际情况，我们推荐孩子选择第二个话题：写一个封面故事——以《少年文艺》2020年第10期封面为蓝本，充分发挥自己的想象力，必须利用封面图画中至少三个元素，创作一个独立的故事，体裁可以为小说或童话，要求有自己独创的想象，情节完整合理，叙述语言比较成熟。

尽管这个要求依然很高，但根据平时在学校的观察和了解，我还真发现了几位这方面的人才。这几个孩子富有童心和情怀，才华横溢又乐于奉献。他们拿到题目后便开始紧锣密鼓、马不停蹄地筹备。有的在书中寻找灵感；有的借助各种渠道旁征博引；有的天天和我斟酌作文要求中的关键要点；有的甚至挑灯夜战，一遍遍推倒重来……那份热情和钻研劲儿，令人非常感动！这样的比赛，对于孩子而言，也许只是一次小小的挑战，但是通过这个研磨的过程，孩子们会对作文的观察、理解、想象、建构有全新的认识，甚至有质的飞跃。

我不禁想起20年前自己指导学生参加全国作文大赛的那些往事。拿到题目，首先考虑的便是角度和选材，因为在比赛中能够脱颖而出的往往是那些构思巧妙、结构新颖的好作文。至于语言，要么以情动人，让人读了潸然泪下；要么以理服人，让人读后掩卷深思；要么以趣逗人，让人读了忍俊不禁。谁会对一杯白开水情有独钟？同样，一篇毫无悬念、读了开头便会联想到结尾、缺少生动情节的作文，就算结构完整、用词准确，也是很难博得评委老师青睐的。正是因为参赛者多如牛毛，所以在那么多篇征文中能够令人耳目一新甚至拍案叫绝的文章，才是一篇精彩绝伦的妙文，必会令人过目不忘。

作文的材料来自哪里？首先是孩子们的生活。引导孩子观察生活、记录生活是一种非常好的方法。我记得有一年语文课上，有一位女生写下了《大作家的日记》，结果得了全国日记一等奖；受到语文课上开展的"知心姐姐信箱"活动的启发，另一位女生写了《烦恼，bye bye 了》，获得了全国日记三等奖。其次，教师也可以将自己看到的作文材料告诉孩子，然后让孩子尽情想象，还原当时的情境。《哦，那个雨天……》便是这样一篇文章——一个小男生因为虚荣心作祟，没有在同学面前认他的外婆，后来后悔了。这段我小时候听到的经历被学生写成故事后，得了上海市《我爱我家》征文一等奖。

考场作文是一回事，竞赛征文又是另一回事。若以课堂形式作比，前者好比一堂"家常课"，后者则是一堂团队打磨课。但无论如何，文章的字里行间都会蕴含着教师、家长和学生的心血、汗水，每个经过推敲的字，最终都会熠熠生辉！

期待着这次"创意作文征集活动"收获满满！

习作教学篇

从"毛坯房"到"精装屋"

三年级上册的语文教材中第四单元的习作是续写故事。教材出现了三幅连环画，让学生通过观察图片、阅读气泡中的文字来理解故事的大体脉络：一群学生在讨论关于自己怎样过生日的话题，旁边一位叫李晓明的同学正闷闷不乐地看着他们。原来这位同学的父母正在外地上班，他的生日有可能会被遗忘，因此郁郁寡欢。同学们知道后纷纷开始为他的生日出谋划策，最终他会过一个怎样的生日呢？教材给了学生一个尽情想象的空间，也对单元语文要素——"预测"能力，做了一次巩固。学生们根据自己的喜好，也依据前三幅图片设置了很多结局，有的认为老师和同学会到他家里去陪伴他度过一个难忘的生日；有的认为老师和同学会在教室里为他策划一个与众不同的生日会；有的认为通过老师的努力，李晓明的父母会从外地赶回来，给李晓明一份额外的惊喜……

这些结局当然都有其合理性，但是，文章除了有一个大体的流程，最能打动读者的是什么？那就是细节。何为细节呢？那就是对作文中的主人公进行适当的描写，包括神态、动作、语言、心理等。一旦学生的想象力能够停留在这些细致的地方，写出的作文就具备了画面感，让人读起来如闻其声、如见其人。

很可惜，大部分三年级的孩子只能够完成一个通顺的故事，虽然有着完整的结构，但是受词汇量的限制和想象力的局限，很难主动去勾勒细节。因此很多家长一直追问："老师，我很想挺身而出帮帮他，可是孩子根本不理睬我的修改，他说那不是他的想法，我不能强加于他，怎么办？"而老师又何尝不是这样？拿一支红笔，这里圈圈，那里改改，一本作文本，似乎不留下我们满满的思考痕迹便不足以告慰天下。孩子看到这样点缀着"满天星"的本子，究竟会是感动，还是惊惧，抑或是自信心的崩溃？他们对于文章的修改之心会因此被激活吗？还是从此以后干脆懒于动脑，心想着：反正我写完了还是要听从他人的意见进行修改，第一遍的草稿便省点力气吧，从而不再对作文上心？

如何才能由外因推动内因，让孩子自己意识到自己的习作尚有潜力可以挖掘？也许赏析范文会是良策。我们可以让孩子细细品读同龄人的作文，圈出其中的好词。接下来的一步至关重要，那就是抓词品句，一定要想办法让孩子们说出自己为什么会圈出这个词语，这个词语到底让他们感受到了什么。

若一开始举手回答问题的人寥寥无几，教师不需要紧张，可以作一下示范。例如在开头连环画的案例中，教师指出优秀范文中"聚集"这个词语写出了下课的时候有不少同学都围在一起讨论自己是怎样过生日的，说明场面很热闹。孩子们渐渐地便会鼓足勇气对其他好词进行点评：三五成群、闷闷不乐、愁眉不展、灵机一动、大吃一惊、绚丽多彩……通过点评，孩子们会对这些词语的意思有比较深的了解，如此一来，才能为合理运用这些词语提供一种比较大的可能性。

学生在读一读、想一想、品一品后，再将自己的初稿与范文进行比对，一定会发现很多地方可以添加刚才所点评的词语。那就大胆地采用吧！学以致用本来就是我们读书的一个重要目的。

这时教师可以提出量化的标准，如一篇习作中，需要有至少五个好词语和两个好句子。之后让学生自己找、自己圈，如果不达标，继续进行尝试。作文之苦，在于词不达意，更在于词到用时方恨少。但是只有经过这样长久的练习，最终才会苦尽甘来。

老老实实地写

始终记得我在小学三年级的时候跟着作文启蒙老师顾老师学写的第一篇作文《我喜欢小白兔》。在人生的第一堂写作课上，我幸运地得到了老师循循善诱、无比细致的指点，明白了一篇合格的作文至少应该做到以下三点。

1. 要有篇章意识，即文章要有开头、中段和结尾，也就是现在说的总分总结构。其中，开头与结尾都要围绕题目来写，这样可以让文章首尾呼应、有始有终。

2. 中段可以根据观察的顺序进行切分，比如从小兔子的耳朵、眼睛、嘴巴，写到四肢、尾巴以及整体。这样的安排可以让文章思路清晰。

3. 在语言方面，可以试着运用一些比较生动的方法。比如，描写小兔子的眼睛时，可以说那简直是两颗闪闪发光的红宝石；描写小兔子的尾巴时，可以说那就像一个小小的绒球。

老师整整花了两节课的时间教我们写平生第一篇小文章。她允许我们大量使用课堂上听到的语言，并根据自己的想法进行合理的顺序调整以及内容扩充，这不但解决了我们这些从来不知道作文是何物的小学生对于写作内容的选择问题，也顺便将我们不知道怎样写的困扰一扫而光。也许有一些专家会认为，这样的教学方式太过机械，限制了孩子们无穷无尽的想象力和个性化的表达，但笔者认为在写话的初期，教一点最基础的写作技法是非常有必要的，这其实就是在训练学生的写作基本功。就像达·芬奇小时候，他的绘画教师总是教导他要不厌其烦地画鸡蛋一样，我的顾老师就这样连续指导我们完成了好几篇最初的作文写作。

回到我的教学实践中。二年级下学期的最后一篇写话练习，题目是"我想养（　　）"，我便在课堂上将我小时候得到的篇章写话方式教给孩子们。目的便是构建最初的写话篇章意识，杜绝那些看似天马行空、无拘无束，实则自由散漫、毫无逻辑的"涂鸦"。在这样的基础上，我们不妨试着让孩子再根据自己的喜好进行选择，从扶到放，用同样的结构去尝试选取自己真正喜欢的内容。二年级的孩子，也能在写话中做到言之有物、言之有序。

当然，比起我小时候的作文题，"我想养（　　）"这个题目的编者暗藏了一个"陷阱"，那就是整篇文章要立足于这个"想"字，它说明还没有达成心愿，只是心里很渴望。

老老实实地写，或许也是一个很大的挑战。

微信求救

邻居在微信上向我"求救",说是女儿的老师没让孩子的作文通过,然而,她看来看去,也不知道怎样改,只好求助我。

邻家千金的作文标题是《心爱之物》。老师在"心爱"两字上面用红笔重重打圈,旁边附送一句评语:没有突出"心爱"。

邻家千金写的"心爱之物"是小闹钟,文笔优美流畅,然而美则美矣,却有种隔靴搔痒的言不由衷。闹钟的外形、用途、闹钟带来的感受等写得面面俱到。最后,非常"老道"地添了这么一句话:"相信我们的祖国会更加繁荣昌盛。"可惜这句话也没有打动批阅这篇作文的老师,依然让她回家重写。

真奇怪,我们的孩子从什么时候开始,一写作文只会堆砌好词好句,套用"公式",强行升华了?

我想起多年前,班级里很多乖孩子也是这样处理作文的。比如写"让我感动的一件事",全文已经铺垫了很温馨的感情氛围了,并且细致生动地描述了一件事,也是情真意切的。然而,到最后她写道:"我望着妈妈的身影,我想,我以后一定要好好学习,长大报效祖国,为建设祖国作出自己的贡献。"我看到后坚定地表示,我一定要竭尽所能扭转这种"强行升华式"的作文现象。

于是,便有了"叶韵"文学社。

邻家千金的作文总是给我一种孩子偷穿大人衣服的感觉,这篇作文之所以不能过关,主要是因为"心爱"一词并未表现出来。因此我给出的建议是增添一些细节,比如生活中你是怎么爱惜这个闹钟的?这个闹钟给你带来哪些帮助?万一闹钟不小心磕在哪里你会如何心疼?要把闹钟当作小宠物来写,写出你对它的珍爱。

然而我的这位邻居表示非常痛苦,也不知道这些细节到底应该加在哪里,到最后说还是让宝贝上网查点资料重写一篇算了,就写《我爱小金鱼》吧,毕竟,人家大多数同学都写了也通过了,并且写怎么照顾动物的要比怎么"疼爱"闹钟简单多了。

我心想,也许闹钟本来也未必是邻家千金的"真爱",那又何必坚持呢?于是我说，好吧。

然后，长达半小时的沟通化为乌有。

我们都是小诗人

诗歌是中华民族文化宝库中一颗璀璨的明珠。近日，我班学生在四年级下册第三单元的学习中开展了以"轻叩诗歌的大门"为主题的综合性学习活动，通过一系列探究实践活动，学生深入体会了诗歌的魅力，初步学会搜集诗歌、整理诗歌、欣赏诗歌，并在教师的鼓励下通过小组合作当场自由创编了一首现代诗。

诗歌单元的压轴戏是学生自创诗歌，这是一项颇具难度的工程。如何增强学生自信，让其能够从畏惧到主动参与，尝试用诗歌独有的方式展现小组智慧、表达真挚情感呢？笔者从如下几方面入手，基本达到预期的教学效果。

一、共建支架，引导学生自创小诗

课前，笔者搜集了一些生动形象、富有童趣的现代诗，并以诗歌模板的形式发给每个小组（每组两首，内容不一样）。通过课堂集体讨论，让孩子们自主归纳小组合作写诗步骤，并一一写在黑板上：1. 读诗；2. 品诗；3. 思考；4. 讨论；5. 合作；6. 检查；7. 展示（齐读）。

二、小组合作，驱动学生良性竞争

明确了写诗的主要步骤后，教师便可以"放权"给各位组长，让他们带领小组有条不紊地实施诗歌自创方案。经过前几周的有效训练，各小组开展工作的效率日益提高，不少孩子虽然不敢在全班面前侃侃而谈，但是在小组内却呈现出乐意参加、神采飞扬的姿态。笔者不断地巡视、不断地表扬。然而毕竟是孩子们第一次创作诗歌，笔者心中也有些疑惑，这些小家伙大概能在多少时间内完成第一首现代诗呢？

三、交流作品，鼓励学生展现自我

令人惊喜的是，8分钟后，一个小组的诗歌诞生了，全班同学都很震惊。当他们小组正式登台，用参差不齐却真挚响亮的声音展示自己的"智慧结晶"后，孩子们啧啧赞叹，那些崇拜的、渴慕的眼神让率先登场的这一小组充满了挑战成功后的自豪，胜似凯旋的将军。其他小组也不甘示弱，他们热情高涨、彼此鼓舞、笔杆挥动不停……几分钟后，班级里完成诗歌的小组如雨后春笋般不断冒出来。他们纷纷上前，认真地朗读着自己小组的"思考成果"，有齐读的、分角色读的，将一首首朴素却又极富童趣的诗歌演绎得多姿多彩。就连平时总是噤若寒蝉的徐同学和赵同学，也鼓足勇气读了其中属于自己的一段"台词"。而台下的掌声与喝彩总是在合适的时候响起，这是对伙伴们最真诚的尊重和鼓励。

四、 互动归纳，助力学生理性总结

笔者被孩子们丰富的想象、流畅的语言打动，甚至还遇到了一首冲击力极大的诗歌，后来才知道那是宋同学平时在书中看到的，是情不自禁"默写"出来的。由于教师在课堂上和孩子们一起欢笑、一起流泪，许多孩子在梳理诗歌诞生条件时，都不断地重复这一条：诗歌需要有真挚的情感。通过师生共同归纳，总结出以下几点。

1. 诗歌要么很有趣，要么充满正能量，总之会有一个主题、蕴含一个道理，比如"珍惜"等。

2. 诗歌允许虚构、注重想象，但一定有真实情感。

3. 诗歌中可以运用大量的修辞手法，语言生动。

4. 诗歌的内容很广泛，可以写大自然，也可以写心中的想法。

5. 最好能做到押韵，让诗歌读起来更加朗朗上口。

五、 及时记录，留下心灵深刻体验

在这堂诗歌创作课上，孩子们的心弦被拨动了。他们不但体验到了诗歌诞生的艰难过程，感受到了诗歌带给自己的情绪起伏，也更加珍惜小组合作中伙伴带来的创作灵感和内在动力。这些珍贵的思绪难道不是写作的最好材料吗？于是，在这一天的下午，孩子们又在笔者的"威逼利诱"下沉浸于写作的氛围，限时完成了一篇叙事习作，当然，题目是自拟的，内容根据题目进行适当选择与发挥。孩子们的文笔虽然稚嫩，却也让笔者颇感欣慰。连夜批改了这篇体验作文，第二天又是马不停蹄地表扬、颁奖、鼓励、合影、搜集优秀作文电子稿，期待班刊能够早日诞生。

PPT 偷走了什么？

最近听了不少教师的课，校内的、校外的、年轻的、资深的……然而，很多课都让我总觉得兴奋有余、思考不足，大脑和身体有些疲惫，就好像跟着学生在电影院里看了一部长达两个半小时的电影一样。

我在想，对低年级而言，如果没有 PPT，或者少用 PPT，这堂课还能支撑下去吗？ PPT 可以锦上添花，但即便少了它，也不至于伤筋动骨才对。

一次，学习骆宾王的《咏鹅》。教师让学生看了三种以上的动画，才让他们走近这首脍炙人口的古诗。学生欣赏着声色俱佳的古诗动画，然后，一遍遍地跟着媒体中的录音反复读……老师还在 PPT 上展示白鹅的图片，启发孩子理解这首古诗描绘的鹅身上的部分，并且一个个用红色圆圈标示了出来。这里是"曲项"、那里是"红掌"、这里是"白毛"……然后全班开始背诵。至此，一年级第一首古诗教学结束了。这也没有什么难度，因为很多孩子，幼儿园的时候早已把这首诗背得滚瓜烂熟了。然而我在想，就这样吗？我们的古诗教学虽然不要求孩子掌握整首诗的深意，所谓的检测也不过就是看看小朋友会不会背诵，可是，我总觉得应该通过一次次看似粗浅的古诗教学，激发孩子们产生一点学古诗的兴趣，种下一颗热爱古诗的种子，从而向孩子们打开一扇通往古典文化学习的大门。

后来，在另一位老师课堂上，讲解同样的部分时她并没有用到 PPT，而是选取了有关骆宾王的背景故事绘声绘色地讲了一遍，她的语气尽可能神秘，动作也尽可能夸张。她说："你们知道吗？在唐代，有一个和你们一样大、一样可爱的小孩子，他住在一个美丽的小村子里，那里山清——水秀（这是第五课积累的词语，教师话音一拖长，孩子们便习惯性地跟着念了出来），那里桃红——柳绿，村里有一个美丽的小池塘，池水清澈见底，最有趣的是，每天都可以看到一群大白鹅在水面上游来游去……有一次，孩子家里来了一位客人，看到这孩子聪明伶俐，便考了他好几个问题，每一个他都轻松地回答出来了，客人连连夸他。送客人回家的路上，客人看着池塘里的大白鹅，想再一次考考这个孩子，便要求他写一首诗，内容就是眼前的这群白鹅。孩子看着大白鹅神奇地伸着弯弯的、又细又长的脖子，看着它们雪白的羽毛浮在清澈的池水上，想着它们的小红掌是怎样地在水中划动，就像船桨一样……这个孩子眨了眨眼睛，一首诗便脱口而出——来，你们一定知道是哪一首了，我们一起读。"低年级古诗教学中，虽然不要求学生翻译整首诗，但老师还是要想方设法扫清他们理解古诗时的障碍，让他们对整首诗的理解有一个笼统的认识，为将来孩子们的古诗学习种下一颗随时准备破土而出的种子。

此刻，PPT上出现了《咏鹅》，教室响起了整齐响亮的诵诗声。等他们读完、读熟，老师不遗余力地补上："小朋友们，这就是一首大家都熟悉的唐诗。唐诗，是我们中国文化宝库中一颗闪亮的明珠，我们今天念的，只是其中一首。我们以后还会一起学习更多的唐诗，通过这些诗，我们会认识几千年前的古代人，感受他们看到的景色，他们遇到的事情，他们的快乐，他们的悲伤……"

那时教室里是那么安静。没错，一年级的孩子，也不是永远那么吵闹和"不解风情"的。

教师对课堂的理解、教师对孩子的了解、教师的底蕴、教师的情怀是任何媒介都不能取代的。所以，对PPT的使用，请适可而止！

读书观课篇

面对课堂上的"意外"

课堂从来不会是风平浪静的。虽然说凭借老师的强大指引，最终的教学流程依然会随着主线"一江春水向东流"，但其间必定会经历九曲十八弯。而课堂的魅力之一，也正是看老师如何处理这些"意外"。

听《青蛙写诗》一课时，无论是朗读难点的突破、识字重点的落实还是课文信息的提取……主讲老师面对这一切都扎实有力、水到渠成。孩子的回答铿锵有力、落落大方，无不沉浸在这样一节稳重的课堂中。我暗自叹服老师驾驭一年级课堂的功力。

在最后一个环节，教师巧妙创设情境，让孩子尽情想象"呱呱"后面的精彩内容，同时也给予学生充分的思考和讨论时间。到了集体交流的时候了，第一名被邀请"做诗人"的是个高高的男孩子，他一开口，便语惊四座："青蛙会写：'江南可采莲，莲叶何田田……'"把语文书第三篇课文《江南》熟练地背诵了一遍，只是每一句句子出口以后，教室里总会响起孩子们忍俊不禁的笑声，这使得整堂语文课的气氛发生了剧烈的转变。教师显然也措手不及，但是面对孩子如此"新颖独特"的回复，一下子也不忍心"全盘否定"，况且这首诗和课文所营造的氛围也并非格格不入。于是教师只好硬着头皮"肯定"了这个敢于第一个"吃螃蟹"的勇士。教师的"鼓励"让课堂一下陷入"古诗背诵"大比拼的狂潮，第二个学生说青蛙写了《静夜思》，第三个学生说青蛙写了《悯农》……总之，本学期语文课本上的所有古诗都成了想象环节的一个个"彩蛋"。幸亏教师有着多年的教学经验，在关键时候说："刚才我们听到的都是古诗，哪位小朋友自己来创作一首现代诗呀？根据老师提供的画面，你看，满天的雨丝、青青的池塘、热情的小伙伴……它们都在激发青蛙写诗的灵感。"课堂上的笑声渐渐消失了，这个"想象环节"得到了它应有的效果。

孩子的答案即使再精彩，如果偏离"轨道"，教师的"心肠"就该硬一点。

听《雪地里的小画家》一课时，教师利用田字格指导孩子写"马"字。一个孩子观察敏锐，远远地指着老师的板书，嘴中嘟囔着什么，好像是老师的一些笔画靠得太近，应该留有空隙……教师忙着下一环节的铺陈，就没有特别关注他，这孩子絮叨了一段时间，才慢慢重新投入课堂。

课堂的时间再紧凑，如果有孩子实在有话要说，还是要给他一些机会。此时，教师的心肠该软一点。

正确处理课堂上的意外，需要老师做好更加全面周到的备课工作，需要老师灵活把握教学目标，知道哪些是不能动摇的根基，哪些是无伤大雅的"小插曲"。

寻常中的奇崛

谈起须老师的课，很多人都会想到"本色语文"这四个字。的确，多年来，须老师的课给人的感觉一直是稳健质朴、低调却富有内涵。尤其在古诗文教学这一领域，颇具文学底蕴的须老师更是有着自己独特的理解和钻研。

《读书有三到》这堂课，也一如既往地彰显了须老师"本色语文"的风采。朴实无华的课堂再现曲径通幽之感，令人倍感亲切而又耳目一新。下面，我想从三个方面来谈谈自己的体会。

一、启发入佳境，巧把"金针"度与人

我们都知道小学生学习古文的重要性，但古文对于小学生而言，不外乎另一门"外语"，举步维艰。兴趣的激发固然重要，但正确的方法更是学习的关键。如何让孩子能尽快掌握古文学习的要领？须老师给了我们很多启发。比如这堂课，随着学习的不断深入，须老师将一个个小方法巧妙地称为"金钥匙"，一把把郑重地递予孩子。

第一把金钥匙是能"正确区分古今词义的异同";第二把金钥匙是翻译的时候要"字字落实、调整词序、有增有删、保持原色";第三把金钥匙是要"熟读背诵、吟诵古文"。

我们常说,授人以鱼不如授人以渔。这三把金钥匙不但能使学生轻松地掌握《读书有三到》,更是今后学习古文的三个非常关键的好习惯,如果能够扎实掌握并灵活运用,很多孩子在古文学习这条道路上必将披荆斩棘,勇往直前。

二、 点拨现高效,春雨润物细无声

一堂好课,除了事先精心的准备和设计,最精彩,也是最能展现教师功底的,则是课堂上教师对孩子的点拨。庆幸的是,每回走进须老师的课堂,我总能看到一个真实的学习过程,感受孩子们怎样从不懂到懂,又从陌生到熟悉,继而从一知半解到举一反三。

学习《读书有三到》的时候,我们会看到须老师将"正确区分古今词义的异同"作为学习重点,引导孩子正确掌握"尝""心""急""既"等字在古文中的含义。有时孩子们的回答"状况百出",但是须老师总能用他的耐心和沉稳轻松化解。另外,古文的翻译从词到句、从句到篇,有了老师循序渐进的铺垫引导,学生能在短时间内"一气呵成"也就不足为奇了。

须老师的课,让我们深有启发:课堂既不能事事插手、喧宾夺主,也不能过于顺其自然,任其"自生自灭"。课堂自然应是和谐的,但教师作为平等对话中的首席,他的及时回复和有力点拨就是要让孩子在一头雾水的时候"拨云见日",在踌躇满志的时候意识到"未竟全功",在百思不得其解的时候能够醍醐灌顶。

三、 练笔绽新意,柳暗花明又一村

"联系实际,学写古文"是这堂课的一大亮点。通常学完古文后,当大多数学生能够背诵、理解以及翻译整篇古文时,好像学习也就告一段落了。但是在这堂课上,须老师进行了一个大胆而有趣的尝试。他趁热打铁,让学生运用课文中的句式学写小古文——这个教学环节令人不禁拍案叫绝!用文言文写作,这是多么不可思议的一个挑战,但是因为老师联系了学生的实际(即将参加写字等级考试),为其创设了语境,而且提供了一段相关的白话文,这样,就让学生完全能够迎接这个挑战,完成这个任务。可见教师不仅匠心独运,更是用心良苦。

事实证明，这个教学环节不仅很有趣，而且很有效。因为只有在充分理解和熟记课文语言的基础上，灵活运用课文语言，并且区分读书和写字微妙的不同点之后，才能出色完成这个任务。课堂上，绝大部分学生确实也完成了第一次古文写作，虽然有点坎坷，但我们可以想象此刻孩子们心里还是很有成就感的。

总之，在古文教学的课堂上，须老师循循善诱，又凸显重点；他引导孩子扎实学习，又鼓励孩子活学活用。须老师的语文课，是竹篱茅舍人家双手捧出的一杯清茶，热气袅袅、暖心温情。听，那熟悉的吟诵声又在课堂上响起来了……

鱼和熊掌，可以兼得

紧锣密鼓、焦头烂额的期末考试又一次成为"悲壮"的回忆，两个班几乎没有"红灯"——看似皆大欢喜的结果让我和孩子们都可以拥有一个向往已久的愉快暑假。然而遥想考前，甚至平日里手中似乎永远批不完的练习卷与作文本，还有办公桌旁那一大叠不知何时才能有空推荐给他们的好书、好文章，常常禁不住扪心自问：我在做的，对孩子们将来的语文学习究竟有什么意义？一个个"高分"的诞生，为什么不再令人欣喜？文学，这个充满魅力的字眼，反而好像离我们越来越远了啊！

教研组期末会议时，拿到了这本《让孩子踏上阅读快车道》。看着封面上的介绍："两周教完一本教材""轻负担的同时还要高效率""知识面广还要考试成绩高""作文写得少还要下笔成文、出口成章"……此刻我心中涌起的，与其说是敬佩，不如说是疑惑：这本书的作者韩老师竟能在小学语文教育界创造这样的奇迹！基础知识和课外阅读，历来是鱼和熊掌，在二者不可得兼的情况下，往往只能舍阅读而抓基础，明知这样机械地运作下去，会大大影响孩子未来的学习潜力，影响他们知识背景的良好发展，却也只能无奈地放弃一部分课外阅读的时间——可悲可叹的小学语文教师！

怀着疑惑与好奇，我翻阅了韩老师的这本宣称可以唤醒无数深陷教育泥潭的家长和语文老师的书，最初的不解渐渐有些烟消云散，尤其是读到作者如何苦口婆心地向我们诠释"课内海量阅读"，如何气定神闲地笑对一年级新生，如何在低年级识字教学中打一个漂亮的"闪电战"，如何征服考试并且超越考试，如何进行家校沟通，为孩子打造一个良好的阅读环境从而奠定厚实的写作基础，最终营造了一个属于自己的"巴学园"……润物无声，化育无形，作者享受着一个语文老师应该拥有的幸福。在羡慕敬佩的同时我也不免问自己：我也能领略其间的些许奥妙吗？

不禁想起了十年前创办的"叶韵"读书会，那样年少气盛的自己，凭着一股子热情和执着，早早就引领班中的孩子阅读大师的经典之作以及同龄人的奇思妙想，在过程中也品尝到了不少甜蜜的滋味。但不知从何时起，曾几何时的"雄心壮志"在岁月的洗礼和考试的重压下灰飞烟灭。那么，韩老师又是如何让学生远离苦不堪言的作业，将拆散文章的习题抛到九霄云外，在享受灿若群星的世界文化、打造飘满书香的幸福人生的同时还能拥有一个个令人喜笑颜开的优异成绩的？

"韩式应试"三大法宝——

1. 抄写词语表：学完课文后，帮助学生将生字组成三个词，反复认读，抄写两次，应对考试。

2. 反复练习看拼音写词：把"词语表"中的词一课一课抄写过来，照着写拼音，学生完成词语练习后可以自行对答案。

3. 临阵磨枪：除了考试前一个月，将与考试相关的题型练习全部排除在师生的生活之外，在平时的学习中，学生基本只做读书、认字、写字三件事，考前一个月才实行题型强化训练。

就这样，读书多的孩子理解能力强，做卷子上的阅读理解题比其他学生容易得多，再加上字词这些最基础的知识平时稳扎稳打，考试成绩就得到了保证。

读到这里，犹如醍醐灌顶，阅读与考试，原来并不南辕北辙啊！

在书的序言中，韩老师说："没有一开始就讨厌读书的孩子，也没有靠自己明白过来而变得喜欢读书的孩子，关键在于是否有人把他们带入用文字写成的美丽世界中。"

但书籍的魅力对于现在的孩子而言恐怕大不如我们的孩提时代。丰富多彩却略显肤浅的电视节目和包罗万象却鱼龙混杂的网络世界，就像两个吞噬时间的巨兽，不经意间席卷了不少孩子幼小单纯的心灵，让他们在扔下书包和作业本的一刹那就心甘情愿地被光怪陆离的画面俘获。而承载着人类无穷的智慧的书籍，以及其中闪耀着人世间真善美的白纸黑字，因其表面的沉默和单调被大多数孩子视为沉重的"枷锁"、应付作业的"工具"，甚至是催人打哈欠的"速效安眠药"。

浮躁的时代，我们和孩子都变得浮躁。如果这个时候，作为老师和家长的我们再不好好引领孩子，那么，他们的人生或许将永远不会拥有书香，读书的快乐对他们而言也将永远只是水中月、镜中花。

童心浇灌教育奇迹

寒假悄悄来临，我翻开来自地球另一边的雷夫老师所著的《第 56 号教室的奇迹》。读到"电影英雄"这一章节，看雷夫老师如何为学生选择电影，如何指导学生感受电影带来的魅力，如何让学生具有初步的审美观和人生观，有种似曾相识的亲切感。这位可敬可爱的雷夫老师让我想起很多人，而这些人在我的教学生涯中或多或少都曾影响过我。比如《放牛班的春天》中的马修老师，那个其貌不扬却用爱与音乐赋予孩子勇气和梦想的"小老头"；《窗边的小豆豆》中巴学园的校长，那个常蹲下身子微笑聆听孩子"喋喋不休"的小林宗作先生；还有说过"给我一个班，我就心满意足"的薛瑞萍老师、以朴素优美的文笔和深刻犀利的思想蜚声国内教育界的闫学老师……

他们的教学风格或许各有千秋，但万变不离其宗，其教育的核心离不开两颗心——爱心和童心。因为有爱心，他们常站在孩子的角度看待问题，用宽容和微笑鼓励孩子在求学道路中跌跌撞撞地尝试学步，并且在年复一年、日复一日的教书生涯中时时发现那一份作为教师的快乐；因为有童心，他们能轻而易举地接通知识源泉的水管，使自己永远处在不断地丰富、更新知识的熏染中，从而让自己有能力、有资本、有方法、有条件、有兴趣去丰富、更新和"熏染"学生。

看看雷夫老师为孩子设计的"课程"：阅读、写作、数学、经济学、心理学、地理、历史、自然、艺术、体育、影视、旅游、音乐……这些课程，和生活是多么息息相关，学生获得的绝不仅仅是一桶水，而是十几种"捕鱼"的技术。雷夫老师的课让这些孩子仿佛是一个个小小的"粉刷匠"，能刷出一片属于自己的灿烂天空。

很多同仁应该都会有这样的感慨，若把考试和分数作为衡量一所学校、一个班级、一位教师的标尺，把学校当作一个传授某些知识、学习某些课业或养成某些习惯的场所，学校教育完全以课堂为中心，课堂以灌输式传授知识为中心，而不以儿童为中心，那么教育就会悄悄变味。在很多人眼中，似乎只有"读书"是最重要的，读也只读那些可以押题的教材书。在很多人心中，似乎只有"分数"是最有价值的，因为它可以决定你在学校中乃至社会中的形象和地位。在这种情况下，学生不是生活在当下，当下的一切都被认为没有意义，因为人们更看重的是一次次起伏的分数和名次，仿佛只有这些阿拉伯数字才能决定孩子的前途是光明的还是黑暗的，是幸福的还是痛苦的。这种观念使我们把学校教育与社会生活割裂开来，学校成了一尘不染的象牙塔，学生成了彻头彻尾的读书人。"两耳不闻窗外事，一心只读圣贤书。"学习成了沉重的负担，成了令人不堪忍受的苦役，对遥远未来的美好设计成了当下苦读的一个理由。

我们难道不该问问自己，是不是常常把心中的理想以爱的名义强加给孩子，却很少考虑孩子自身的感受？其实，每个在起跑线上的孩子都有无限可能，可是我们总希望他沿着跑道跑，而且要跑得比别人快、比别人稳，却忘了他们也可以跳、可以滚、可以飞，那一条起跑线只是个开始，每个人的终点不见得一样。幸亏越来越多的人开始重视孩子心底发出的声音，越来越多"雷夫"这样的好老师出现在我们的校园中，而《第56号教室的奇迹》也吹响了号角，让每个传道受业解惑的教师停下脚步静静思考，扪心自问：我的教室除了成绩和应试技巧，还能给学生留下些什么？

读过几页《小窗幽记·集豪篇》，其中有两句话留给我很大的思考——交友须带三分侠气，做人要有一点素心。我想这个"素心"就是"赤子之心"。现代人在巨大的工作压力下容易烦躁甚至焦躁，但如果没有一点寄情托梦的地方，人生会变得干涸枯燥，也不利于提高工作效率。

不知从何时起，我迷上了看电影以及向学生推荐分享电影。我记得我曾带领学生感受过三部诠释人间温情的国外影视——《心动奇迹》《小鞋子》《外婆的家》。这里面有祖孙之间的爱，有兄妹之间的情，有动物与人类的义……这些电影不但让学生的心灵受到震撼和洗礼，也留给他们很多写作的灵感和空间。因为一些偶然，当初自己的"素心"——看电影居然可以光明正大地登上讲台，并且大受学生欢迎；居然能让学生的手中诞生那么多佳作，也为自己的教学研究提供了很多鲜活的素材；居然能承担起区级以及市级的"读写链"展示课；居然在区级中青年教学课堂评比中脱颖而出，并且参加上海市的教学评优，取得了比较满意的成绩……很多已经毕业的学生给我写信，提到最多的便是在课堂上欣赏电影，和影片中的主人公一起欢笑一起流泪的情景。这一切，已经成为彼此心头美好温馨的回忆了。这使我有一种"踏破铁鞋无觅处，得来全不费功夫"的成就感，而在作文教学中我也信心倍增，懂得"抓细节、品真情、写感悟"，这一策略确实可以解决很多长期困扰作文教学的难题。

回顾过去，有欣慰也有遗憾，但那一次次引领学生感受大语文的珍贵体验将成为美好的回忆和面对未来的勇气。面对未来我对自己提出要求：希望能继续做一名快乐的语文老师，激活生活中各种有益有趣的资源，引领学生徜徉在美妙的语文殿堂中。

我在心中勉励自己：不断充电，增强底蕴；心如止水，不断积累；善于化解，保持活力；心存感恩，百年树人。

假如有一天，一位我曾经教过的孩子说："在我读小学的时候，我曾遇到过一位语文老师，是她让我明白语文很有趣也很有用。尽管我并未从事文学创作工作，但我愿意将这一分诗意和浪漫变作一种生活方式……"此生足矣。

特殊的"战争"

去年暑假，我的教学轨迹发生了一点变化。一向执教高年级的我竟然被告知要改教三年级了。很多人知道我即将要成为三（2）班的班主任，担忧地对我欲言又止："小心些啊，这个班，尤其是男生……"

我有点不太相信，才十岁的孩子，能干出什么惊天动地的事？难道这个班真那么令人望而却步吗？然而，开学一周后我就尝到了这帮"小猴子"的厉害。我的喉咙越来越哑、火气越来越大，我对刚刚毕业的学生和我们之间的默契怀念不已。每次上课，我看着犹如一盘散沙的班级，精心准备的教案化作心头一声疲惫的叹息。每天中午，他们叽叽喳喳地向我汇报谁又抢了谁的点心，谁把谁的手撞疼了，谁的铅笔又不见了……我做了一回又回"包公"，又当了一次又一次的"侦探"，无奈一波还未平息，一波又来侵袭。我简直要"崩溃"了。

最可怕的是我对自己没有了信心，对学生没有了感情。课堂上，学生用一片死寂来表示他们无声的抗议；下课时，他们便如"花果山的猴子"般顽皮淘气。我不敢面对学校的一切班级评比结果，疑惑、无奈、烦躁包裹着我的整个身心。

《班主任兵法》就在这时犹如一道闪电撕破暗夜，让我的教学生活发生了一次全新的变革。该书的作者其实也曾经历过我这样苦闷彷徨的时刻，然而他最终"置之死地而后生"，在一次次苦苦思索后，他终于悟出了一套整活班级的手段，他称之为"兵法"。他说"教师"和"学生"其实是非常特殊非常微妙的"敌我"关系。当然，我们最终的目的并非是将一个个"敌人"消灭干净，而是要使整个班级的风气得到整治，凝聚力得到加强，学生身上的陋习得到改正。教师要本着向善向上的心志去管理班级，学生如果能感受到你是真的在乎他，真的为他好，那么在这过程中的种种教导就能真正扎根在他心中而让德育工作内化了。

所以尽管"兵法"有三十六计，最核心的还是征服孩子的心。在教学中，别总找借口，别总抱怨，别总是像个炸弹似的一点就着，被那些大小琐事牵着鼻子走，身心俱疲又"人心尽失"，真是吃力不讨好。

在该书的指引下，我开始寻找教育学生的契机。我常常偷偷观察孩子们课间的表现，而不像从前一样一下课就走。谁和谁是好朋友、谁在玩什么、谁在班里像个"小头头"……收获还真不小。有一个叫小 A 的孩子平时沉默寡言，作业字迹潦草。但是，这家伙的"死党"还真不少，一下课几个调皮的男生全以他为中心进行活动。

"擒贼先擒王"，如果能"收服"他，这群最调皮的男生也就能一并被"降服"了。经过一个阶段的观察，我又发现他很豪爽，为人讲义气，做事果断。有时当他和朋友在教室里大声喧闹嬉戏时，我便会交给他一些任务，比如打扫卫生死角、拿书等，而且都采用商量的口吻，而不像以前那样训斥他只想着玩。他总是很爽快就答应了，而他的"小兄弟"则会去帮他的忙。这样一来，班级卫生得到了维护，纪律也不再那么涣散。当然还要适时地鼓励一下、表扬一下，让他们渐渐懂得劳动是光荣的。也许是因为我一直把他的名字挂在嘴边，我发现他原先紧闭的心灵大门也渐渐愿意向我打开了。上课时他居然也会主动举手，平时见了我也能淡淡地打个招呼，这一切都表示他正在努力使自己融入集体中，并且走近老师。后来，又发生了"门牙事件"：在一次追逐打闹中他撞掉了门牙，疼得他第一次在我面前痛哭起来，第一次像个孩子。随后，在老师和同学的鼓励下，他渐渐好转。那次以后，他变得更愿意接近大家了。这是一个成功使用了"兵法"原理"治服"学生的典型事例。它让我懂得，和学生相处，要有真诚的爱心，要有巧妙的办法，还要利用恰当的时机，要以爱取胜，以智取胜。

我的教学之路还很长，《班主任兵法》一书让我感受到走这条路的惊险和乐趣，为了孩子的明天，我会竭尽全力，做一个"有勇有谋"的班主任。

第五辑

溯　　源

　　"如溪语文"的这份坚守也许正源于生命迷惘之时，有幸遇到优秀的老师，加入优秀的团队，给我力量，促我奋进，让我能正视自己，重新扬帆启航。从教三十载，从锦瑟少年到两鬓斑白，我们那代中师生都已来到中年深处，却依然坚守着家乡基础教育这方土地，不断充盈着人生这本大书。

能成为一名教师，对我来说并非偶然。

很小的时候，父亲曾经对我说："你这个孩子恐怕能当一名好老师，不然你的生日怎么正好会是'六一'儿童节？"这一句话竟然成了我最初努力学习的动力。之后，我遇见过很多好老师。这些老师在我失意时不断鼓励，得意时给予劝诫，让我如同沐浴三春的阳光，拔节生长。

1991年秋，我正式成为了上海市安亭师范学校（以下简称"安师"）的一名中师生，圆了孩提时代便许下的心愿。当时，能够考上安师这样一所全国有名的中等师范学校，那种难度、那份荣耀不亚于现在进入名牌大学。丰富多彩的中师生活像一块大磁铁，吸引着我投身其中：看着慈爱的"文选"老师给我们讲述《孔雀东南飞》中缠绵凄美的故事；望着功底不凡的书法老师那一手刚柔并济的板书；听着优美动人的曲调从音乐老师的指尖缓缓流出……我很快喜欢上了这个校园。我努力聆听文化课，努力练习弹琴、三笔字，努力让自己的作文变成校报上的铅字……基本功潜滋暗长。当时比我们长一两岁的师兄师姐们琴棋书画样样精通，让我们顿生艳羡之情，期待有一天也能像他们一样能够在课堂上侃侃而谈，在舞台上大展才华。那时，想到不久的将来我即将成为一名教师，使命感油然而生。

三年时光飞逝如电。我们在1994年6月宣读了毕业誓言。那个初夏，我和同学道珍重，和恩师说再见。至今，我还清晰地记得初上讲台的那份忐忑和激动，望着班级里几十名学生稚嫩的笑脸，我深感肩上的责任。但由于学历尚浅，虽有满腔热情却暗自感慨知识的有限。于是工作头几年，我一边教学一边辗转于市培训点，勤学不辍，风雨兼程，先后顺利拿到大专学历和本科文凭，让自己拥有了教学的底气。在近三十年的日子里，也常会与昔日的同学校友见面聚首。在感慨岁月变迁的同时，我们都对安师三年充满眷恋。那份回忆，安放着我们精神的故乡，安放着我们青春的足迹和满满的憧憬。当我们渐行渐远，才发现我们那代中师生都已来到中年深处，不同的是每个人都有着属于自己教育生涯的独特故事，相同的是很多人依然坚守着家乡基础教育这方土地，用点点滴滴的努力充盈着人生这本大书。

作为教师，我们的日子过得平凡低调，但也从容踏实；虽然从不曾轰轰烈烈、明亮耀眼，却如向日葵扎根大地般问心无愧。在人生的转折口，我们选择了向阳而生的坚强和执着，无怨亦无悔。

风雨三十载，从锦瑟少年到两鬓斑白，从亭亭少女到皓首苍颜……我很庆幸在生命的迷惘之时，能遇到优秀的老师，遇到志同道合的伙伴，加入优秀的团队。书本的启迪、导师的指引、同伴的启发，让我在教学道路上能够时常正确审视自己、重新扬帆启航。

路，不断地延伸至远处。回首孩提时的梦想，父亲说过的话依然是激励我前行的动力。当一名语文教师，挺好的。

写给春天般的你

　　那是一个懵懂的年纪，心中总有挥散不去的阴霾，她常常将满腹的忧郁化作文字，宣泄心中点点滴滴的孤寂。然而很多师长不喜欢这种"为赋新词强说愁"的文章，总是冠以"文笔不错但格调低"等评语，于是一个个灿烂的分数总与她擦肩而过……她郁闷过也困惑过，直到习以为常，直到心灵不再涌动着清澈的泉流，直到手中的笔无力地垂下……直到遇见她初三的语文老师。

　　很多个春光明媚的早晨，学生排着队到办公室背诵古诗文给老师听。阳光透过窗棂斜斜地照射着那间几平方米的朝北小屋，屋子里，似乎总笼罩着一层柔和的光晕。她喜欢这样的时光，就好像永远沐浴在和煦的春光里。老师常常一边握着书本一边微笑着聆听他们琅琅的吟诵声，谁如果流畅地背出了那些锦心绣口的好文章，她眉宇间的笑意便会更深。他们都喜欢这位新来的语文老师，也许因为她的气质豁达开朗，谈吐幽默潇洒，博学多艺令人叹服。她惊讶老师竟能读懂她那些"格调低"的文章，在那些被稚嫩天真的文字所填满的似梦似幻的作文稿纸上，老师的评语似乎从来不谈技巧语言，不去要求她首尾点题，或是情景交融，而更像朋友之间的絮语叮咛，或惊叹或赞许，有质疑但也温馨亲切，甚至透着些许调皮……

　　她曾问老师："文章格调一定要高吗？"望着她一脸执着的困惑和倔强，老师轻轻一笑："我想，只要是你的心声，就会有人愿意聆听。等到有一天你变得坚强了，你的文字自然就会长大，难道不是吗？"她的眼睛亮了，渐渐地，心中的积雪悄悄融化，文字又化作春天的溪水开始淙淙流动。那短短的一年，老师教会她很多，不仅仅是学业，当生活偶尔向她示威的时候，她发现自己已经学会微笑面对了。

　　光阴似箭，逝水流年。也许有很多东西逐渐退出她的生命舞台，但她对文字的热爱却依旧留存。她喜欢感受别人文字中的真诚，喜欢捕捉生活中令人心动的小小细节，她一次次地告诉班里害怕写作的孩子："只要是你的心声，就会有人愿意聆听。等到有一天你变得坚强了，你的文字自然就会长大。"每每此时，她便会感到校园的绿树上洒满春日的阳光，每一片又柔又亮的叶子上面，都像是有一个小生命在颤动。

她原想收获一缕春风的，没想到，老师却给了她整个春天。

这儿，有一片绿

　　她又回到了这里，一个十年前背着书包奔奔跳跳来念书的地方。

　　十年前，这儿只是由几排低矮的平房组成的一所小学校。全校一共四间教室、两个办公室，再加上平房前巴掌大的一块泥地，算是学生们读书游戏的全部空间了。每次下课，都有一个老师拿着木棒去敲三下挂在教室外的走廊上的铁皮，铁皮生了好厚的一层锈，敲出来的是沉沉的声音，孩子们听见了便从教室中飞奔出来，在操场上快乐地玩耍。学校如此小、如此简陋，可在她心中，它却是一块无比珍贵的乐土。

　　她怎会淡忘那段岁月？无论刮风下雨，她总是第一个来到学校，跑进自己的班级，将黑板擦得一尘不染，把桌椅排得整整齐齐。望着教室里的一切，总有一种深深的敬意从她心中升起。那是对学校的向往，还是对老师的敬意？当时，小小的她还不能回答。

　　十年，不短的一段时间。眼前的学校已比原来的扩大了好几倍，显得既宽敞又美观。然而，她并未因此感到陌生。相反，旧日的影子、旧日的气息、旧日的故事都一下子从校园的各个角落显现出来。顿时，她感到亲切无比。

　　几个小学生正在长着青草的操场上你追我赶、奔跑欢笑，她心中升起一阵强烈的喜悦。她面带笑意，凝视着孩子们，不由得问自己：当年的我们，是否也这样欢乐？

　　沿着整齐的水泥路，她继续向前走去。两旁有一排绿树，枝干挺拔，叶子绿得很亮、很翠、很柔，透着生机勃勃的春意。她很喜爱这些绿树，小时候，学校里只有几棵矮矮的小树苗，向窗外一伸头便可看到。这些小树苗，长着几片嫩叶，在风中孤零零地摇摆，但也隐约地透露着一星半点的绿意。每当她痴痴地凝望那几株小树时，它们总在清风中向她点头致意。

而今天，她需高高地仰起头才能看见那绿荫如盖的树冠。小树长高了，她也长大了。十年前那个背着小书包奔跳着来上学的小女孩，又回到了这里。也许她是为了来寻找童年时的那一片绿，也许她是为了实现从小就埋在心底的一个心愿，也许……总之，她也会像儿时的老师那样，对可爱的孩子们讲述一个个娓娓动听的绿树的故事……

　　跨出校门时，她回过头，再次凝望那些绿树。阳光下，叶片很翠、很亮、很柔。这儿有一片绿，心中也有一片绿，它们融合起来，将化作一个明媚的春天。

心中的春天

明天，就是毕业考试的日子了，而这最后一堂语文课，也只剩下短短的十分钟。就在刚才，她不厌其烦地向学生叮咛考试的注意事项，又将所有的练习本、试卷发还给每一个学生，做完这一切后，学生们开始静静地复习，她呢，就站在讲台前默默地凝视着他们。

那支口琴就藏在备课本下面，几番迟疑，她终于还是将它拿了出来，开始平静地说："同学们，再过十分钟，我们的最后一堂语文课将画上圆满的句号，大家还记得我在上次主题班会上唱的歌吗？今天我吹给你们听。"于是，悠扬委婉的口琴声在教室上空回荡，那曲子优美而凄伤，她闭上双眼，不知为什么不敢去正视面前的学生。

一曲完毕，她竟有些耳热心跳，她努力保持镇静，看着底下的孩子，略作"欢快"地问："好听吗？"但是她的泪水一下子滴了出来，因为她看到一半的孩子已将头埋在桌子上，另外一些深深地望着她，眼中也早已充溢着泪水。教室里静极了，她感到自己的心灵与孩子们的心灵默默地交流着，一切尽在不言中……她不禁想起了那堂语文课……

那也是个烟雨蒙蒙的早晨，那天讲的是《老师领进门》，她对课文作了必要的分析后就在黑板上写了几个字——"三春晖"，然后她按响了录音机，理查德·克莱德曼的钢琴曲立刻如水一般在教室中流动。孩子们睁着闪亮的眼睛望着她，虽感新鲜却并不奇怪，她的每堂课似乎总要开"无轨电车"，非从课内引申到课外不可。

在柔情似水的乐曲声中，她开始讲述一个爱的故事，一个真实的故事。故事并不轰轰烈烈：满头花白的老教师每天背着腿受伤的女孩回家……学生们全神贯注地听着，她动情地讲着，音乐声还在静静地流淌……这一切都让她的心柔软无比。当她讲到"那个女孩就是我"时，泪水就这样极自然地滑下脸庞，她以为会有学生笑她，但透过朦胧的视线她分明看到了一张张被深深感动的小脸，那上面写着无比的真挚和理解。她释然了，那天的作文题目是"三春晖"，让学生记录自己生命历程中感受到的爱，可以是父爱、母爱、师爱……孩子们急速提笔，一挥而就。

下课后便有人来找她，措辞十分委婉："你的课……这个很有激情，你本人的基本功也很扎实，但是……教学设计的某些细节处理……"到最后她终于听懂了这些话的实质：你的基本功不错，但你也只是基本功不错而已，你要研究教学设计，才能拥有无懈可击的教学环节……她感到有些啼笑皆非，什么叫"很有激情"，难道刚才的那一幕是她表演出来的吗？这么优美的课文，难道非得逐字逐句加以烦琐的讲解，而不留给学生一块可以自由想象与品味的空间？但她沉默着，觉得任何解释都显得苍白和多余。她只是坚信语文课不仅要教学生知识技能，还要通过一篇篇抒写"情"的文章净化他们的心灵，让他们懂得真善美、寻求真善美，难道不该是这样的吗？

"她可真是性情中人，说哭就哭……"

"听说她连自己小时候的事都要讲给学生听……"

"她竟然说作文书不宜多看，像泡面一样吃多了没营养，她让学生看古典小说和现代小说，那些打打杀杀、情情爱爱，能让学生看吗？这不是误人子弟吗？"

"她连课文后面的几十条词解都不要学生默，考试不砸锅才怪！"

"她居然提倡学生在写"给某某的一封信"时可以选择写给自己心中的偶像，结果你猜怎么着？班里乱套了，有写给名侦探柯南的，有写给中华小当家的……这都是些什么呀！"

"就是就是，她这人连审题也不会，上次还居然和谁争'我的老师'中的'老师'可以是同学朋友、爸爸妈妈，只要是值得自己学习的，连小动物都能写呢！也太离谱了吧！"

"上学期有一位家长来找她，要求她对女儿凶一些，不要老讲笑话，她居然说无法做到，因为语文课一定要和学生进行什么心灵之间的交流，那些孩子懂什么呀？"

……

"一个怪人"，很多人都这么说她。当然只要她愿意，她也可以在课上机械地默写词语、解释段落大意和中心思想，默写一切能默的东西；可以在课堂上照本宣科，除了课本上的内容外，其他一律舍去。只要学生抄下讲义、背出答案，考试时再正确无误地填在试卷上，那么学生就能获取高分，家长、领导也会笑逐颜开，皆大欢喜，这样她也许可以轻松些。然而她知道如果真的那样做，她便会失去自己，失去教书的全部意义。

最后一堂课，她又一次开起了"无轨电车"，泪光盈盈中，她仿佛看到了这一年多来和学生相处的点点滴滴：篮球赛失利后她是怎样激励那几个因骄傲而惨败的学生；孩子们是怎样秘密地为她筹备生日会……那一次次的欢乐与共、忧愁与共，都将成为彼此心中的珍宝，永远不会消逝。

窗外的雨，不知何时已悄然停息，空气显得湿润而清新，她贪婪地深深呼吸。今天，她种下的是一颗真诚的心，或许明天她就能收获一个美好的春天……

闪亮的日子

　　当我写下这个题目的时候，仿佛又置身于"希望之星"研修班的教室里，台上，是永远笑容可掬、神采奕奕的蒋老师，她的谆谆教导意味深长；台下，是越来越熟悉的学员朋友，他们和我一样，认真地聆听着蒋老师亲切而又坚定的话语，时不时地伏案疾书；而窗外，则飘着如烟如雾的春雨……

　　跻身于这个"群星璀璨""名将云集"的班级，已经快一年了，但每次想到自己居然也能成为蒋老师的"座下弟子"之一，仍觉恍然如梦。"业精于勤而荒于嬉"，我深知自己在专业上似乎从未下过怎样的苦功，十多年的教学之路，也许只是凭着一点所谓的"小聪明""小灵气"蹦蹦跳跳地走过。

　　我曾经天真地认为，只要用语言打动学生，让他们被我的故事感动得热泪滚滚，就算是一堂精彩的语文课了。我曾经故作高深地认为，好的课与设计无关，或者说根本无须设计。师生之间的情感有碰撞，让他们一生难忘是我最高的追求。因此，在潜意识中，我总觉得好课可遇不可求。所以，当别人在仔细推敲教案，再三斟酌教学环节的时候，我总是暗笑这纯属多余。于是，在我的语文课上，常常听不到学生琅琅的读书声，因为我喜欢展示自己的朗读才华，沉醉于学生听我朗读散文后眼泪夺眶而出的动人画面，却忽视了课堂的主人应该是这些活泼可爱的孩子，教师怎么可以喧宾夺主呢？语文教学的最终目的是实现学生和教材中语言文字的真正对话，培养孩子的个体阅读能力才是老师的职责所在！

　　渐渐地，我的语文教学的弊端开始凸显。虽然和学生的感情十分融洽，虽然课堂上总有真情碰撞的声音，虽然学生很喜欢我的课……却不止一个人对我说：你的课怎么会没有"语文味"？怎么像是思想品德课？说的人多了，心里也不禁忐忑不安起来，但不知怎样实行"教改"。再加上考试中学生对基础知识的掌握不甚牢固，直接影响了成绩，家长的埋怨、领导的失望、自己的迷惑一时间接踵而来，曾经的那份自信早就烟消云散，取而代之的是深深的惆怅和迷惘。

纵然"山重水复疑无路"，内心怎不向往"柳暗花明又一村"？就在这个时候，蒋老师来了，带着宽容的微笑将我拥入她的"希望之星"研修班。她说她钦佩年轻人的朝气和勇气，更欣赏年轻人的锐气和才气，她说她要和三十六位学员一起托起嘉定语文教育新的希望！面对这个"藏龙卧虎"的班级，面对这一群聪慧和勤奋的同行，我惶恐着，也幸福着。

日子开始变得忙碌、充实起来。

蒋老师引导我们聆听大师的声音，于是，钱梦龙老师优秀的教学经验成了我们丰富的精神食粮。永远不能忘记翻开钱老师著作的那一刹那，那么高大伟岸的他说出的话是如此谦逊平和：我是一名跋涉的苦行者，我的脚下，永远是起点。

蒋老师带领着我们走进名师的课堂，亲眼目睹贾志敏老前辈行云流水又挥洒自如的教学实录，并且鼓励我们与贾老师互动，又一次让我这只"井底之蛙"大开眼界、受益匪浅。

蒋老师激励我们互相展示自己的才华，从"读写链手册"的编写到"读写链课题"的推广，从课件制作的比赛到网上文章的交流，从听课后的即兴点评到与专家大师的一次次对话……"希望之星"冉冉升起，播撒在每一位学员的心上！

蒋老师还鼓励我们将"二期课改"的理念深深扎根于自己的课堂教学之中，并为我们创设了一次又一次锻炼自己的平台——我曾和教研员高金莲老师在安亭小学面向全体学员和众多的语文骨干教师各执教了一节语文课。如今想来，多么汗颜！虽然当时也使出了浑身解数，力求表现好一些，但和高老师以及其他学员相比，我的教学经验是那么贫乏，我的教学设计处处有漏洞可击！我没有办法不低下头去重新审视自己的课堂！

可是，我听见的却是同学们给我的中肯意见，我看见的却是蒋老师充满鼓励与慈爱的目光，我感受到的分明是这个集体的温暖和包容……就像母亲在看到孩子自己迈出第一步时的惊喜，就像孩子跟跟跄跄学走路时受到的有力表扬!

就这样，我渐渐有了自信，渐渐在成长。我深深明白，语文教学何其宽广，但我的心中，不再困惑，不再迷茫。我清清楚楚地看到了自己的不足：我的语文课堂上的工具性要么如蜻蜓点水，要么生拉硬拽，还没有很好地与人文性实现"水乳交融"；课堂上总是过于表现自我，而忽视了学生才是"舞台"的主角，缺少丰富的面部表情……但我也明明白白地了解了自己的优势：有比较硬的教学基本功，有运用多种手段创设情境的能力，有写"下水"作文的勇气，更有热爱语文教学的一颗炽热的心!

回首这两年，我终于重新确立了自己应该努力追求的目标：语文课，不但要"实"，也要"活"。"实"就是语文教学应该教得朴朴实实，让学生学得扎扎实实，让学生提高听说读写的语文基本能力，培养良好的语文素养。"活"则是讲求教学的艺术性，因学而教，顺学而导，目中有"文"，目中有"人"。竭尽全力激活学生的思维，激起他们情感的浪花，聆听孩子心灵的回响，在这样的课堂上，共享语文教育的幸福。

"昨夜西风凋碧树，独上高楼，望尽天涯路""衣带渐宽终不悔，为伊消得人憔悴""众里寻他千百度，蓦然回首，那人却在，灯火阑珊处"……这是古今成大事者必经的三种境界。有时候，幸福和辛苦是一对"孪生姐妹"，当我在教海中几度扬帆、几度浮沉的时候，总是想起可敬的蒋老师，想起班中可爱的伙伴，这个时候，所有的失落和疲惫仿佛都化为深深的感谢和敬意。

真的，我想我永远会记得我们共同的梦想，记得我们美好的希望，记得我们跋涉的艰苦，也记得我们收获的欢乐……记得我们曾经拥有的这一段闪亮的日子。

"老革命"遇险记

从教二十五年，也成了所谓的"老"教师，却从来没有跨进一年级的语文课堂，直到 2019 年。

2019 年，对我来说真是"石破天惊"的一年。从扎根了近二十年的老学校拔根而起，跟着从前的"首长"，伴着一群陌生的新战友，来到一块熟悉又陌生的土地，开始了"百年老校"上海市安亭师范附属小学的"重建"。

这里，只有十八位老师，只有一年级小萌娃。我不禁想起了十九年前，当告别初中教学，踏入小学的那一刻，我曾经多么焦躁不安，多么迷惘忐忑……后来，也就适应了。也许我骨子里依然有着一份愿意挑战新事物的勇气，才会如此毅然决然地在不惑之年让自己选择一个新的起点。我曾对不理解我此次"出征"的朋友戏说："教了一年级，我的教学生涯就圆满了。"这话说起来有种浪漫诗意的感觉，然而这些刚踏入学校大门的孩子，一开始就给我们每一个人上了深刻的一课。

一年级的小朋友，看起来是多么稚嫩可爱、天真烂漫呀！他们时不时会用软乎乎的小手来拉拉你的手臂，摸摸你的教棒，叽叽喳喳地跟你打招呼，告诉你各种他们认为最好玩的事情。然而，当你真正踏进一年级课堂的时候，可能就不那么好玩了。

你会发现，开学第一堂课，你在孩子眼中最多只是个放放视频、发发饭菜的人。当你说"请小朋友把语文书拿出来！"时，教室瞬间变为菜场。有站起来翻书包的，有蹲下去搜课桌的，有趴在别的小朋友椅子上玩闹的，有走出来把书直接放到你眼前的……

"语文书呢？"你提高了声音。

底下开始七嘴八舌。"老师，语文书是哪一本？""笨蛋，这本啊！""老师，我知道！""老师，我也知道！是不是这一本？"

举目望去，几乎所有的孩子都在"聒噪"。你觉得"四面楚歌""十面埋伏"，所有孩子都把他们的信息纷乱地传送给你，你得安抚这个、帮助那个、表扬这个、指正那个……你突然觉得昨夜精心备的课已成了一张废纸，你口干舌燥、大脑空白，在这样的课堂，你只想深深呼吸。

你还叫不出他们的名字，望着这群刚度过暑假的孩子，你的力气不知往何处使。

这时，他们的小班主任来了——

"一二三——"她扯着嗓子喊。

顿时，奇迹出现了。所有的孩子像被格式化了一样回到了自己的位置。"坐端正！"他们大声地说道，并且双手交叉，端放在桌子上。

"三二一——"她又喊。

"没声音！"这回声音更整齐了。

"小眼睛——看老师！"

"小嘴巴——闭起来！"

然后整个班级彻底恢复平静。一双双小眼睛天真烂漫地看着你，仿佛最虔诚的观众等待魔法师展示他神秘的魔术。

原来，口令儿歌才是一年级整肃课堂纪律的"必杀技"。

第二周、第三周，我战战兢兢、如履薄冰地数着日子，熬着课堂上的分分秒秒。孩子们总算学会拿书了，总算知道课堂上不乱跑了，总算能够排着歪歪扭扭的队伍放学了……我也开始带领他们书写汉字了。然而，有孩子开始哭了，表示写不好；有家长开始愁了，说现在不是学正楷吗，怎么要写出笔锋？我说，正楷当然也是有笔锋的呀，第一步就要走好。

这句话，在第三周高金莲老师来指导教学后，被她"一针见血"地否定了。她说："一年级的孩子，认识田字格，以之为目标，摆正笔画位置就可以了，要求不可以太高，太高他们要吓怕的。"

我顿时流了一滴汗。

我突然意识到，一年级，还是学习准备期，我这个常年征战高年级的教师又兼书法爱好者，是不是太强人所难了？当然，我的出发点是好的，到小学毕业的时候，我希望这个班级的大部分孩子写出一手"养眼"的字，因为我深知书写的工整与美观程度对于语文素养来说实在太过重要。但是，有必要那么急吗？还没站稳就要学着跑？

然后，高老师指出我们课堂目前存在的一系列问题，并提出好多种有效建议，包括如何在课堂上进行有效识字教学，如何使语文知识与孩子的生活经验水乳交融，小组竞赛制如何与个人积分评价相结合，教师的语气如何才能拨动一年级孩子的心弦，低年级课堂导入应该如何高效有趣，收尾又应该如何呼应开头……我觉得我瞬间成了一块如饥似渴的海绵，我突然觉得很多谜团因此被解开，很多细节因此被诠释。之前我们遗憾万千，未来却依然大有可为。我又一次意识到"方向不对，努力白费"，我应该把二十多年来曾经积攒下来的所谓经验全部清空，然后用一种全新的姿态拥抱新的教学生活。望着窗外广袤的蓝天，望着那一朵朵饱满得恰到好处的白云，我想，若干年后，我一定会很怀念这段艰辛摸索的日子，因为，这是我们梦开始的地方。

那天下午，我在一班连上了两节课，但是不觉得累。我帮助孩子们巩固了书上的生字，新教他们写了"禾"与"火"，完成了语文书后的练习，还练完了写字册。孩子们的学习热情始终高涨，因为我熟练融合了个人评价与小组积分制，甚至，在第二节课的时候，我还利用了多出来的十分钟给他们讲了《小象毁树》的故事，抱着我的尤克里里唱了《童年》……

下课了，那一天排队也比平时迅速，一路上，他们不停地问道："殷老师，你是音乐老师吗？"在校门口说再见的时候，他们的眼中，虽然有如释重负的轻松，但也流露出对我的依恋了。

在开学第三周的最后一天，我找回了属于我的课堂节奏。

于是那段话又一次浮现心头："所谓的芳华，是一群志同道合的人，奔跑在追逐理想的路上。回头，有一路的故事；低头，有坚定的脚步；抬头，有清晰的远方……"

我们需要耕耘，我们也需要等待。

灯　光

　　一些人在你生命中，如同雾霭中的灯塔，老赵就是这样一个人。

　　初三毕业考前的一次模拟测试，我浑浑噩噩，结果一败涂地，跌出班级前十名。她当众批评我的样子与其说是严厉，不如说是痛心。那是一种怒其不争的深深失望："我觉得你一定可以，然而你竟然没有做到。"

　　记忆中被老赵狠狠批评，仿佛也只有这么一次。那天课后，老赵留下了我，我破天荒地没有流泪，并非不难过，只是因为过于震惊有些懵。她依然余怒未消，但还是不解地问："这次你到底怎么回事？"我竟冲她笑了笑，但心里却很感动，老赵对我，原来有着这么高的期待。

　　老赵初三开始教我语文。我记得她教我们的第一篇课文，"北国风光，千里冰封，万里雪飘……"伟人的词被她讲解得更加气象万千、荡气回肠。直到下课铃响了，我们还沉浸其中，如痴如醉。

　　可以说，老赵的才情和气质于一瞬间便征服了我们这群青春期的孩子。她雷厉风行却又善解人意，举止优雅但又果断坚决。她喜欢穿一条墨绿色的背带毛呢格子裙，腰线勾勒分明（后来才知道她会缝纫，许多衣服都是她自己的作品）。扎着高高的马尾辫，带点自然卷，栗色的发梢显得年轻浪漫。她爱笑，笑起来眼睛是弯弯的月牙儿，带着中年人少有的调皮，又不乏睿智，时尚（当然不仅外表）而世事洞明。她上课从不照本宣科，通常讲着讲着就拓展到课外去了，和我们分享她的生活经历、读书和旅游的感悟，还会在课上让我们聆听古典音乐……她的课、她的人都像一块磁铁一样吸引着我们，但一旦违反了她的学习要求，她一定是不依不饶的。对她，我们是仰慕又敬畏。

　　老赵还是我们的"知心姐姐"。我当时因为一些琐事和母亲冷战多日，老赵知道后把我带回她家。我拘谨地享用了她家的晚餐后，她便牵着我的手，在她家旁边的一条马路上，来来回回地走了不知多少遍，只为打开我的心结。至今我依然记得她掌心的温暖，记得路灯下她眼中闪烁的光芒。她反复开导我，让我理解母亲，要我走好自己的路。事后还给我写了一封长长的信，叮嘱我要打开心灵、悦纳自己——我和母亲很快冰释前嫌。相当漫长的一段岁月中，她是我最大的慰藉，就像我的第二位母亲。每当我觉得心灰意冷之时，总想起那个晚上，一想起她睿智热情的双眼以及给予我的关怀，心中就会燃起一盏温暖的灯火。

整个初三，在老赵的指引下，我对语文的热爱化作一团烈焰。我爱上了写作，并且攀上了新的高峰。当时，老赵鼓励我们将自己的习作工工整整地誊写在稿纸上，进行班级评比选拔，优秀的作文她就刻蜡纸印出来，随后，整个年级组的同学都看到了我的名字——一个外表那么平凡、家境又如此普通的女孩一次竟然有两篇作文上榜！看着自己的文章被流传，听着旁人艳羡的话语，那种兴奋感和自豪感足以让一颗年轻自卑的心轻舞飞扬。从此，我在作文方面稳步提升。也许是因为老赵从来不约束我的文笔一定要"向上昂扬"，只要是真实的心灵写照，她就"海纳百川"。我渐渐学会情景交融、含蓄地表达主旨，文字越发细腻绵长。每次习作基本都被当作范文，考试作文甚至接近满分。后来，在她的陪同下，我参加了当年的上海市中学生作文竞赛，并获得了一等奖！

在那些"为赋新词强说愁"的岁月里，老赵给我的作文评语既有技巧方面的指导，也有深切的关怀和鼓励。我写《窗》，采用了象征的手法写自己的经历及见闻，字字斟酌、句句推敲，只为让老赵眼中闪现出骄傲……作文交上去后我忐忑焦躁，我想着，老赵会给我怎样的评价呢？

"她需要理解，当然她的母亲更需要理解。乌云不会长久，窗外，永远是蓝蓝的天……"看到她的评语，我不禁潸然泪下，有种想拥抱她的冲动。老赵，多么庆幸，在我生命的低谷，能遇见这样善解人意又睿智通达的你，引导我用文字去找寻自己存在的价值和生命的意义。对于文学的热爱和痴迷，从此在心中扎下了根。

三十几年，弹指一挥间。

此刻，我坐在老赵家沙发上，她说："你都要奔五了，怎么在我眼里还是孩子。"茶几上摆着一本打开的《青年文摘》，一份刚送来的《新民晚报》，上面刊登了她的一篇文章《有故事的小胖》，旁边还有一份《上海老年报》。我知道，她依然保持着对阅读和写作的浓厚兴趣，不，对她而言这只是日常生活的必需，就像喝水吃饭一样自然。我猜她若一天不看书报，是要浑身难受的。她的灵感都来自生活，"……但是需要剪裁，就像做衣服一样，否则，怎么会有袖子和领子呢？"老赵笑着说。聊天时，她喜欢用文字分享她的旅游经历、生活体验、人生感悟，她的思维比大部分年轻人都要清晰和活跃。

对于作文教学，我们有惊人的契合。一样对"背诵作文"嗤之以鼻，一样对"作文模板"深恶痛绝，一样讨厌表面玲珑光彩但缺少内核的文章，一样喜欢引导学生走进生活、敞开心灵……我似乎有些明白我的教学特色（如果算有的话）来自何方，原来，三十多年前的那些日子，老赵已经把她鲜明的教学风格烙印在我的骨子里。在老赵的引领下，年少的我渐渐触摸到了语文学习的开关，领略了文学世界迷人美丽的风光。不需要刻意模仿，这些文学 DNA 在我自己的教学中正像清泉一般汩汩流动，滋润了很多的童心，唤醒了很多心灵……

不知不觉，天色渐晚。我们聊着、笑着，久别重逢，总有说不尽的话语。走出老赵家，我竟没有察觉冬日的凛冽。有些人，一见如故，再见倾心。望着老赵家透出的灯光，心中一片温暖。

老　邹

　　有一种人是靠"事业"来滋养自己的，一旦空下来便会"发狂"。但我一直不太相信在我周围真有这样的"工作狂"，直到我遇见老邹。

　　老邹在第一次召开全校大会时作自我介绍，她的教学管理经历与经验之丰富令人钦佩，末了，她说："当时我在某某幼儿园当书记，一年不到我便提出辞职……"我们看着她，以为她会说遇见了什么不可抗的因素，顿了顿，她接着说："太闲了……于是我来到了这里。"全场愕然，没想到辞职的理由还会是"闲"。她坐在台上，一头短发，穿着朴素，个子那么小，眼睛看向你的时候，却仿佛有种强大的气场。她声音轻而有力，环视全场，神闲气定。

　　果然，在接下来的日子里，我一次又一次领教了她的"厉害"。其实我和老邹完全是两个世界的人，唯一相似的，也许就是我俩远低于平均海拔的小个子。我天性闲散，工作也随性，不爱下苦功，只是和班级孩子相处极好，又喜欢教作文，还在班级创办了几年"叶韵"读书会——可能这一点引起了她最初的关注。但在日常相处中，她很快发现我的率性马虎。那一年我起码被她"批评"过三次，那三次都是我始料未及的，就像一名赛车手，一如既往地开车，却频频收到"黄牌警告"。我猜想她一定觉得这个所谓的青年骨干教师，徒有其表、虚有其名。

　　第一次"批评"发生在我参加区课堂教学比赛海选顺利晋级后。她得知我过关的消息颇为高兴，因为能通过海选已属不易。就在她来找我商量接下来的准备工作如何开展时，我却自作聪明地说："校长，我希望我是复赛第五名!"老邹很讶异地看着我，我接着说："因为第五名这个成绩也算不错，又可以避免去参加决赛，又省力又出了点小名。"老邹顿时翻脸，她的喜怒从来都是形于色的，她根本不擅长装或者说不屑于装。

"你居然会这样想！你怎么会这样想！"等我缓过神来，她已拂袖而去。但后来的大会小会上，就这件事情，老邹不点名地讲过好几次："有的年轻教师，不珍惜学校给予的机会，不珍惜自己的才华。明明可以获得更好的成绩，居然想着如何保存实力！"我坐在下面，看着台上遥远的她，那么小的个子，话语却如此铿锵有力。透过那强光式的严厉批评，一种前所未有的感觉笼罩在心头，我仿佛第一次感受到了自身的价值，以及一种被重视的荣耀——这也许就是醍醐灌顶。我对自己说，要不，咱也认真一下？看看自己究竟能走多远？

于是我振作精神，认真备战，钻研教材，打磨教案。到各大书城寻找教学资源，在嘈杂的饭馆里也不忘斟酌过渡语。通过在团队中的磨炼，我的教学风格变得鲜明；通过揣摩学情，我想方设法拨动孩子心灵的琴弦……我的思想品德课堂，像一个大磁场一样，不但拓宽了孩子们的眼界，更激活了一颗颗爱国之心。就这样一路所向披靡，竟闯进了当年上海市中青年课堂教学大赛。当我获悉自己的课程获得市级思想品德课一等奖时，巨大的惊喜像潮水一样淹没了我，脑海中却浮现出老邹的身影。没有她的"当头棒喝"，我怎么可能在短时间内爆发出如此大的能量，取得如此"里程碑式"的荣耀呢？

因为获了奖，我的教学知名度提升了，各种展示课的机会也接踵而来。一天午后，我又"自作聪明"地向老邹表示，要不要在年级组每个班挑选几个伶牙俐齿的孩子，组成一个"超强联盟"，以便展示时大放异彩。我说完，她沉默了一会儿。那是春天，校园内的海棠花开了，花瓣静静地飘落在身旁。她意味深长地望着我，说："不要这样……并不好，对你不好，对孩子们也不好……"这就是第二次"批评"了，或许并不能算作指责。可惜当时的我一心求胜、后知后觉。我的计划只能作罢，虽然课也成功地展示了，但心里却暗笑老邹的"迂腐"。多年以后，我越来越清晰地知道真正的课堂并不在于孩子们一开始有多么优秀，这份精彩应该来自受教者的成长，孩子在教师引导下一步步走向优秀，才是真正活泼泼的课堂。有一天，当我作为分管领导组织学校承办的区级活动时，执教公开课的年轻老师来找我，她说："可不可以去掉我们班级的某某某呀……他可能管不住自己。"我望着她，就好像看到当年的自己，我强烈感受到老邹当时沉默背后的原因，那一刻老邹在我心中再一次浮现。于是，我轻轻地对年轻老师说："不要这样……并不好。对你不好，对孩子们也不好。"年轻老师不解地望着我，当然她听我的话并没有"去掉"任何一个孩子，但不知道她心中是否也在笑我的"迂腐"呢？

第三次——那天，备课组在核算期中练习的成绩，一个孩子因为扣分太多，我手头又有没有草稿纸，便索性用铅笔在孩子的试卷上进行累加，列了几个算式。老邹看见了，她深深地叹气："对孩子，为什么连最起码的尊重都没有呢？"这次她并没有点我名，我却像被当众扇了耳光一样，脸上热辣辣的。我突然意识到在我心里，教学是不是一件特别随意的事？学生是不是只作为我生命中的配角存在？我到底是个怎样的老师？我不禁陷入了沉思……

那段时间，我变得异常安静，不再心浮气躁。我努力审视自己的短板与不足，并虚心接受来自各方面的意见。万变不离其宗，我用思想品德课上获得的教学经验来反哺我的语文教学，虽然一开始不伦不类、困难重重，但终究是成长过程中不可缺少的珍贵尝试。渐渐地，我看到了教学的曙光……忘不了老邹在听完我的古诗试教课后一脸的欣慰，她说"今天听了一节好课，饭都可以多吃一点了"；忘不了我第一次作为备课组长组织整个团队有条不紊地分享教学心得，老邹在一旁赞许的眼神；忘不了区级语文教研活动时我讲述自己和"叶韵"的故事、作为青年教师分享如何在参与重点课题后得到提升时老邹骄傲的眼神……那个时候，老邹发现我特别适合讲一些孩子们喜闻乐见的话题，比如趣味阅读、快乐写作、流行文化、奥运精神……老邹总是给我下达命令——这个你来策划，那个你去主讲。有时她的一句表扬可以让我的心瞬间热辣滚烫：殷老师在这方面，一如既往，无可替代……昔日那个让她忧心忡忡的青年教师终于羽翼渐丰，迎来了成长。学校也给了我很多培训的机会、比赛的机会和自我发展的机会。我参加了区"希望之星"骨干培训班，继续耕耘属于自己的文学社，创办的社刊《叶韵》连续12年获得区校园文学刊物特等奖。后来，我还被评为镇十佳青年教师、区骨干教师，甚至市级农村学校教师优秀教学工作"君远奖"一等奖，并有幸得到了于漪老师的肯定和鼓励……我的事业像隆隆开启的火车般再也停不下前进的脚步，我深深知道这股力量的源头，不是别人，正是老邹。

2018年，我的工作又一次进入瓶颈，心态变得"佛系"，老邹也因为退休离开学校多年。就在我以为我也可以平静地等"退休"时，再次在电话里听到老邹熟悉的声音："要不要再挑战一下自己？一个新学校正在筹建，我觉得你可以。"我行吗？我问自己。握着手机，耳畔突然回响起老邹第一次在全校大会上说过的话："我觉得太闲了，于是我来到了这里……"

冥冥中，一种力量在我的心中升起，让我"蠢蠢欲动"，让我无力抗拒。于是，我果断做出决定，来到了正在开办的新学校，开始了前所未有的艰难"开垦"。其中辛苦，难与外人道也。但我从不后悔自己的选择，因为我体验到另一种人生的滋味。当上中层干部后，感觉自己离老邹又近了一些，也意识到快乐的内核正是强大的责任心。老邹常会来学校指导工作，因此我们有不少见面的机会。每和她见一次，我心里就会像充了电一般，但这种感觉，我从来没有对她说起。老邹应该不喜欢这样的"表白"。

2023年，老邹终于"退休"了——这是第二次"退休"。其实早在14年前，她就可以光荣地"解甲归田"了，却又重新出山，依次将两所民办随迁子女学校办得风生水起。全校师生在她的带领下勇往直前、携手共进，创造了数不清的奇迹，学生的很多能力，比如数学运算、语文基础和阅读，让大部分公办学校望尘莫及。很多人也许会觉得难以置信，而我认为这是一种众志成城、百折不挠后的理所当然。老邹绝对有这份决心和实力！

由于工作关系，我去过很多次她的学校。校舍简陋狭小却干净整洁，地上没有一张废纸。孩子们琅琅的读书声不绝于耳，师生们的笑脸在质朴中蕴含着对生活的热情，似乎流动着生命般鲜活质朴的纯粹……老邹呢，不是在和老师聊上课，就是在给学生"打鸡血"，有一次甚至还趴在地上给桌角贴标准线……反正我常常要在校长室等上很久，才能见到她的身影……忆起往事，她的眼神中依然有藏不住的眷恋和欣赏。但她谈的最多的还是学校的人和事，知根知底、如数家珍。无论是老师还是学生看见她，眼神中又是亲昵又是敬仰，微笑中带着羞涩，就像面对自己的长辈。

"学语文要狠抓基础，反复背、反复默……"

"做数学不用草稿本怎么行？过程决定结果呀……"

"要鼓励孩子，要让他们看到希望，不然的话又能怎么办呢？"

"什么教不会啊、这个班不行啊，归根结底，下功夫了没有？"

背水一战，破釜沉舟，万众一心，全力以赴。老邹就是这样用她的柔韧、执着，顶着压力，守着教育，几十年如一日。

"一个人来到这世界上，总要留下点什么吧。"老邹说过。她小小的身躯中蕴藏着无穷的能量，不断地影响着身边的人，当然包括我。

一　面

　　2012 年暑假，我作为嘉定区农村教育"君远奖"的候选人之一，受邀参加在上海市中远实验学校举办的"农村语文教育教学"座谈会。就在那个炎炎的夏日，我有幸见到了小学语文界的"传奇"人物——于漪老师。

　　于漪老师非常平易近人，她很喜欢笑，微笑的时候眼睛会弯成细细的月牙，尤其是，当她望向你的时候，好像有一缕阳光照进你的心房。她温和睿智的话语就像清风一般拂去我们心头关于语文教学的一些困惑。

　　记得当时，我主要谈的是自己在组织文学社时遇到的一些"疑难杂症"。我于 2000 年创办了校"叶韵"文学社，旨在消除学生对于作文的恐惧。平时利用课余时间教孩子读书写作，后来又开始编辑属于全校学生的作文刊物——《叶韵》，每年出版四期，每期刊登三十余篇本校孩子的原创作文，全校师生人手一份。

　　当我的介绍告一段落，并把手中的杂志创刊号递给坐在我对面的于漪老师的时候，她似乎有些讶异，但脸上的笑意更浓了。我清晰地记得她当时说过的一字一句——"殷绿叶老师，能够利用文学社为农村孩子长期地执着地做一件事，多么难能可贵，这就是坚守。"

　　我的心激动得怦怦直跳。我望着对面，几乎所有语文教师共同的偶像——于漪老师——离我尚不到两米远。她的笑容和话语令我的心顿时像鼓满风的帆。看着她时而微笑，时而锁眉，时而眉飞色舞，时而激动不已……这些微妙的表情，无一不是来自对孩子的牵挂、对青年教师的希冀、对民族教育的深厚情怀。

　　我真想告诉她，在我刚成为一名小学语文教师时，在我的学生对于作文始终抱着"恐惧怀疑"的态度时，在我对于作文教学百思不得其解，陷入"山重水复疑无路"的低谷时，我有幸看到了上海教育电视台有关于漪老师的《大先生》纪录片，有幸聆听到了她的声声教诲。

"我们要读书，要精读博览，要思考咀嚼，吸收养料。生活当然是取之不尽、用之不竭的写作源泉。但是个人生活毕竟范围有局限，我们怎么知道千里之外的事情？古往今来的事情很多很多，我们主要是靠间接经验来获得知识的。因此，在青春年少的时候，读书就尤其重要。"

"每个人都有一双眼睛，有的人的眼睛非常敏锐，像摄像机一样，他能够把看到的物像，摄到眼睛里头去，摄入心中。他不仅能够把物像摄入进去，而且能够有所发现。"

"生活当中的很多材料，你似乎是看不见的，但是，这就好像是雨后的彩虹一样，阳光一照，那些小水珠会幻出各种各样的颜色来。所以很重要的是，我们不仅要身入生活，更要心入生活。不能视而不见、听而不闻。"

这些话令我醍醐灌顶。当很多孩子的作文让你看不到真实的内心世界，当他们对作文的理解产生了严重偏差的时候，听了于漪老师的话，我更觉得应该尽自己的微薄之力为孩子们做点什么。在这样的情势下，"叶韵"文学社诞生了。

首先，我给孩子们列出了一份课外阅读书单，从《红楼梦》《水浒传》《三国演义》到《悲惨世界》《围城》《秋雨散文》……还有当时同学们从没有读过的《读者》和《格言》杂志。但是推荐书籍还只是第一步，语文能力从来不是通过学习教材就可以轻易掌握的，得用老师教的有效策略到课外书的海洋中去遨游、去探索、去收获，才能成为一名"捕鱼高手"，才能真正享受学习语文的快乐。于是，我常利用周末和孩子分享自己阅读的乐趣，带领他们共同探索中华语言文字的神奇与美丽。那一本本蕴含着人类智慧的中外名著，那一个个精彩曲折的小故事，那一句句闪耀着人性光芒的睿智话语，让孩子们如获至宝，完全忘记了暮色渐起。在我的"逼迫"下，孩子们一周能绞尽脑汁地完成一篇日记、一篇摘抄、一篇读后感。才五年级的孩子，有的就已经捧着钱钟书的《围城》读得津津有味，记下了很多读书的感悟。

为了进一步提高孩子读书的效率，我鼓励他们做点评式摘抄：每一句被摘抄的话后面，必须有自己对这句话的理解和品味。还教会他们很多读书的方法：读书名、读内容提要、读序与跋、读章节目录……强调最多的是读书时不能拘泥于字面上的意思，而要深入到作者的内心，才能收获更多。

阅读是写作的土壤，写作是阅读的升华。但是读的时候津津有味，写的时候就一定能厚积薄发吗？很多孩子，他们梦想着有朝一日突然能够文思泉涌，落笔成文。他们也许并不清楚，作文就是用一支笔说出自己的心里话，把自己的感受与别人分享的过程。这里需要读书带来的底蕴和一些写作技巧，但更需要的是真情。可以说，真情是打通读写的真正桥梁！那么，怎么去引导孩子不怕写作甚至爱上写作呢？我在文学社坚持做了以下几件事。

第一，走近童心，不断鼓励。

要消除学生对作文的恐惧，首先要让他们有自信。把我们在生活中所品尝到的酸甜苦辣、感受到的喜怒哀乐，用文字记录下来和大家分享，这就是作文。比如，有的孩子在语文课上错过了一次回答问题的好机会，他觉得很遗憾，我说："好！你把这种遗憾之情写下来，这就是作文。"有的孩子和朋友约好去公园，但是那天突然下起大雨，朋友食言了，她在雨中等了一个多小时，最终失望地离开。我说："也可以，你把这种失望之情写出来，这也是作文。"有的同学早晨来到学校才发现今天突然要进行测验，她不由自主就开始担心惶恐起来，我说："你把这种提心吊胆的感觉写下来，这难道不是作文吗？"后来他们终于明白了，原来作文就是说心里话，说自己想说的话，就像和朋友聊天一样，这才渐渐消除了学生对作文不必要的恐惧。

第二，丰富体验，拨动心弦。

老师完全可以把生活中感动自己的东西和孩子们分享，内容可以包罗万象，涉及中外名著、影视歌曲、时事热点……比如说，我曾经给他们介绍过歌手韩红的一首《天亮了》，当孩子知道幕后的感人故事后，再去聆听这首歌，他会感受到，每一句歌词都在拨动自己的心弦。他们内心所有的感动都汇成了一股洪流，情不自禁地在心中奔腾不息。韩红的这首歌感动了我们的孩子，到最后，孩子的作文又深深感动了我。同时，为了丰富孩子们的写作材料，文学社也举行了各种各样的活动：游戏、谈话、辩论、情景剧、小魔术、想象说话……这些活动不仅调动了孩子们的学习热情，也丰富了孩子们的生活体验，更使他们的能力得到综合性的培养与锻炼。活动结束后，令人印象深刻的作文成果有：《谈谈我的写作法宝》《一组感动千万人的漫画》《我心中的小路》《"棋"乐无穷》《走近儿童诗》《文学社新闻联播》《我最爱的玩具》……因为生活中处处有语文，只有拥有强大的情感背景和知识背景，那么写的时候才能左右逢源，妙笔生花。

第三，跳下"水"去，同甘共苦。

大多数语文老师在指导学生写作文时，总以一种"指点江山"的姿态站在讲台前，说着开头要如何如何，中间要如何如何，结尾要如何如何。很少有老师主动跳下水去和学生一起写作文。在文学社中，我最"勇敢"的举动就是经常和孩子们同题写作。记得当年看了电影《暖春》后，大家都很感动。我就和孩子们"挑战"，说："我们今天回去准备，明天老师和你们当堂来比赛写观后感。好吗？"他们都说："好！"跃跃欲试，兴奋得不得了。我也非常认真地去准备，到网上找资料，构思选材……第二天就和孩子进行比赛了，他们很投入，我也很投入。而且我也很紧张，我突然觉得脑海中千头万绪，真不知从何写起。下课铃响了以后，我大概写了1400多个字。很多孩子表示敬佩，不少孩子也表示不服气。有一句古话不是说"青出于蓝胜于蓝"吗？我就是要勾起他们这种不服输的劲头，敢于向老师挑战的劲头！"下水"，是为了锻炼思维，提高感悟生活的能力，提高驾驭语言文字的能力。当我们亲身体验过写文章时的酸甜苦辣之后，你就不再是一个高高在上的指挥者，而是与学生同甘共苦的战友。通过写"下水文"，你的思维和学生的思维、你的情感和学生的情感、你的智慧和学生的智慧必将发生碰撞。每碰撞一次，对师生双方来说都是一种提高。教师"下水"，是为了"抛砖引玉"，但你要把更美的"玉"引出来，就得不断地仔仔细细地雕琢你的这块"砖"。

时间悄悄地过去了，我惊喜地发现我们的孩子渐渐变了。从刚开始谈"作文"色变，变得愿意动笔了，那种抓耳挠腮，绞尽脑汁的"惨状"也几乎不见了。后来，有的学生在随笔中写道：作文，这也许是个让同学们头痛的名词，但对我来说，却是一种享受。笔和纸，是你忠实的听众，聆听你的心里话，让你一吐为快。孩子的观念转变后，对作文的感情也变了，他们笔下的文字变得越来越自信，越来越有灵气，很多后来得了奖的文章没有一篇不来自于平日的随笔。我一直牢记于漪老师的教导，一直反复叮嘱他们：写作文时要"心中有情，目中有人"。读者的眼睛是雪亮的，心灵也是雪亮的，当他读出在你的作文中有一种叫作"真诚"的东西，他自然而然就被打动了……

2012年，我第一次见到了心中的灯塔——于漪老师。得到她的指点，听到她的教诲，我守护文学社的心更为坚定了。那一年，我获得了上海农村学校教师优秀教学工作"君远奖"一等奖的殊荣，我深深知道，我的脚下是一个新的起点，而我永远只是一位跋涉的旅人。为了孩子们爱上阅读和写作，我无怨无悔、乐此不疲。《叶韵》这份杂志后来受到多方的瞩目，甚至连续十余年荣获嘉定区文学社刊物特等奖。而在2019年的"关键教育事件"征文评选中，我所撰写的《"叶韵"飘香，默默抒怀》荣获嘉定区一等奖、"黄埔杯"长三角城市群关键教育事件征文评选优秀奖。

2019年9月的一天，在华东师范大学逸夫楼报告厅。"生命永恒 教育永恒——于漪·成尚荣·李政涛共话基础教育改革70年"主题论坛正在这里举行。然而，于漪老师因为身体抱恙无法前来，我望着大屏幕上的录像中于漪老师那熟悉的笑容，听着那亲切的话语，感受着她生命不止、奋斗不息的教育情怀，看着她时而微笑，时而锁眉，时而眉飞色舞，时而激动不已……

我的热泪夺眶而出。

破　茧

窗外，枝叶葱茏，春意盎然。刚接到学校给予的任务——参加嘉定区教育工会组织的教育故事征集活动，"我的 30 年"这几个字在视线中悄然飘落、定格，与这春日的阳光叠映着。教过 30 年的书，这长长的教学之路啊，再回首却好像只是短短一瞬。思潮翻滚中，我看到了刚走出师范大门的自己……

山重水复

我十八岁便站在了讲台前，那时候青涩懵懂，没有读过多少教育著作，也没有揣摩过多少教学设计，满怀热情地走近了学生。因为基本功不错，承担了几节公开课，得了一点奖以后，便有些窃喜。记得那时，我最推崇的是一类"明星"教师，在我脑海中，他们有着诗人一般的气质、演员一般的功力、浪漫主义者一般的情怀。他们的课堂，教师妙语如珠，学生对答如流，整套流程无懈可击……

为了打造这般"完美"的课堂，一次准备公开课《卖火柴的小女孩》时，我精雕细琢过渡语，求人制作精美的课件，恨不得事先给学生提供答案，甚至还想去其他班级借几个"发言能手"……那堂课，终于演绎得环环相扣、流畅丝滑。但课后研讨时，听课者均面面相觑。最终，一位头发花白的专家忍不住了："这是演出吗？课堂最宝贵的，应该是学生掌握本领的真实过程！"望着周围或是同情或是失望的目光，我的心顿时坠入无底深渊。那段时间，因为没有理解教学的真谛，我的课堂如同无源之水、无根之木。

峰回路转

为了让我突破教学瓶颈，学校推荐我参加了嘉定区"希望之星"研修班。

我们的导师是上海市语文特级教师蒋惠芳，她曾两次获得全国优秀教师和上海市劳动模范称号。她常说，做教师就必须乐阅读、勤思考、精实践、善总结。在她身上，我看到了老一辈教育者对于教学业务精益求精、锲而不舍的努力与追求。导师一针见血地指出虽然我有着改变传统教学弊端的勇气，但是教学环节设计和教学目标不能精准匹配、课堂语言随意不羁……为了重新塑造我的课堂面貌，我跟随导师走进了贾志敏、钱梦龙、沈大安、徐根荣、周云燕等名师的课堂，渐渐明白真正的课堂要下真功夫。真正的课堂真实、朴实而又扎实，既有人文情怀的熏染，更有语文素养的提升。

"观课"得来终觉浅，绝知此事要躬行。我开始琢磨自己的课堂。我一直很欣赏"以情寓教、情理交融"的语文教学，听了周云燕老师执教的《笛声》后，更是膜拜不已。周老师充满激情的话语、生动流畅的环节、丝丝入扣的指导，让孩子在字里行间充分感受着笛声的美妙。那堂课录下后，我不知听了多少遍，我把她的每句话都用笔写了下来、记了下来，打算在教研课中完美复制。原以为这样的"精心准备"会博得满堂彩，谁知道班级的孩子一点也"不解风情"，甚至有点讶异地看着眼前这位熟悉的陌生人，因为我忙着背诵周老师的每一句话，却忽视了孩子们的反应——那堂课又是我的一个"滑铁卢"。但我心中却愈发看到光亮：上课可以模仿，模仿名家的某个环节、某个策略，但不可盲目复制。对于优秀的课，我们不该只追求"形似"，最重要的是"神似"。

柳暗花明

又一次公开课——《梅兰芳练功》。课前，我捧着教材教参反复揣摩，寻找最合理的设计。课上，我鼓励孩子们在字里行间品味梅兰芳"勤学苦练"的字字句句，因为教师的启发、激励，伶牙俐齿的"百灵鸟"不断涌现。课后，我循环地听着录制下来的课堂过程，"逼"着听课者把脉：哪里内容浅薄，哪里只是蜻蜓点水……我不再过度追求教学设计的巧妙新颖、教师的激情澎湃，而将学生真正视为课堂的主体，引导他们走近文本，为他们搭建支架，扎扎实实训练学生的听说读写能力。这样质朴的课堂得到了很多同事的肯定，他们说，有语文味了。钻研教材、借鉴他山之石只是上好课的一个方面，如何发现亮点背后的教育价值和理念，如何站在学生角度设计教学，使其有趣、高效才是最值得思考的。从此对于优秀课堂，除了凝神细听、静心细品，我将重心放在如何汲取、选择和消化上，绽放属于自己课堂的花朵。

2012 年，我和心中的偶像——于漪老师因为"君远奖"座谈会有过一面之缘。于漪老师对农村语文教师说的话至今仍然令我心潮澎湃：最美的课堂并不完美，但却真实地记录着学生从不懂到懂、从懂到会、从会到精通的变化过程，这种真实的成长过程才是课堂最打动人的地方。

学无止境

回想三十年的教学之路，我很庆幸在迷惘之时，能遇到优秀的名师，加入优秀的团队。书本的启迪、导师的指引、同伴的启发，让我在教学道路上能够正确审视自己、重新扬帆启航。当我在区级教学比赛中崭露头角时，当我荣获区骨干教师、上海农村学校教师优秀教学工作"君远奖"的光荣称号时，当我创办的文学刊物《叶韵》连续十年获得区校园社刊特等奖时，当我培养的学生在国家级、市级作文比赛中荣获好成绩时……竟不觉光阴流逝。三十年，林花谢了春红，太匆匆！但我并未滋生多少年华老去的惆怅，反而体验到一种从未有过的充实和欣慰。

我深深明白，没有教育情怀的人，成不了真正的教师；但是没有探索精神的人，在教学道路上不会走得太远。教育需要爱，更需要不断学习、不断实践、不断反思。如今的我，随昔日的"革命战友"奔赴新学校，创建职初教师规培基地，设计教师发展规划，培育教坛新苗。我和学校中那些年轻的教师一起解读新课标、摸索"大单元"、接触"项目化"、了解"跨学科"……为了让孩子们能够进入深度真实的学习情境而孜孜以求。

路，不断地延伸至远处。而师者，不就应该常常经历"破茧"，永远跋涉在路上吗？

第六辑

潋滟

"如溪语文"，折射生命之光。欲使学生爱语文，教师自己必先钟情语文，引导学生静心阅读、思考和写作。当我们保持内心的平和与清澈，在阅读中尽情撷取、在生活中尽情体验、在写作中尽情记录时，汉字之美以及中华文化之韵味，便如曲折蜿蜒的溪水、斜阳照射下的潋滟之光，永远闪烁在心间。

从记事起，我就对书籍有了浓厚的兴趣，总觉得那一排排整齐的方块字中蕴含着无穷的秘密，是值得人穷尽一生去探索和回味的。小学三年级时，老师送我一本《语文游艺会》，其间一个个精彩的小故事、一道道有趣的文学题，让我如获至宝，不由陶醉其中，将书中看来的点点滴滴与伙伴们分享，探索着中华语言文字的神奇与美丽，像是得到了一壶美酒，不知不觉饮着、醉着，芳香满口，溢于心中。

　　但说来惭愧，我的第一篇习作竟是"盗版"。当语文老师委婉地问我确有其事否，我居然毫无愧色地辩解"不是全部抄袭，改了姓名的"。也许在幼稚的孩子心里，第一次习作必须"闪亮"登场，因此好不容易搜集来的作文选便成了我写作的第一位"导师"。

　　作文选读多了便觉有些乏味，发现开头、结尾、主体部分好像都是有门道的，甚至还觉得，并不是所有的作文都值得借鉴，有时还不如自己动手。所幸我遇见的语文老师在写作方面都很"纵容"我，除了鼓励还是鼓励。我清晰地记得三年级时，语文老师在全班面前表扬我的作文如何与众不同，善于设置悬念，是一种"未见其人，先闻其声"的写法。被她这么一夸，我的心口顿时像飞出了云雀，原先看起来平淡无奇的文字仿佛也镀了金，从此在心中树立了"我会写作"的人设。

　　四年级时，我的一篇《我爱读书》的习作被刊登在镇文化馆的小报上，平生第一次感受文字变成铅字后的激动雀跃。从此面对写作，信心开始燃烧。也参加了不少征文比赛，多少有些收获，得到大家的肯定赞美后，写作于我渐渐成了一片心灵的栖息之所。

　　工作后网络渐渐盛行，我开始编织我的文学梦。散文、游记、小说、随笔、评论……我把自己生命中的各种"遇见"、各种"感悟想象"用文字记录后分享给亲朋好友，分享给我的学生。唯有这样，我才能有底气地让孩子们明白，写作不神秘、不可怕，在这个节奏迅疾、人心浮躁的尘世间，写作其实是一方心灵的净土，能让我们的心灵开满鲜花，鲜活如初。

"醉过方知酒浓，爱过才知情重。"语文老师的使命就是要把语文学习与其他学科、与社会生活等联系起来，给予儿童心灵多元的滋养。当学生能在课外书中尽情地撷取营养，在生活中尽情体验，心中的文化之根会因获得滋养而变得粗壮发达。当学生拥有了源头活水，知道是非，明晰美丑，写作表达才会枝繁叶茂。

总有一天，孩子们也会领略到汉字之美和中华文化之韵味。总有一天，他们会明白，语文就如同曲折蜿蜒的溪水、斜阳照射下的潋滟之光，会永远闪烁在心间。

近 在 远 处

"留白"是坐落于杭州杨梅岭附近的一家小民宿。这个民宿也许不是最好的，却拥有一份与众不同的意蕴——书法需要留白，绘画需要留白，人生需要留白，心灵更需要留白……也许民宿主人的初衷也如是，因此，他才会依山傍树，利用巧妙的空间优势，打造出这样一家颇有点意境的山间民宿。这里，房间不算多，空间不算大，无边无际的白色给人以纯净安宁之感。

午后的"留白"，很静。

阁楼的山景房，和苏州园林的设计有异曲同工之妙。那一扇狭长的窗户，俨然是巧妙的画框，透过它，眺望对面连绵起伏的梯田、广袤无边的茶园，美景尽收眼底。这个角度看出去，会有种自己化身为作家和画家的错觉。如果有可能，真想在此小住一段日子，临窗远眺也可，认真阅读也可，伏案疾书也可……吾一本书、一杯茶、一支笔足矣！

午后的"留白"，很静。

面积不大的公共区域，被有条不紊地分割成两部分。餐桌和书房。

餐桌可供八人进餐，平时，就铺上干净的餐布，摆上鲜花。我和朋友一人要了一杯咖啡，不多时，拉花的咖啡端上来了。我恶作剧式地把拉花用勺子搅混了，味道和清淡的摩卡差不多，但能喝到新鲜的咖啡已经不错了，这里更多的是茶，尤其是龙井茶。

这里叫"杨梅岭"，不远处，有西湖新十景之一的九溪烟树。很美的名字，读来令人心生遐想。顾名思义，九溪，很多溪涧，蜿蜒绵长。烟树，烟气弥漫、烟雨迷离，树影婆娑、枝叶成荫……看过一幅相关的图片，应该是九溪烟树的秋天，树木参差有致、傲对碧空。枝叶五彩斑斓、层林尽染，湖面水平如镜，游客却三三两两，幽静美丽。

然而现在是夏天中最热的日子。尽管游客络绎不绝，但因为是夏天，树木只是大片的绿色，看多了未免觉得单调。步行了好久，眼前豁然开朗，便到了被称为最美的那个景点。高高的山峰怀抱着大片平静的湖泊，绿树成荫，还夹杂着一大群游客。溪水有时潺潺，有时哽咽，显然现在不是水量丰沛的季节。

　　午后的"留白"，很静。

　　回想起在这里享受的早餐，一小碗粥、一小堆生菜色拉、一片薄薄的面包、两片薄薄的西瓜、一个只煎半面的荷包蛋，或许还有几颗圣女果、一小碟酱菜……五彩缤纷，卖相养眼却数量稀少，华丽精致到感觉是仙女的食量。然而我们终非"仙女"，充其量是大山里动不动就会出汗的"咸女"。于是，一顿早饭中，"老板娘，我还要一碗粥！""我也是！""再给我一片面包！""老板娘，没有烤肠吗？"……其声接二连三、不绝于耳。

　　又想起早餐过后，为了"复制"民宿广告上那张照片的取景，我们找到山路，爬上对面的山坡，反复比对，反复衡量，反复记录……直至基本吻合。路遇山民，娴熟地为我们拍下合影，邀请我们去喝他们家世代相传的龙井（说是宫廷御品），娴熟地打开茶袋，请我们试闻一万多元一斤的茶叶，娴熟地请出家里的老太君，说是喝茶有助于健康长寿云云……娴熟地跟我们挥手道别离。而他们家的蚊子凭着比起主人有过之而无不及的热情，娴熟地送了我们很多"红包"，直到我们不太娴熟地逃之夭夭。

　　午后的"留白"，很静。

　　握一把尤克里里，弹几曲大家都会的歌。如鸣佩环的尤克里里声配上老友们漫不经心的浅吟低唱，空气中洋溢着一种说不出的慵懒和舒适。不知为什么，对卡拉OK的兴趣几乎已消失殆尽的我，倒是越来越热衷这质朴简单的自弹自唱。可惜我缺少强大的记忆力，唱每一首歌曲都离不开曲谱。

　　午后的"留白"，很静。

　　我们在传看昨天漫步于西子湖畔的照片以及视频。若把西湖比西子，淡妆浓抹总相宜。西湖，总是看不够的，只是怕毒辣的太阳。我们在南山路上徘徊了好久，直到夕阳现出她温柔的目光，我们才轻轻地朝湖边走去。草地上，铺撒着碎金般的残阳；湖畔的柔柳，是夕阳下的新娘；落日西沉，水波潋滟，微微扬起西子的浅笑……想用手轻轻托起这马上要西坠的落日，无奈余晖依然照得人睁不开双眼，夕阳下，只留下一个静静的剪影。

午后的"留白"，很静。

两天的行程，很短，但又觉得经历的不少。这是旅行中的时间辩证。忘不了眺望茶山时某人留下的倩影，忘不了"杭茶坊"中分量足、滋味美的农家菜，忘不了晚归途中同志们和蚊虫不屈不挠的斗争，忘不了摄影师越来越忘我的奉献精神，忘不了女生寝室里有人绘声绘色地讲故事、有人惊天动地的大笑，忘不了回家路上警察叔叔给我们的一场虚惊……

车子轻轻地驶出乾龙路，然后依次是满觉陇路、虎跑路……绿树、湖水、弯道……一路皆景。这座城市，是来不腻、看不厌的。

近在远处。《近在远处》是一本"留白"书架上的书，我没有完全读完，我读得太不仔细。我在想这个奇怪的书名，是不是告诉我们：旅行的意义在于，心灵有没有启程？只要心灵启程了，不太远的地方，也是一种很好的旅行？

我看到了，我来过了，是为记。

暮从碧山下

"暮从碧山下，山月随人归。却顾所来径，苍苍横翠微。"

"明月松间照，清泉石上流"

……

她记得这些唐诗中的优美句子，但是她从来都不会想到，第一次亲临这些诗句所营造的意境，会是和一群陌生的伙伴在深夜的大山里。她也没有想到，那一次的旅行会让自己第一次对大山满怀敬畏，那些日光下苍翠而温柔的曲线，在黑夜来临以后会变得如此面目狰狞，彻底吞没了人群……

几乎成七十度的陡坡，需要完全靠平时几乎不运动的双手双脚去"征服"。石块、泥土时不时从头顶纷纷滑落；身旁的树枝与荆棘胡乱摇晃，阻挡着你的脚步，一不小心便会划及面颊、手臂，脚下的土地似乎随时会下陷；更可怕的是，山中那些野蜂常会猝不及防地向你扑来，如一架架燃油耗尽的战斗机……

一根根树枝和树藤就是救命稻草，然而往往无法于第一时间意识到哪一根真正坚韧，哪一根早已枯萎。一半靠眼力，一半看运气，就这样不停地选择，不停地攀登……但是时常会发现前方有一双温暖的大手自然而然地向你伸出，你握住的不仅是铁一般的胳臂，更是力量的源泉。

也不知道听前面的人说过多少次"快了，还有五分钟就到……"，也忘了自己是怎么坚持攀登到了山顶。牛仔裤早已被汗水湿透，黏黏地贴在腿上。这群人，出发前像亲子游，兴高采烈、豪情万丈，如今一个个垂头丧气、筋疲力尽。但山顶的风光令人们精神为之一振——周围的群山，无一不被繁茂的植被深深覆盖，蜿蜒起伏、苍翠浓绿，仿佛大兴安岭的原始森林。耳畔呼呼的风声、脚下望而生畏的峭壁、远处小如火柴盒的农家乐……会当凌绝顶，一览众山小。

恢复了精力的人们开始在这里合影留念，欢声笑语不绝于耳。这帮朋友大多原本就熟悉，插科打诨一个赛一个娴熟。殊不知下山比上山要困难十倍。

一声令下之后，集体大撤退开始。没完没了的山路、无穷无尽的山路、充满艰难坎坷的山路、充满未知危险的山路、完全不能掌控的山路……上山时，只是觉得气喘吁吁、筋疲力尽，但是，总有希望在前面，总有一个盼头……下山时，心理负担远远超过体能负担，一不留神便会滑倒，甚至受伤。也许是划破一块皮，也许是扭伤了脚，也许是被石头砸中，也许是严重骨折……被野蜂袭击脖子的时候，难以形容的恐惧与突如其来的刺痛和肿胀一下子钻入脑袋。

什么锻炼体力磨炼意志？当生命安全都不能保证的时候，冒险和送死是同义词。这条路，明显不是给这些平时坐坐办公室周末逛逛街的女生设置的。体力好一些的，都随着向导勉强地往前挪着步子，顾不上叹息埋怨，谁不想早点离开这个"鬼地方"？谁不想早点结束这样离谱夸张的旅行？渐渐地，队伍被拖长了，被分割了，对讲机的信号时断时续，体力也被严重透支……

水在中午就断了。每当口渴，初次登山的人们毫无经验地打开瓶盖，像平时一样大口大口地吞咽着登山时最宝贵的资源。更有甚者居然带了丰盛的干粮，却忘记了带水！随着体力的消耗和汗水的流失，对水的需求也越来越强烈。万幸的是，山谷中偶尔能遇见一汪溪水，虽然小如少女的眼泪，但总是希望。人们静静地灌水，然后默默传递，每人喝上几小口……有些滑稽的悲壮。

阳光不那么刺眼了，黄昏来临了。下山的路，据说只走了一半。挥汗如雨、内心忐忑，一种无边无际的惶恐漫上心头。白天还能勉强穿越的路线，到了夜晚，变成了千难万险。从没想过会让自己处于如此尴尬的险境中。这情节，要么是自己的梦魇，要么是命运的玩笑。真希望闭上眼睛再睁开，一切只是噩梦一场！

浓黑的夜色、茂密的丛林、凹凸不平的山路……一群人，仓皇而撤。所幸所幸，在科技如此发达的今天，一大群人要想人间蒸发，还真不是件容易的事。汗水和泪水齐飞，感动与震动同在。经过一系列的努力，回到山脚，已是深夜。在农家乐的小饭馆里，她第一次知道饥肠辘辘是什么滋味，于是大快朵颐地消灭了一大碗鸡汤和一碗热腾腾的白粥，还有一块大西瓜和一杯冰镇可乐。她觉得自己像个凯旋的英雄，连手臂上的累累伤痕以及脖子里马蜂留下的印记都成了一块块闪亮的勋章。

　　总而言之，这场惊心动魄却有惊无险，集风光片、神话片、战争片、灾难片、惊悚片、贺岁片于一体的登山之旅就这样轰轰烈烈地闭幕了。那天晚上，她浑身酸痛，却睡得格外香甜。

　　"没有比脚更长的路，没有比人更高的山。"原来，这句话是真的。

夏 日 闻 笛

　　往回走不到一百米，远远就见到浓密树荫下的那位艺人了。他长相高大彪悍，酷似西部歌王。黝黑的皮肤，戴着顶旧草帽，坐在一把破旧的靠背椅子上，正闭眼吹奏着一首极其悠远深邃、意味深长的古曲。虽说天气酷热难挡，但听着曲子，仿佛有一股清泉渗入人的四肢百脉似的，顿觉清风徐来、袅袅不绝，不免让人有恬静超然之感。

　　炎炎夏日，听到这悠扬婉转的笛声，实属一种邂逅的惊喜、奢侈的享受。笛声好似天籁，它诉说着人世间的悲欢离合、阴晴圆缺，也诉说着人生道路上的坎坷泥泞、梦幻美景。它似乎穿透了人的心灵，穿透了浓浓树荫，穿透了滚滚红尘，萦绕在整个鼓浪屿上，缠绵迂回、恋恋不舍。惹得行人纷纷驻足停留、鼓掌喝彩。低沉处犹如诗人在月下的咏叹徘徊，高昂时又似云雀在云中翩翩起舞。时而又如怨如慕、如泣如诉……于是，思绪便随着笛声飘飘荡荡，不知从何而来，也不知去往何方……有许多的陈年旧事被重新忆起，许多友人的脸在笛声中走近又飘远……笛声中，我泫然欲醉，当笛声如清泉般滋润我的心田，如凉风般拂去心头的尘埃，孤独又何尝不是一种幸福？飘飘何所似，天地一沙鸥……笛声中，我飘然远去，化作轻烟一缕……

　　一曲罢了，看到阳光透过树荫在地上投下斑驳的影子，音符般快乐地跳跃着，竟然有些神思恍惚，一时不知自己身在何处。我站了多久？不知道。只是当思绪飘回现实的那一刻，突然发现，眼中居然有点潮湿。只是一段萍水相逢的音乐，为什么心就这样被轻易地拨动了？

　　临走，我掏出被捏得汗津津的五元钱，轻轻地放在他的皮箱中，有些汗颜。只见他一如既往地朝我微微鞠了一个躬，极其绅士。我也点点头，算是感谢他的笛声陪我度过了一段难忘的清凉时光。

写 给 书 舍

台风欲来之时最是闷热异常，躲在屋里，打开收音机，任曲子如流水般潺潺流动，她准备做一件很"浪漫"的事——写一封"情书"，寄给"书舍"，寄给这个有点与众不同的地方。

好像已经认识书舍很久很久了，从春末、初夏、到盛夏……不过仔细想来，也只是去了四次而已，何以亲切得就像怀念一个一起长大的朋友？

有谁会想到，书舍给她的第一印象，竟是一碗满满的"闭门羹"。那也是一个夏天的傍晚，她沿着导航软件提供的路线，穿街走巷、挥汗如雨。路越走越远，巷子越走越窄，导航在绕圈，汗水在流淌……她甚至开始怀疑这只是好事者故意铺垫营造的一个美梦，专门来"诱惑"喜欢读书的人们，否则，明明近在咫尺，她为什么不见屋内温暖的灯光和传言中店家热情的招待呢？（事后她才知道，那一天，恰巧一年中只有那一天，书舍无人值班。）这就是她们的第一次，留下遗憾，更留下好奇……

像上课一样，每一次的旅行，她都会简单"备课"。"书舍"无疑是一篇精彩的课文，不一定字字珠玑，然而构思精巧、令人向往。真正走进书舍，想象中的惊喜成了现实，没有预料的温馨又给了她新的惊喜。店家轻声细语的反复叮咛，使她对房间的设备有了大致的了解，书桌上"无声的提醒"，也再次让她感受到店家的无微不至。这个位于泗井巷深处的苏州小院虽然并不大，却拥有自己独立的一方天地。当她坐在庭院的竹椅上，一茶一书地享受着安静的午后时光时，周围的一切仿佛都凝固了一般。她的第一感觉是——这是一个家，她曾经住过多年，而今，她回来了。

喜欢书舍的院子。不必说那一棵高大的桂树，秋日飘香，撒金般地落了满地的碎絮；不必说那一口古老的水缸，可以将"莲叶何田田""鱼戏莲叶间"变为眼前实在的景致；不必说那些她叫不出名字的花花草草，每一个季节，每一种惊艳；更不必说脚下的每一块砖石，每一抹青苔，是否对着南来北往的客人，无声地诉说着姑苏的古往今来……雨天，那从天而降的细丝缠绵悱恻，在天地间织成无际的大网，而这小小的庭院，只能让你看到一方灰蒙蒙的天空，你可以捧一壶热茶，想想雨从何而来，又往何处去，想想自己曾经从何而来，如今又将去向何方……雪天，江南的雪，一定不会是"燕山雪花大如席，片片吹落轩辕台。"最多，是"烟霏霏，雪霏霏，雪向梅花枝上堆。"又或者是"天将暮，雪乱舞，半梅花半飘柳絮。"你最需要的是一个热气袅袅的火锅和一群觥筹交错的好友……能饮一杯无？当然！美酒加咖啡，一杯又一杯，何日君再来？

喜欢书舍的房间。首先，它只有四个房间，而每一个房间各都对应一本有名的书。"小王子"天真无邪；"星空"想象迷离；"牡丹亭"古典隽永；"且听风吟"日系风味……时间长了，便知道，不仅仅是房名的对应，房间里的细节处处点题。诸如，"牡丹亭"墙上的写意画中，柳梦梅含情脉脉，杜丽娘欲说还休，真个是"情不知所起，一往而深"；"星空"床头墙面的那幅几米的"星空"，则是店家拼了几天的"杰作"；"且听风吟"，自然摆满了日本作家村上春树几乎所有的作品；"小王子"这一间，有翻译家周克希老师的《小王子》翻译手稿，那个巧克力色的小蓝牙音箱是"猫王小王子"……（现在的书舍，又多了一间"流浪集"，想必也传承了书舍一如既往的精神。）

喜欢书舍的书。每个房间都有对应主题的书暂且不说，光客厅那一大排靠墙的书架呀，从下到上满是书。也许"钟书阁"的书种类更多，"诚品书店"的气场更大，但有趣的是，每一次的书舍之行，几乎都会让她搬回一大堆书。奇怪，为什么这里的书那么对胃口，随便抽一本，喜欢！再翻一本，也不错！哟，这里还有，那里也有……东野圭吾、张爱玲、汪曾祺的散文，季羡林的随笔，钱钟书的回忆录，白先勇的《细谈红楼》，梁实秋、舒国治、蔡澜的书……她的口味刁钻孤僻，却每每都能找到心仪的书籍。书都是崭新的，大多数未开封，但允许你随便拆，随便读，可以买回家长相厮守，也可以萍水相逢惊鸿一瞥。

喜欢书舍的客厅。这个集餐厅、书房、客厅、茶室、咖啡厅于一身的地方。除了那满墙的书带来的书卷气，更有南来北往的客人萍水相逢时的淡淡温情。窃以为，这是书舍最吸引人之处。不一样的人，却因为对书一样的喜爱而有缘相聚，一杯清茶、半杯薄酒、一块蛋糕、一种当下的心情……都是可以被分享的，只要你愿意。是的，只要你愿意，你便会拥有一个充满新鲜感的温馨之夜。在那里，店家曾教她摄影时如何取景，如何把一本书和一杯茶拍得充满意境；在那里，新婚的小娇妻捧着生日蛋糕走向陌生的朋友，浅浅的微笑换来真挚的祝福；在那里，她和一个当医生的女子大谈年轻时喜欢过的作家作品，颇有他乡遇故知的默契；在那里，大家充满惊喜地享受着书舍的"爱心早餐"：热粥、包子、煎饺、南瓜、红薯、紫米糕、橙子、苹果、咖啡、蜂蜜水……每次不少于十种；在那里，她弹过尤克里里，玩过"谁是卧底"，和好友并肩读书，和老板娘喝茶聊天，和闺蜜留影……那些美好的回忆呀，如剪影，如烙印，如光阴的书签。

喜欢书舍的人。能说会写的男主人鹿茸、女主人羊毛，书卷气中透着友善和真诚；摄影高手雨花，按一次快门就留下一种精彩；沫沫纯净的微笑宛如书舍的花叶……真不知道前世回眸了多少次，才换得今生的聚首，才会共同经营出这样一个有书、有梦、有情的书舍。

喜欢书舍积累的"财富"。书舍的连锁店慢书房五年来平均每周做两场作家沙龙，一年约100场，每位作家当天便入住书舍，也就是说，书舍至少已经接待过200位知名作家，真可谓江南的"作家民宿"。张晓风、林帝浣、止庵、许纪霖、舒国治……无怪乎，这里会带给喜欢读书的人一种挥之不去的归属感。

夜深了，你和朋友也许还在流连姑苏的夜色，也许已经小酒微醺步履蹒跚，书舍，就像一个温暖的港湾，无论有多晚，她都会静静地为你留一盏守望的灯。一灯如豆，那灯下，还有一壶为你热的茶。

他们说，幸福，可遇不可求。她却觉得，书舍带来的幸福，是可遇又可求的。他们说，旅行就是从自己呆腻的地方到别人呆腻的地方。她却相信旅途并不需要步履匆匆，而是停下来，看看世界，看看自己，想想过往和未来，待心变得开阔安定，再回到现实中去……一见如故，再见倾情。也许此时，也许明天，也许下个月，她又将敲响书舍木门上的铃铛，那个时候，吾谁与同？

人生若只如初见

　　这临水而建的茶楼，闹中取静，陈设简单，只供应阿婆茶和固定的几种点心，一律三十元一位。来者不拒，去者不留——这与周围繁华的商业气息有点格格不入。无数泛黄的照片、文稿、书信、字画……与其说是茶楼，不如说是小型"纪念馆"。懂的人，自然会留下，看着一幅幅照片，仿佛在逝去的流年中找寻一份致青春的感动。

　　狭窄的楼梯吱吱呀呀，已经年逾古稀的他缓缓上下。点心和茶，都是那双有点颤巍的手端来的。那双手的主人，清瘦矍铄、低调沉默，写得一手好文章和一手力透纸背的好字。然而更多时候，他似归隐的武林高手，只静静坐于屋子一角，一份报纸一杯茶，掩盖了那双镜片后能洞察人世的眼睛。

　　曾经以为，茶楼的名字是一种刻意雕琢，是一种附庸风雅，最多，是一种偶然的契合；曾经以为这个时代，很多人早就忘记了那朵沙漠中的玫瑰，那段撒哈拉的传奇；也曾经以为，随着一代人年华的逝去，应该不会再有多少人知道她那充满灵性而不失烟火气的文字，她那独一无二的经历……

　　一个多么奇特的女子，无论一身牛仔或一袭披肩，都那么熠熠生辉。红尘中风华绝代，沙漠里风情万种，泛黄的黑白照片都掩饰不了她的强大气场和独特魅力。不是单纯的漂亮，是那种骨子里的浪漫和倔强，同时，又有一种文艺的沧桑——曾经在见到张爱玲的照片时，也有过这种震撼。

　　这样的人，也许注定只能在人间电光石火一番，演绎千古绝唱。看她的字迹，角度倾斜到一种无可救药的固执，有人说，这是抑郁症的典型表现。

　　给他的信中，她曾写道："真好，周庄有你在。今年秋天我会来，不要告诉别人我会到那里去，让我静静的，在你的故里，大街小巷，走个够。"

　　对周庄她是一见钟情，她曾动情地说："终于找到了几十年来盼望的那个魂牵梦绕的地方。"然而，她再也没来。在相识两年后的那个不太冷的冬天，她用丝袜结束了自己的生命。

之后，有了这家茶楼。茶楼因她而建，而她，永远不会走进茶楼。

所以有了这份顽强的守望，一辈子的怀念……

默默等待，而你，永远不会再来。

茶楼的留言簿，不知道已积得厚厚几沓，那是无数的读者，给"三毛"留下的心灵对话。

走的时候，购得老先生著作《吹灯》一本。先生名叫张寄寒，这位茶楼主人，是中国作家协会会员，三毛一见如故的挚友。 1991年茶楼建成至今，将近二十七年。是一份怎样的情怀？是一种怎样的坚守？人生若只如初见，朝如青丝暮成雪。

心若没有栖息的地方，到哪里都是流浪……

不要问我从哪里来，我的故乡在远方……

也许生命不在于长短，而在于是否痛快地活过。

《吹兵》和《吹灯》

　　《吹兵》是刚念师范时，我读的第一篇三毛的作品。

　　《吹灯》是今年暑假，我读的第一篇张寄寒的作品。

　　这期间，跨越了二十七年。

　　就像张寄寒为三毛开的这家茶馆，也整整跨越了二十七年。

　　人世间很多事情就是这般奇妙，冥冥中好像就是有那么一种强大的力量，让本来萍水相逢的两个陌生人，通过某些机缘巧合，变成朋友、变成知己，变成今生值得你等待的人，变成愿意为你痴痴守望一生的人……

　　《吹兵》，一个忘年交的故事，一个负人的故事。一个偶然的巧合，弱小孤独的小女孩受哑巴炊兵帮助，两人相识并开始了一段真挚温暖的友谊。女孩在校园中曾经倍受欺凌，但哑巴炊兵的保护给她带来无限慰藉……然而最终暴风雨来了，老师蛮横霸道地介于其中，将哑巴炊兵给予女孩的温暖当作是成年人图谋不轨的前奏。迫于老师的压力，女孩不再理睬哑巴炊兵，直至离别。离别时，老师没收了炊兵给小女孩的礼物与通信地址。从此茫茫人海，杳无音信。而炊兵，在迷惑中继续着他痴痴的等待……

　　那是三毛今生负人的开始，这件伤人的事情，积压在她内心一生。忆及往事，她难以释然，自责自己当时的懦弱，而且悲不自禁。后来她再读《水浒传》，读到翠屏山上杨雄要杀潘巧云，巧云向石秀呼救，石秀答了一句："嫂嫂，不是我！"三毛总会潸然泪下。那一句"不是我！"勾出了当年小女孩对着哑巴炊兵充满无助的狂喊："不是我！不是我！不是我！"而人生的不得已，难道只用"不是我"三个字就可以排遣一切负人之事吗？

　　这个至情至性的女子，只好用笔一次次写下今生无法挥去的忏悔和哀愁："亲爱的哑巴炊兵，你在哪里？可不可以再给我一个地址，让我也送一个金戒指和一大包牛肉干给你，可不可以？"

这个故事中，小女孩错了吗？面对老师的"好意"，她有能继续坚持这份友谊的力量吗？即使有错，也是无力之错。

哑巴炊兵错了吗？当一个柔弱的小女孩被野牛狂追，他能不去救？当这个小女孩被同龄男孩欺负，他能袖手旁观？当这个和自己失散的女儿神韵相似的孩子突然对自己不理不睬，他能不满怀迷惑吗？

老师错了吗？老师像极了《白蛇传》里的法海，他认为许仙一定是受害者，因此挺身而出，不救许仙誓不为神。她认为一个中年男子，对一个非亲非故的小女孩如此呵护不是心存歹意又是什么？站在老师的立场看，她不但没错，简直有功。

老师把地址没收了，哑巴炊兵给三毛的牛肉干在当时的孩子眼里，比金子还要宝贵。老师说要当心，不能随便吃。然后，她把牛肉干都喂了校工的狗，并且很亲切慈爱地看狗一口口吃掉。"亲切慈爱"这个词，读得我后背发凉，像悬疑片看到最后发现自己的亲妈突然回过头诡异的一笑。

刚当老师那一年，语文课上总是会向学生分享自己看过的书，喜欢大讲特讲三毛的故事。《吹兵》《胆小鬼》《西风不识相》《匪兵甲和匪兵乙》……眉飞色舞地讲那传奇的大漠女子不平凡的经历，把幽默风趣的表达和细腻传神的描写滔滔不绝地"喂"给底下那些睁大眼睛、托腮听讲的孩子。而《吹兵》是其中最让孩子义愤填膺的一个，甚至有学生拍案而起："这个老师凭什么？"讲了一个月不到，再去逛街上的新华书店，发现所有三毛的书已经售罄，老板纳闷地说最近不知怎么了好多中学生都来买，进货都来不及——深感三毛的魅力。

而张寄寒的《吹灯》呢？则是一个独特的故事。情节并不曲折，题材却大胆有突破性。从沿街门板缝隙里透出的灯光，是一种象征，象征着大人的世界，象征着颇具诱惑力的秘密，也象征着人与人之间的爱。很难想象如今这个为客人端茶倒水的清瘦矍铄老人，孩童时候会如此顽劣调皮。童年时候，他与几个淘气的玩伴会循着灯光"听壁脚"，用麦柴秆伸进窗户，吹灭邻居大囡的油灯。大囡是个跛脚的漂亮姑娘，身世坎坷却善良。面对淘气的孩子，不仅不记仇，反而还热情地用白米粥、咸菜招待这些小家伙。孩子们又感动又惭愧，几天后，用旧的练习本裁成纸片，帮助大囡把板壁的缝隙贴了个严严实实，为她抵御寒风。但是，童心毕竟是天真好奇的。冬天的黄昏，大囡恋爱了，孩子们终究还是忍不住用麦柴秆捅开纸糊的板壁缝隙，探视屋里的奥秘，又一次用麦柴秆吹灭了大囡的油灯。随即，又用少年的懵懂和对异性的理解，评论着屋内那个模糊暧昧的场景，令人忍俊不禁。结尾，孩子的祝福，幼稚又真诚，淘气又善良……

可以说，张寄寒的语言，清丽洁净，寥寥几笔便能勾勒出鲜明的人物形象，每一篇散文都是作者晚年的朝花夕拾，都与江南水乡古镇特有的风物相关联。因此，读起来总感到浓浓的乡土气息在纸页间弥漫。读着读着，我的心中不仅涌起席慕蓉的《乡愁》：故乡的歌是一支清远的笛，总在有月亮的晚上响起……离别后，乡愁是一棵没有年轮的树，永不老去。《吹灯》这本散文集之于作者，就如同《荷花淀》之于孙犁。

《吹兵》《吹灯》，一字之差，其间却隔了二十七年。但还是相遇了，在这次周庄之行。

三毛说，如有机会，她会把周庄的大街小巷，走个够。而我，在这个暑假，真想把她的书和张老先生的书，读个够。

批卷，疲倦？

今日去当传说中的"杀手"，满室"刀光剑影"。

连月来，目睹并非一个"战壕"的战友们如何寝食难安、加班加点，又是如何押题猜题……当那张雪白如哈达的卷子展现在面前时，不由一惊。这样的题目若在期末考试中降临自己年级，那么，这几个星期的苦苦耕耘，应该算是颗粒无收了。

没有默写，例如四字词语、古诗名言以及那些逼得人泪流满面的"经典语段"……没有句型操练，例如陈述句、反问句、双重否定句、关联句……这些统统被抛到了九霄云外。这点可怜地保证学生基本分数的东西，一概成浮云。

选择题的"步步惊心"，所谓一念之差，离答案便是千里之涯。不少孩子，连题目都没彻底读完就匆匆挥笔。"审清题意"，是多么重要啊！

古文的"当头一棒"令不少学子一瞧一激灵，二瞧一哆嗦。原本会的，可能因为紧张也不会了。心态，是多么重要啊！

现代文总算放大多数徒儿一条生路。但是，知道了某个字的音序，了解了某个词语的意思，掌握了句子运用的修辞手法后，还能从容鉴赏句子美感，体会关键句深意的"高手"又有几何呢？可见，语文的工具性达到了，而人文性依然大量流失。孩子们缺少对文字真正的敏感，缺少一颗文心。这大概又是平时我们大量灌输填鸭式教学的副作用。他们能将四字词语默得滚瓜烂熟，但是这些词语并没有扎根于心灵，依然是一潭死水。

作文，是永远的痛。不可说，不可说，一说便是错。几千篇作文，长的短的、字娟秀的、字不羁的、文采飞扬的、语言质朴的……不同的形式表现的内容却基本上是大同小异的。粗粗回忆，凡写《同学之间》的，共计八大类：

文具被盗，朋友被冤枉，和好如初；

运动中受伤，被送医务室，感激涕零；

打架之后挨训，突然醒悟，和好如初；

吃饭时打翻饭盒，同学送菜，感激涕零；

考场上缺少文具，同学帮忙，感激涕零；

排队买书，同学要插队，大公无私，绝交，然后和好如初；

先打架，但雨中合伞，和好如初，感激涕零；

生病在家，帮我补课，感激涕零……

想起一句话：朋友之间，有困难要帮，没有困难制造困难也要帮。想必有些作文，作者本人可能也是先假想一个困难，再捏着鼻子设计一个"贵人"，一个个编造的虚假离奇的故事就这样一个个出现在白纸上，折射着生活的苍白、选材的薄弱和心灵的麻木。

批卷常常是"疲倦"的，但偶尔闪现的"奇葩"语言往往会像飘香的臭豆腐一般令人一尝难忘，不但令我等老朽心灵震撼、灵魂出窍，更有撼动人"价值观"的力量。比如：

一女生写自己发现橡皮不见时，顿时怒发冲冠，拍案而起，大喝一声："谁拿了老子的橡皮？"

一生前去营救被"关押"在桌球馆的好友，老板说因为欠 20 元所以扣押"人质"，他顿时将一百元拍在桌子上问道："够吗？"

一生说"此事必有隐情……"后面可以跟上一句——元芳，你怎么看？

一生引起公愤，称自己老师为"混蛋""拖堂某天王"……

……

总之，打架是有原因的，老师是会处理的，道歉是必须的，眼泪是廉价的，原谅是必然的，转学是肯定的。

尺是一折正好两半的，饭是一定会打翻的，橡皮是考试时一定会忘带的，借你文具的肯定是刚和你打过架的，送你回家的那个人一定是会感冒的……

作文之路，作秀？做作？怪谁？怨谁？

折翼之鸟，如何搏击长空？

但愿，只是杞人忧天。

主要参考文献

1. 冯斌. 写给国文教师 [M]. 上海: 上海科学普及出版社, 2015.

2. 冯斌. 写给少年读者 [M]. 上海: 上海科学普及出版社, 2006.

3. 管建刚. 我的作文教学革命 [M]. 福州: 福建教育出版社, 2010.

4. 李白坚, 张赛琴. 21 世纪我们怎样教作文(小学版)[M]. 上海: 上海教育出版社, 2004.

5. 李白坚. 大作文: 写作教学的新观念与新方法 [M]. 上海: 上海交通大学出版社, 2001.

6. 李政涛. 活在课堂里 [M]. 上海: 华东师范大学出版社, 2023.

7. 王君. 更美语文课 [M]. 武汉: 长江文艺出版社, 2018.

8. 韦志成. 现代阅读教学论 [M]. 南宁: 广西教育出版社, 2000.

9. 韦志成. 作文教学论 [M]. 南宁: 广西教育出版社, 1998.

10. 吴春来. 语文教学技能九讲 [M]. 上海: 华东师范大学出版社, 2020.

11. 吴琳. 梅林看课堂 [M]. 上海: 百家出版社, 2006.

12. 薛瑞萍. 给我一个班, 我就心满意足了 [M]. 上海: 华东师范大学出版社, 2006.

13. 闫学. 教育阅读的爱与怕 [M]. 上海: 华东师范大学出版社, 2008.

14. 郑朝晖. 满眼繁花——一个语文教师的成长手记 [M]. 上海: 上海教育出版社, 2019.

15. 周春梅. 教师的书桌: 从阅读抵达教学 [M]. 北京: 中国人民大学出版社, 2022.

后记

从来没有想过自己会写一本书，写书的权利似乎只属于专家学者。对于一线老师来说，教书和写书之间无疑存在天堑。很难言说究竟出于一种怎样的力量，我竟鼓起勇气着手整理这散落一地、零零碎碎的教学经历和感悟。其实也不必深究，重要的是我开始行动了！

每个老师在经历了近三十年的教学生涯后，总会有一些属于自己的教学故事、教学经验和教学足迹。却顾所来径，从读书会的诞生到文学社的创建，从"下水文"的尝试到"如溪语文"主张的提炼……对文字的热爱、对教育的虔诚，似乎不曾减退。但在梳理稿件的日子里，我渐渐发现这些文字往往偏重感性的抒怀，虽然不乏几个温暖的镜头，但始终缺少理性的深度和韧度。可无论如何，我依然对这些文字敝帚自珍、情有独钟。

早就知道写作过程是艰难的，真正写起来才有切身的体会。大海捞针似的搜集相关资料，一点点分析取舍，一点点靠近心中的目标……难免经历"山重水复疑无路"，依然等待"柳暗花明又一村"。在充实忙碌的日子里，因为整理书稿我竟然获得了久违的宁静。为了回顾和梳理这一串或深或浅的脚印，我也开启了久违的专业阅读，因为只有不停地阅读和思考，才有可能真正了解一个曾经的自己，遇见一个更好的自己。

在我身边有很多优秀的老师，就年龄而言他们已不再年轻，但看起来远比很多青年人更有活力。好的老师不一定是最"勤劳"、最"辛苦"的，但一定是最会学习、最会思索，最不怕改变的。从他们身上我似乎领悟到滋养心灵的秘诀：终身学习、锤炼课堂、永葆童心。只要不拒绝学习，不排斥改变，就会永远保鲜。

我期盼着通过"写"一本书能够让自己变得从容淡定，在焦虑忙碌的日子中坚守初心，清楚地看到自己来自何方又将去往何处。我希望教育之树常绿，生命之树长青，希望这不会是一种奢望。

回忆自己的求学之路，对书籍产生浓厚兴趣离不开老师给我的启发。三年级时，老师送我一本厚厚的《语文游艺会》，其中那一个个精彩的小故事，让我如获至宝。有一位自然老师，闲暇时总会拿一本《365 夜》为我们细细读来。我开始对书中那一排排整齐的方块字产生浓厚的兴趣，期待着下一次的故事时间……我竟不知，此时此刻，语文已向我展开了她亲切的、充满魅力的微笑。

长大后，我也成了一名语文老师，我期待孩子能够和我一样热爱文字带来的奇妙感觉，我渴望看见孩子们眼中因为语文而闪现的快乐与幸福。但不知从何时起，语文在孩子心中似乎成了食之无味、弃之可惜的鸡肋。她可以轻易占据孩子大量的精力，抄、背、默，使他们欲欢不能。可尽管将词语默得滚瓜烂熟，题目刷得风生水起，语文成绩却往往并不能如自己所愿，提升语文素养似乎更是遥不可及。孩子们付出了太多的汗水，却依然琢磨不出学习语文的门道，于是觉得语文"神出鬼没"，难以琢磨。

我不禁想起在求学时代遇到的语文老师。他们有的风趣，有的严谨，有的睿智，有的豁达……不同的老师教给我语文学习的不同经验，但有一点惊人的一致，那就是他们都提倡大量的阅读和真诚的写作。多读、多思、多写，永远是语文学习的不二法门。

于是这些年，我努力通过"文学社"改变孩子们对阅读、对写作的态度，通过"如溪语文"的主张试着打开语文教学的一扇窗。师生之间、生生之间、人与文本之间，都需要用"真情"搭建沟通的桥梁。于是在课内外学习中，我提倡体验式阅读，开展各种活动，用文字拨动孩子心灵的琴弦，想方设法打通孩子们在阅读和写作之间、写作和生活之间的"任督二脉"。我教过的学生，应该努力做到"三个一"：拥有一颗敏感的心灵，练就一双敏锐的眼睛，写得一手真挚的文章。

这些年，我用心记录教学生涯中一些难忘的小镜头，撷取一朵朵教海中的浪花；我珍惜市区组织的教育教学征文比赛机会，努力将写教学随笔、反思变成一种习惯；我和孩子们一起写"同题作文"，激发彼此的写作热情，不让一支属于语文老师的笔生锈……这些或长或短的文章，也可算多年来我对于语文教学，尤其是作文教学的一种探索和一片情怀。

感谢徐曰娥老师，她的正直和严谨，让我打下扎实的语文功底，为我的人生绘就向善向上的底色。

感谢赵丽芳老师，是她让一个内向羞怯的孩子学会坚强豁达，学会用文字描述生活、表达自己，在文学中找到自信和勇气。

感谢邹叶校长和周惠珍校长，春风化雨的叮咛和"当头棒喝"的醍醐灌顶，唤醒了当年那颗闲散的心，从此以后，我默默耕耘于"叶韵"文学社，有了属于自己的一亩三分地。

感谢蒋明珠校长，学校五楼那间只属于"文学社"的小阁楼，镌刻着她对一群热爱文学的孩子们的呵护和对一名青年教师的期盼。

感谢须强老师，他的欣赏和鼓励，让我在保有自己"教学特色"的同时，也能领悟到一点"本色语文"的真谛，让自己的课堂渐渐变得扎实稳健。

感谢董蓓菲教授，受她启发，我带领团队走近"清单习作教学"，让自己能从学生的角度研究写作教学，打开了又一扇习作教学之窗。

感谢杨四耕教授，本书的出版多次得到他的启发和帮助，让我这个"井底之蛙"能够静下心来回首近三十年的教学生涯，静下心来梳理自己的教学主张。

感谢蒋蔚芳老师，感谢她一如既往的关爱，让我明晰自己的教学优势和局限。这位睿智风趣，不怒自威的教坛长者在我迷惘之时总会真诚地伸出温暖的双手，指点迷津，伴我一路成长。

感谢朱英校长，要不是她的信任与鞭策，要不是她赋予我勇气，我又怎能亲眼目睹并亲身经历安亭师范附属小学这所百年老校的重新开办？如果没有来到这里，想必我的很多关于语文教学的雄心壮志、所思所想早就随着岁月的磨蚀烟消云散。

更要感谢我的学生，他们是我成长不歇的动力源泉，我多么依赖他们对我的"依赖"。某种角度来说，是他们成就了我。

一名平凡的小学语文教师，平凡得如同山间的溪水，然而一溪流水一溪歌，这是一首欢乐的，并且永不停歇的歌。

殷绿叶

2024 年夏于安亭师范附属小学厚德楼

"品质课程"阅读书目

学校整体课程规划 18 问
学校整体课程规划的七个关键
学校整体课程规划

📖 课程治理现代化丛书

阳光阅读的校本设计与特色创建
CIM 课程:创客教育的要素设计与实践探索
高品质学校课程体系
个性化学校课程体系
家校共育的 20 个实践模式
进阶式生涯教育
跨学科学习创意设计
美术特色课程设计与实施
体育,让儿童嗨起来:悦动体育课程的设计与实施
小剧场学校:激活戏剧课程的育人价值
小课题探究:激活学习方式
小切口课程设计:劳动教育的创意实施

📖 新质课程文化丛书

实践性学习的七重逻辑
面向每一个生命的课程
多模态学科实践
大规模因材施教的课程模式
为未来而学:未来课程的校本建构与深度实施
面向每一个学习者的课程设计
可感的学习经历:习性教育课程体系探索
单元课程要素统整与深度实施
具身学习与课程育人
把学生放在心上:学校课程变革之道

📖 课程治理新范式丛书

以学生为中心的教育治理
实践型学科课程设计与实施
共享式课程治理:集团化办学的课程治理方略
高具身性课程实施:路径、策略与方法

📖 特色学校聚焦丛书

让个性自然发荣滋长:"引发教育"的理论寻源与实践探索

面向每一个生命的教育
让每一个生命澄澈明亮:"小水滴"课程的旨趣与创意
新劳动教育:时代意蕴与实践创新
自信教育与个性生长
好学校的精神特质
教育,让个性舒展:"有氧教育"的模样与姿态
唤醒教育:触发生命的感动
生命的颜色与教育的意蕴
人格教育的四个关键点
做精神澄澈的教师

特色课程建设丛书

幼儿园特色课程的框架与实施
课程是鲜活的 :"大视野课程"的旨趣与活性
指向核心素养培育的学校课程图谱
让儿童生活在美的世界里:幼儿园全景美育的课程探索
核心素养与学习需求:学校课程建设导引
儿童自然探索课程
幼儿园视觉艺术创意活动设计与实施
连续性课程:特色课程发展的实践探索

课堂教学新样态丛书

课堂,与美最近的距离:基于学科核心素养的课堂教学变革
协同教学:意蕴与智慧
决胜课堂 28 招
一百个孩子,一百个世界:基于差异的教学变革
课堂如诗:"雅美课堂"的姿态
在教室里眺望世界:基于 BYOD 的教学方式变革
课堂教学的资源设计与方式变革
境脉教学的实践范式与创意设计
任务驱动与学科实践
课堂教学的智慧属性与意义增值:"灵动课堂"的六个关键词
如溪语文:诗意流淌的语文教育

"一校一策"课程体系建设丛书

课程坐标及其应用:教师专业视角
"一校一策"课程规划
"一校一策"课程实施